Phänomen-Verlag

Dr. Timothy Leary

Info-Psychologie

Ein Handbuch zum Gebrauch des
menschlichen Nervensystems entsprechend
den Instruktionen der Hersteller
und
ein Navigations-Leitfaden zur Steuerung der
Evolution des menschlichen Individuums

Aus dem Englischen übersetzt von
Tom und Elli Amarque

Bibliografische Information Der Deutschen Bibliothek:

Die Deutsche Bibliothek verzeichnet diese Publikation in der Deutschen Nationalbibliografie; detaillierte bibliografische Daten sind im Internet über http://dnb.ddb.de abrufbar.

ISBN 3-933321-82-4

Lektorat: correctum.de, Lektorat und Korrektorat, Hennef (Sieg)
Satz & Gestaltung: Phänomen-Verlag,
Printed in Germany

Inhaltsverzeichnis

Teil I:
Die Evolution, Struktur und Funktion des Nervensystems

S.M.I^2.L.E.

Teil II
Das Periodensystem der Energie definiert vierundzwanzig Stufen der neurologischen Evolution.

S.M.I^2.L.E.

,Innerhalb einer Generation kann das Leben prominenter Individuen nicht abseits von der Generation selbst stehen. Wenn sie wie Fische sind, so ist der Genpool wie die Flüssigkeit, in der sie schwimmen. Die generationsbedingte Sensibilität, die sie teilen, ist weitaus bezeichnender als die Dinge, die sie trennen.'

Landon Y. Jones

Great Expectations: America and the Baby Boom Generation

,Dies wird kein Buch über die Erinnerungen über mein eigenes Leben sein. Daher werde ich auch nicht die wahrlich amüsanten Details meiner Inhaftierung nacherzählen, die wie keine andere war. In jener Nacht gaben die SMERSH-Offiziere ihre letzte Hoffnung auf herauszufinden, wo wir uns auf der Landkarte befanden – sie waren sowieso niemals fähig, die Karten zu lesen. Daher gaben sie mir höflichst die Karte und baten mich, dem Fahrer zu sagen, wie wir zum zentralen Nachrichtendienst im Armee-Hauptquartier kämen. So führte ich sie selbst zu dem Gefängnis… und aus Dankbarkeit führten sie mich nicht unmittelbar in eine gewöhnliche Zelle, sondern in eine Bestrafungszelle.'

Alexander L. Solschenizyn

,Wir haben das großartigste System der Welt. Wir müssen nur einen Weg finden, damit es auch funktioniert.'

Nelson Rockefeller

(Das Erscheinen der Informationsgesellschaft)…ist das zentrale Ereignis und der Schlüssel, um die unmittelbar vor uns liegenden Jahre zu verstehen. Es ist, als Ereignis, so profund wie die Erste Welle, die vor zehntausend Jahren durch die Erfindung der Agrikultur entfesselt wurde, oder die erderschütternde Zweite Welle der Veränderung, die durch die industrielle Revolution in Bewegung gebracht wurde. Wir sind Kinder der nächsten Transformation, der Dritten Welle.'

Alvin Toffler zur Cyber-Quanten-Zivilisation

Widmung

Dieses Buch feiert alle
Evolutions-Agenten
und Cyber-Punks
auf diesem Planeten und anderswo,
speziell

Georges I. Gurdjieff,
der uns daran erinnerte zu lachen,
Aleister Crowley,
der die englische Übersetzung machte,
Israel Regardie,
der den Falken weiter in seinen Höhen fliegen ließ,
Thomas Pynchon,
der uns die amerikanische Version gab,
und **William Gibson,**
dem Ersten unserer Spezies, der
um die Info-Welt navigierte.
In seinen Romanen *Neuromancer, Count Zero, Burning Chrome*
und *Mona Lisa Overdrive* hat Gibson die Cyber-Info-
Gesellschaft der nahen Zukunft umrissen.

S.M.I^2.L.E.

Begegnungen mit Dr. Timothy Leary

Mein erstes Treffen mit Tim Leary war 1964, als ich - als Nichtgraduierter - Sozialpsychologie und Persönlichkeitstheorie studierte. Leary und Coffey halfen (um ca. 1950), die Pionierarbeiten von Dr. Herny Stack Sullivan, einem irischstämmigen Amerikaner, zu quantifizieren und zu klären. Sullivan hatte die klinische Welt der Psychiatrie mit der Beobachtung überfallen, dass die ‚Persönlichkeit' ein hypothetisches Konstrukt sei, das nur in Begriffen reziproker Muster interpersonaler Beziehungen verstanden werden kann.

Leary und Coffey formulierten als Erstes ein Forschungsmodell, das zum Verstehen der Persönlichkeit beitrug. Dies führte Leary und andere zu der Entwicklung signifikant neuer Persönlichkeitstests wie auch zu einem dynamischen und holistischen Ansatz für die Psychotherapie, wie sie heute von vielen Gruppen und Familientherapien repräsentiert wird.

Unglücklicherweise erinnert man sich in Bezug auf Leary viel zu wenig an seine bahnbrechenden Forschungen (wohl allgemein verständlich in Anbetracht des gegebenen Irrsinns der Presseberichte), und dies gilt auch für jene Psychologen, die, während sie seine frühen Arbeiten ‚brillant' nennen, ihn später wegen seines ‚LSD-Konsums' ablehnen. Trotzdem ist es gerade diese Arbeit, die zu solchen Vorstellungen wie relativen und dynamischen Interaktionen sowie dem Konzept reziproker Beziehungen führten, die in moderne Ansätze der Psychotherapie mit eingeflossen sind. Learys Erweiterung der Ideen Sullivans lieferte ein quantitatives Profil der Interaktionen eines Individuums über verschiedene beobachtbare Verhaltensweisen. Diese Messungen können dann zwischen Messenden (Freunde, Doktoren, dem Selbst etc.) und den erforschten und untersuchten Unterschieden verglichen werden[1].

Mein zweites Treffen mit Tim war 1964-65, als ich 800 Mikrogramm LSD zu mir genommen hatte, eine Dosis, die um einiges höher war als empfohlen. Ich hatte einen ‚Trip', der mehr als 2 Tage an-

---

1. Dr. Hyatt bezieht sich hier auf jene Forschungen Learys, die die Grundlage der ‚Transaktionsanalyse' und ‚Spieltheorie' bildeten, die Dr. Eric Berne 1963 mit seiner Arbeit *Spiele der Erwachsenen* und anderen Werken popularisierte (Anm. d. Übersetzer).

dauerte und mich mit Informationen überflutete, die von vollfarbigen chinesischen Spielautomaten über Weltraumreisen zu komplizierten Persönlichkeitskarten usw. usf. reichten. Der ‚Trip‘ ließ mich verwirrt und ängstlich zurück, und über die Jahre begann ich die Hypothese aufzustellen, dass alle ‚Neurosen‘ ein Resultat von Informationsverlagerungen und Informationsüberladungen sind.

Stellen Sie sich den frühen Jäger vor, der plötzlich dem Ackerbauern gegenübersteht, der selbst wiederum dem Industriemenschen gegenübersteht, der nun wiederum dem technologischen Menschen ins Antlitz schaut. Die Geist-Gehirn-Einheit versucht, mit den neuen Informationen auf unterschiedlichem Wege fertig zu werden, einige davon sind kreativ, andere destruktiv. Doch unabhängig davon ist das Resultat stets eine Form von Verängstigung, bis ein neues Modell oder eine neue Formulierung seinen Platz einnimmt. Häufig kollabieren ganze Zivilisationen in der ‚Weigerung‘, jene neuen Info-Technologien zu akkomodieren, die sie unausweichlich verändern werden. Daher zog ich die Konklusion, dass der Mensch nicht, wie Jung postulierte, auf der Suche nach seiner Seele ist, sondern auf der Suche, neue Info-Technologien mit alten Info-Technologien zu integrieren. Ich rangierte die Vorstellung der Pathologien aus und betrachtete Furcht und Depression als Versuche, mit kleineren oder größeren Verschiebungen der Realität zurechtzukommen. Dies führte zu Ideen von semantischen Karten (die Osgood 1957 freundlich genug waren herzustellen), sich verschiebenden Zentren der Interessen (eine Form des Zusammenkommens und Auseinandertreibens an gemeinsamen Punkten von Informations-Interaktionen) und infiniten Peripherien (Offensein für die Ausweitung und neue Informationen oder Menschen). Schließlich entwickelte sich viele Jahre später eine neue Therapie [Welt-Perspektiven], die ich direkt auf Learys Sozialpsychologie und die Flut der neuen Daten, die durch meine LSD-Erfahrung erzeugt wurden, attribuieren kann.

Mein drittes Treffen mit Tim geschah über Israel Regardie, den ersten Autor, der bei Falcon Press unterzeichnet hat. Regardie und ich arbeiteten an The Complete Golden Dawn System of Magic, als Regardie aus unterschiedlichen Gründen beschloss, Leary zu kontaktieren. Ich war einfach anwesend, als die Konversation über das Telefon stattfand. Ein direktes Treffen wurde vereinbart, doch bevor

S.M.I^2.L.E.

dies geschah, starb Regardie. Vor seinem Tod schrieb er über Leary: '…ich bin sicher, dass die Nachwelt dem, was er dieser Welt beigetragen hat, eine größere Wertschätzung entgegenbringen wird, als sie es heutzutage tut.'

Mein viertes Treffen mit Tim geschah auf dem Flugplatz von Los Angeles. Da stand plötzlich ein gehetzter und gut aussehender Gentleman mittleren Alters direkt vor mir. Er sah sehr bekannt aus, obwohl das letzte Foto, das ich von ihm gesehen hatte, in seiner Vierzigern aufgenommen worden war. Ich sammelte die nötige Courage und fragte ihn, ob er Tim Leary sei. Er bejahte die Frage, und ich stellte mich selbst als Verleger von Falcon Press vor. Er sagte, er würde sich gerne mit mir unterhalten, doch er wäre jetzt in Eile, sein Flugzeug zu bekommen. Wir trennten uns mit einem Lächeln.

Drei Jahre später – 1987 – saßen Leary und ich endlich zusammen in seinem Haus in Beverly Hills und unterzeichneten den Vertrag, der zu der Publikation dieses Buches wie auch vier weiterer führte (die Future History Series). Falcon Press ist erfreut, den ‚Head Coach' an Bord zu haben.

Dr. Christopher Hyatt

Vorwort zur Ausgabe des Falcon Press Verlags, 1987

Dieses Buch wurde vor einer langen, langen Zeit geschrieben, von 1975 bis 1976.

Die folgenden zwölf Jahre haben einen enormen Wandel mit sich gebracht – im Weltbewusstsein, in der amerikanischen Kultur, in den informationspsychologischen Wissenschaften und, nicht zuletzt, in meinen eigenen Perspektiven.

Zum Beispiel, als dieses Buch geschrieben wurde:

regierte Richard Nixon im Oval Office und wurde später durch Gerald Ford ersetzt. Die Entkriminalisierung von Marihuana wurde durch eine präsidentale Kommission und hochrangige medizinische/juristische Vereinigungen vorgeschlagen.

Ich schrieb Exo-Psychologie, während ich für den Besitz einer halben Unze dieses Zeugs in einem Bundesgefängnis eine lange Haftstrafe verbüßte. Indem ich diese von der Regierung garantiert ungestörte Zeit zu meinem Vorteil nutzte, schrieb ich hingebungsvoll drei Bücher und ging vorsichtig FBI-Morddrohungen aus dem Weg.

Dieses erzwungene Mönchstum mag insofern meine schwermütigen Hinweise auf Alexander L. Solschenizyn, Giordano Bruno, Andrei Sacharow etc. entschuldigen… und mein Status quo als Eingesperrter mag meine Sehnsucht nach außerirdischen Flügen, nach o´Neill Raumstationen und einer vogelähnlichen Flucht von dieser Schwerkraft erklären.

Erinnern Sie sich an jene sternklaren Nächte, als unser Skylab im leuchtenden Orbit über uns hing? Das Washington/Cape-Canaveral-Shuttle war weder gebaut noch zerstört worden.

In unserer Unschuld nahmen wir an, dass der Schah mit Hilfe des CIA eine westlich geartete Industriekultur im Iran aufbauen könne…, dass Israel eine westliche Demokratie sei…, dass wiedergeborene Christen jämmerliche und unbedeutende Witzfiguren seien. Wie unschuldig wir damals waren.

Wie uninformiert ich selbst war, viele große Einsichten in die Welt verschmähend, die, in der nächsten Dekade, unsere Erwartungen an das einundzwanzigste Jahrhundert klären würden.

Ich hatte beispielsweise Great Expectations von Landon Y. Jones noch nicht gelesen. Dieses faszinierende und fälschlicherweise pessimistisch aufgefasste Buch behauptet, dass jede Dekade der zweiten Hälfte des zwanzigsten Jahrhunderts eine Stufe oder Passage im Erwachsenwerden der Baby-Boom-Generation repräsentiert, einer 76 Millionen starken Meute, zweimal so groß wie erwartet. Diese neue Spezies von Cyber-Kids – ermutigt durch Dr. Spock, selbst zu denken und durch TV-Werbung darauf trainiert, Konsumgourmets der Realität zu werden – war die erste Generation, die die Info-Welt erforscht und bewohnt. Die erste Menge von Menschen, die in Form von elektronischen Clustern, die auf Bildschirme – jenen schimmernden, stets wechselnden Spiegeln des öffentlichen Bewusstseins – projiziert werden, denken und kommunizieren.

Auch hatte ich, um 1975-76, Alvin Tofflers The Third Wave oder John Naisbitts Schriften über das post-industrielle, post-nationale und post-kollektive Bewusstsein noch nicht gelesen.

Ich realisierte glasklar, dass die Zivilisation der Industrieschlote, Fließbänder, Fabriken ihren Niedergang im Smog, Rost und sauren Regen erfahren würde. Und ich wurde fähig, die nächsten vier Stufen der Evolution als Individuen und Spezies zu formulieren:

5. Cyber-somatisch: Das Individuum, das seinen eigenen Körper verwaltet, neue hedonistisch-ästhetische Techniken gebrauchend, um durch die sinnlich wahrnehmbare Welt zu steuern, die allein durch den registrierten (geprägten) Besitzer erfahren werden kann. Das Auftauchen des Hightech-Paganismus.

6. Cyber-neurologisch: Die Welt des Gehirns, die nur durch den Eigentümer erfahren werden kann. Das individuelle Navigieren und Reprogrammieren seines/ihres eigenen Gehirns. Der Gebrauch von neuen elektronischen Technologien, um Info-Welten zu kreieren, die greifbarer, natürlicher und lebenswerter sind als die mechanistischen Realitäten des Industriezeitalters. Das Auftauchen von elektronischem Quanten-Paganismus, Hightech-Humanismus.

7. Cyber-genetisch: Die Welt des genetischen Bewusstseins, die nur durch das Individuum erfahren werden kann, das seine/ihre eigene DNS entziffert und reprogrammiert. Dabei nutzt es die neuen mikro-biologischen Technologien, um die DNS mit der Gaia-Matrix zu harmonisieren, um letztendlich eine neue Spezies hervorzubringen. Das Auftauchen vom Aminosäuren-Animismus.

8. Cyber-atomar: Das Individuum, das atomare Info-Strukturen entziffert und reprogrammiert und dabei die neue Nano-Technologie steuert zum Zwecke der persönlichen und artenbezogenen Evolution.

Ob Sie es glauben oder nicht, ich schrieb dieses Buch in der antiquierten Welt der fest eingebundenen Leimbücher, vor der Ankunft von Evas elektronischem Apfel. Bevor Steve Jobs und Steve Wozniak den ersten Cyber-Computer vermarktet hatten, das erste Gerät persönlich erzeugten Wissens, das Einzelpersonen gestattete, ihre Gedanken zu digitalisieren, sie zu verarbeiten, ihre molekulare Struktur zu verändern und über die Bildschirme mitzuteilen.

Ich war der Tatsache gegenüber recht blind, dass die neue Generation automatisch damit aufwachsen würde, ihre Gedanken digitalisiert über elektronische Bildschirme zu verarbeiten.

Kurz: Ich verstand die PSYber-Welt, doch nicht die CYBer-Welt.

Ich hatte die inneren Welten des Bewusstseins intensiv erforscht und in dem unbegrenzten Psy-Universum des Gehirns navigiert. Doch ich hatte keinen Zugriff auf und kein Verständnis über die Info-Welt, die durch die elektronischen Technologien erzeugt wurden und durch welche wir uns von mechanischen Buch-Leuten zu Quanten-Bildschirm-Leuten veränderten. Heim-Synthesizer. Computer. Audio-Digitalisierer. Video-Digitalisierer. Compact-Disc. Interaktive Systeme.

Mein Hightech-Unwissen von 1976 begründet sich in der Überbetonung von Raum-Kolonien und post-irdischer Psychologie.

Ich realisierte nicht, dass die erste Welle von Alien-Intelligenz, die mich die Quantensprache der Galaxie lehren würde, nicht jenseits des Van-Allen-Gürtels finden würde, sondern in meinem eigenen Haus, im Jahre 1979, und zwar in der Form meines Cyber-Sohnes Zachary, der seinen Weg durch den Info-Raum der Videospiele und Asteroiden, Planeten- und Datenkonstellationen, der in den entsprechenden Computerprogrammen erforscht werden kann, steuert.

Im Jahre 1975-76 schien es klar, dass das Leben diesen Planeten verlassen und zu Raum-Kolonien auswandern würde, die die Bewohner aufbauen würden. Diese H.O.M.E.s (High-Orbital-Mini-Earths) schließen offenkundig post-mechanische, post-nationale und neuro-elektrische Milieus mit ein. Doch ich realisierte nicht, dass diese Raum-Welten nur von denen gebaut und bewohnt werden können, die die Cyber-Quanten-Leistungsstandards erlangt hatten.

Exo-Psychologie erscheint mir nun als ein wichtiges Zukunftskonzept. Doch es legte die Betonung auf die Hardware der Raumschiffe. Daher soll der Titel dieses Buchs Info-Psychologie lauten.

Die Info-Welten, die unsere Spezies in unserer unmittelbaren Zukunft entdecken, erzeugen, erforschen und bewohnen wird, werden nicht nur von den Start-Plätzen in Canaveral allein erreicht werden, sondern über unsere Computerbildschirme.

Um diese neuen Welten zu erklären, haben mir meine gegenwärtigen Verleger und Herausgeber Dr. Christopher Hyatt und Nicholas Tharcher erlaubt, die ersten Seiten dieser Ausgabe zu überarbeiten. Dieser neue Anfang erlaubte mir, die Betonung von ‚EXO' auf ‚INFO' zu verlegen.

Von Raum-Habitaten zu Informations-Habitaten.

Nach Seite 22 müssen Sie, der Leser, meine 1976 verfasste Prosa übersetzen und erneuern.

Viele der Begriffe von Exo-Psychologie scheinen in dem neuen und gewieften Hightech-Jahrtausend ein wenig aus der Mode. Darf ich, der Klarheit und Neuheit willen, ein paar Übersetzungshilfen anbieten?

S.M.I^2.L.E.

Glossar

EXO-PSYOCHOLOGIE:

Die Psychologie der post-irdischen Existenz.

INFO-PSYCHOLOGIE:

Die Psychologie der post-industriellen Gesellschaft. Geht der Exo-Psychologie voran und vervollständigt sie.

DIGITALE SPRACHE ODER QUANTEN-LINGUISTIK:

In Form von quantitativen Mustern verpackte, gespeicherte, prozessierte und mitgeteilte Gedanken. H2O ist der digitalisierte (Quanten-)Ausdruck für niedergeschriebene Gedanken wie ‚Wasser', ‚l'eau', ‚aqua', und ‚water'.

RAUM:

Das außerirdische Universum, das Sonnensystem, Sterngalaxien, gewöhnlich durch materielle Strukturen definiert.

INFO-RAUM:

Unsere Welt, die Galaxie, das Universum in Begriffen der Information definiert und gemessen. Das Quantenuniversum der Signale, Bits, digitalen Elemente die aufgezeichnet, gespeichert, prozessiert und kommuniziert werden durch elektronische Wissenstechnologie, das menschliche Gehirn und seine elektronischen Erweiterungen.

LARYGEAL-MANUELL (L.M.):

Orale, handwerkliche Sprache. Das Erzeugen von handgemachten Werkzeugen und Gegenständen. Die paläolithische, neolithische und werkzeugerschaffenden (Stammes-)Stufen der menschlichen Evolution, die der Jäger-Sammler-Stufe folgen und die vor der feudalen, industriellen und Quantenstufe liegt.

LARVAL:

Frühe primitive Stufen der menschlichen Evolution, die der Migration ins All und dem Erlangen der individuellen Meisterschaft über Quantentechnologie vorangeht. LARVALE Menschen sind instinktiv und reflexiv an die Kollektive gebunden. Sie haben noch nicht die Cyber-(Steuerungs-)Stufen des selbstständigen Denkens erlangt. Dieser Begriff ist absichtlich unverschämt und provokativ. Mitmenschen dieser primitiven Stufe der Evolution zuzuweisen, führt nicht unmittelbar zu Popularität. Der satirische Gebrauch reflektiert lediglich die gewöhnliche und keltisch spielerische Arroganz des Autors, verstärkt durch eine Gefängnis-Depression.

DOMESTIZIERTE PRIMATEN:

Menschen, die nicht für sich selbst denken. Menschen, die zu Stämmen, Staaten, Kirchen, rigiden Organisationen, Nationen, Industriestaaten gehören. Die Stufen, die dem individuellen Cyber-Leben vorangehen. Dies ist eine weitere typische und gemeine (gurdjieffsche) Sufi-Spitze, die auf Leute abzielt, die nicht für sich selbst denken. Ein ‚Insiderwitz‘, den einige nicht mögen.

POST-SYMBOLISCH:

Stufen des Denkens, das digitalisierte Quantencluster eher als geschriebene Wörter oder vokale Äußerungen nutzt.

KOLLEKTIV:

Alle Stufen der menschlichen Evolution, die der individuellen Unabhängigkeit vorangehen. Andere Synonyme: SCHWARM, HERDE, HAUFEN. Gewöhnlich bei satirischen Intentionen genutzt.

IRDISCH:

Stufen, die der Migration ins All und dem Cyber-Quanten-Denken vorangehen.

QUANT:

Das Wort ‚Quant‘ bezieht sich auf ein Bit, eine elementare Einheit. Das Wort QUANT als Adjektiv benutzt indiziert, dass das Subjekt in Begriffen von Zahlen, Clustern von digitalen Elementen und Informationseinheiten definiert wird.

QUANTEN-PHYSIK ODER INFO-PHYSIK:

Kontrastiert zur mechanischen, materiellen Physik von Newton, die sich mit Fragen der Masse, Kraft, Arbeit und Energie beschäftigte.

QUANTEN-PHYSIK:

S.M.I^2.L.E.

Definiert ein Universum, das aus temporären Clustern von Info-Einheiten, digitalen Bits und elementaren An-Aus geschaffen ist.

DAS QUANTEN-UNIVERSUM:

Ist ein **INFO-UNIVERSUM.**

QUANTEN-PHYSIK BEZIEHT SICH AUF DIE INFORMATI-ONSWISSENSCHAFTEN:

Die Dekodierung der Signale des Universums in die unterschiedlichen Dimensionen der Komplexität. Wo das newtonsche Universum aus augenscheinlich fester Materie zusammengesetzt war, so setzt sich das INFO-UNIVERSUM aus Daten-Strukturen zusammen.

DIE QUANTEN-PERSON:

Bewohnt Daten-Raum, lebt in Info-Welten.

QUANTEN-PSYCHOLOGIE:

Ein Synonym für EXO-PSYCHOLOGIE. Menschliches Denken und Verhalten in Begriffen der Sprache der Zahlen, Computer und Ikons beschrieben.

DAS STÜRMISCHE 20STE JAHRHUNDERT:

Jedes Jahrzehnt des zwanzigsten Jahrhunderts wurde Zeuge des Auftauchens von Informations-Anwendungen und neuen Kommunikations-Kunstformen, die den Menschen zunehmenden Zugriff und Kontrolle elektronischer (digitaler) Informationen verschafft.

Die Quanten-Anwendungen schließen Telefone, Radios, Plattenspieler, Filme, Fernsehen, tragbare Kassettenrekorder, CB-Radios, Heim-Synthesizer und CDs mit ein.

CYBER:

Das Wort Cyber stammt von dem griechischen Wort kybernetes, steuern. Das Heisenberg-Prinzip demonstriert, dass der Beobachter die Realitäten determiniert (definiert), mit dem SiEr entsprechend den Beobachtungstechnologien und den zur Interpretation herangezogenen Karten/Modellen konfrontiert werden.

DIE CYBER-PERSON:

Ist die Person, die das heisenbergsche Prinzip versteht und die die Verantwortung für die Realitäten, die SiEr definiert und bewohnt, akzeptiert. Dieses allgemeine Prinzip der Selbst-Bestimmung wurde seit Tausenden von Jahren durch hinduistische, buddhistische, gnostische und sufistische Philosophen beschrieben. Kreative Menschen, Schreiber, Künstler, Poeten, Dramaturgen, Erfinder, Innovatoren, Schamanen und intelligente Magier haben über die Jahrhunderte hindurch dieses Prinzip verstanden. Sie haben es genutzt, um den Stolz der menschlichen Kultur und Wissenschaft hervorzubringen. Wie auch immer, die Fähigkeit von CYBER-PERSONEN, Realitäten zu kreieren, ist immer auf Symbole, Zeichen, Mythen, Skripts, künstlerische und philosophische Ausdrücke begrenzt. Die informationellen Strukturen, die wir Kunst nennen. Bis vor kurzem konnte sich die menschliche Fähigkeit, Quanten-Realitäten zu beschreiben, wegen der Techno-Quanten-Unwissenheit nicht über die materielle Ebene ausbreiten. Während der vorindustriellen Zeit waren die Menschen – von den Philosophen zu den Sultanen zu den Leibeigenen – hilflose Opfer der Techno-Kurzsichtigkeit. Die industrielle Ära brachte die Fähigkeit des Menschen, materielle Realitäten im kollektiven Maßstab zu handhaben, einen gewaltigen Schritt voran. Doch es war erst im stürmischen zwanzigsten Jahrhundert, als die Menschen entdeckten, dass das Universum über eine Info-Struktur verfügt, die erforscht und gehandhabt werden kann. D. h. Cyber-Quanten-Leistungsfähigkeit, in Clustern digitalisierter Gedanken zu denken und aufzubauen.

CYBER-QUANTEN-PSYCHOLOGIE:

Das Individuum nimmt Zugriff und steuert elektronische Wissenstechnologie für seine/ihre eigenen persönlichen Zwecke. Die traditionellen acht Grundhaltungen der Philosophie können jetzt neu definiert werden in den Begriffen der CYBER-QUANTEN-PSYCHOLOGIE:

1. KOSMOLOGIE:

Eine Theorie über die Ursprünge in Begriffen des Cyber oder des Kollektivs definiert.

QUANTEN-KOSMOLOGIE:

Eine Theorie über die Ursprünge, die in wissenschaftlicher, quantenartiger oder numerischer Form ausgedrückt wird.

S.M.I².L.E.

2. POLITIK:

Eine Theorie der Dominanz, Kontrolle, Freiheit, Unterwerfung entweder in Begriffen des Individuums oder des Kollektivs definiert.

QUANTEN-POLITIK:

Eine Theorie der Dominanz, Kontrolle und Freiheit, die in psychogeometrischen Koordinaten und digitaler Sprache ausgedrückt wird. Siehe das Computer-Programm Mind Mirror.

3. EPISTOMOLOGIE:

Eine Theorie, die Wahrheit (cyber-individueller Glaube) und Tatsachen (physikalische Beschreibungen) definiert.

QUANTEN-EPISTOMOLOGIE:

Wahrheit und Tatsachen in digitaler Sprache und quantenphysikalischen Beschreibungen ausgedrückt.

4. ETHIK:

Die Theorie, die gut/schlecht (cyber-subjektiv) und Tugend/Laster (sozial-kollektiv) definiert.

QUANTEN-ETHIK:

Gut und schlecht in der astrophysikalischen Sprache der Psycho-Geometrie definiert.

5. ÄSTHETIK:

Eine Theorie, die subjektive Schönheit und soziale Kunst, persönlichen Genuss und Belohnung durch das Kollektiv definiert.

QUANTEN-ÄSTHETIK:

Eine Theorie, die Schönheit, Kunst, Genuss, Belohnung in Begriffen von Zahlen, Ziffern und Geometrie definiert.

6. ONTOLOGIE:

Eine Theorie über die Natur der Realität basierend auf cyber- (persönlicher) oder kollektiv-sozialer Einstellung.

QUANTEN-ONTOLOGIE:

Eine Theorie über die Natur der Realität, die in wissenschaftlicher, technologischer oder quantendigitaler Sprache definiert ist.

7. TELEOLOGIE:

Eine Theorie der Evolution, Devolution oder Stasis entweder auf Basis der cyber-individuellen oder der kollektiv-sozialen Einstellung.

QUANTEN-TELEOLOGIE:

Eine Theorie der Evolution, Devolution oder Stasis, die auf messbaren Indexen, quantitativen Mustern und Geometrie basiert.

8. ESCHATOLOGIE:

Eine Theorie des Endes, cyber-individuell und kollektiv-sozial. Eine Person, die nicht die Verantwortung über ihr Ende übernimmt, kann keine allgemeine Theorie über evolutionäre Enden aufstellen.

QUANTEN-ESCHATOLOGIE:

Eine Theorie des Endes, die auf Quantifikation, Digitalisierung und Geometrie basiert.

Vorwort zur ersten Ausgabe von ‚Exo-Psychologie'

Das Leben auf der Erde hat – unter Mitwirkung des menschlichen Nervensystems – begonnen, von dem Mutterplaneten auszuwandern, den Genpools zu entkommen und Kolonien im Orbit zu errichten, von denen es besser mit Leben in der Galaxie in Kontakt treten und kommunizieren kann.

Raketenangetriebene Schiffe haben die notwendige Geschwindigkeit erlangt, um der Schwerkraft des Mutterplaneten zu entkommen.

Radioteleskope – ‚Schüsseln' – sind auf Sterne gerichtet und bereit, elektromagnetische Botschaften von intelligenten Nachbarn zu empfangen.

Elektronische Signale verbreiten durch den interstellaren Raum die Botschaft der menschlichen Bereitschaft zum interstellaren Austausch und zur Kommunikation.

Die Verdacht wächst, dass wir, die wir nahe daran sind, diesen kleinen Satelliten jenes so peripheren Sterns zu verlassen, weder allein noch isoliert sind.

Innerhalb der Lebensspanne von vielen, die diese Zeilen lesen, wird dies passieren: Unsere Pionier-Familien werden das Sonnensystem verlassen. Interstellare Botschaften werden empfangen. Kontakt wird hergestellt. Die galaktische Diskussion wird beginnen.

Es wird Zeit, uns auf das Leben im Raum als neue und bewusst selegierte Genpools vorzubereiten.

Es ist an der Zeit, eine Philosophie, eine Psychologie und eine Sprache zu entwickeln, die uns ermächtigt, unseren intelligenten Nachbarn zuzuhören, sie zu verstehen und intelligent zu antworten.

Die Sprache wird quantenartig, digital, psychogeometrisch sein.

Einige unter uns werden protestieren, dass die menschliche Intelligenz und die menschlichen Ressourcen dazu genutzt werden sollten, die qualvollen irdischen Probleme der ungerechten Verteilung von Gütern zu lösen.

Diese larvalen Proteste sind, so aufrichtig sie sein mögen, embryonisch, verständlich und kurzsichtig.

Diese Krise des Leidens und des Mangels, die die Menschheit jetzt erfährt, ist nicht materieller Natur. Es ist ein neuro-politischer Krieg.

Sie wurde auf spirituelle Weise beschrieben, auf psychologische und philosophische Weise. Doch sie wird am besten ‚navigierend' gekennzeichnet. Die Menschheit hat noch nicht vollständig den genetischen Code entschlüsselt. Der Kompass, das Anleitungsbuch, befindet sich noch halb im Dunkel.

Männer und Frauen, die wissen, woher sie kommen und wohin sie gehen, die eine Vision, die über das Lokal-Weltliche hinausgeht, teilen, werden aus den larvalen Genpools emporsteigen und als schnell lernende Cyber-(Piloten-)Individuen effektiv arbeiten, auf natürliche Weise wachsen, sich liebend sozialisieren und anmutig entwickeln. Es stimmt möglicherweise, dass eine Spezies in gelassener Dummheit dahintreiben wird, bis sie mit evolutionärem Wandel konfrontiert wird…, an welchem Punkt Einzelne das primitive Kollektiv verlassen (werden) und sehr schnell sehr viel klüger werden.

Dieses Buch – ein einfacher Versuch, eine Perspektive für die biologische Evolution auf und von diesem Planeten zur Verfügung zu stellen – präsentiert Hunderte von neuro-genetischen Ideen, für die einige Individuen jedes Genpools nun bereit sind. Diese Übermittelung präsentiert sich in Form maschinengeschriebener Buchstaben, obwohl die Themen, die hier diskutiert werden, elektromagnetischer und quantenphysikalischer Natur sind. Der Leser(/Die Leserin) sollte daher erwarten, das sein/ihr konditioniertes Symbolsystem durch unerwartete und neue Symbolkombinationen durchgerüttelt wird. Dies ist genau die Art von Situation, die bestehen wird, wenn eine höhere Intelligenz auf Cyber-Quantenart mit einer Spezies mechanistischer Denker zu reden beginnt.

Ein Mensch des zwanzigsten Jahrhunderts wird es als eine sehr schwierige und delikate Aufgabe ansehen, die Gegenwart einem Werkzeugmacher des sechzehnten Jahrhunderts zu erklären. Der gewiefte Leser kann es vermeiden, durch einige der Metaphern in diesem Buch irritiert zu werden, sofern er die kulturelle Zeitverzögerung im Geiste behält.

Etwas guter Wille und Offenheit bezüglich der Zukunft ist notwendig für einen Dialog zwischen verschiedenen Spezies.

Die Bedeutung dieses post-irdischen Anleitungsbuches liegt darin, dass es existiert. Hier findet sich der erste Versuch, die Menschheit für ihre nach außen gerichtete Reise, für ihre post-irdische Migration in die Info-Welten vorzubereiten.

Andere und weitaus entwickeltere Info-Psychologien werden folgen. Gibt es eine interessantere und wichtigere Sache, als Zukünfte zu erzeugen?

Der erste Versuch ist absichtlich eklektisch und übersetzbar – das Religiös-Okkulte mit dem Wissenschaftlichen, das Vergangenes mit Zukünftigem und die Legenden der Vergangenheit mit den Daten der Gegenwart verbindet.

Wir haben 8 Perioden und vierundzwanzig Stufen der neurologischen Evolution als didaktische Metapher vorgeschlagen, um die immensen post-mechanischen, metapersonalen, post-newtonschen Felder, die zu prägen sind, zu antizipieren, spezifizieren, ordnen, personalisieren und zu familiarisieren.

Die illustrativen Metaphern sind nicht sonderlich wichtig. Was aber für eine der Menschheit geziemenden Mutation wichtig ist, ist das Verständnis und die persönliche Anwendung von einsteinschen, neuro-genetischen und quantenphysikalischen Perspektiven darüber, wer wir sind und sein können.

S.M.I^2.L.E.

Teil I

Die Evolution, Struktur und Funktion des Nervensystems

S.M.I^2.L.E.

1. Info-Psychologie ist die Wissenschaft, die die Evolution des Nervensystems von seiner irdisch-mechanisch-kollektiven Entwicklungsstufe bis zu seiner post-irdischen Quanten-Cyber-Entwicklungsstufe untersucht.

Die Psychologien des Industriezeitalters (1850-1975), die zwar vorgaben, das Denken, das Bewusstsein und das Verhalten zu untersuchen, haben tatsächlich die meiste Zeit in die Erforschung der Anpassung bzw. Nichtanpassung des Menschen an die sozialen Rituale und die kulturell definierten Zwangssysteme investiert. Hervorgebracht in einer Zeit, als die feudale Theologie für die rapide anwachsende Klasse der Halbgebildeten keine Bedeutung mehr hatte, brachte die mechanische Psychologie eine beruhigend pseudo-rationale Grundlage zur Domestikation des Menschen sowie eine „einlullende" pseudo-wissenschaftliche Sprache hervor, um die Werte der Fabrik-Kultur zu unterstützen.

Abgesehen von den enormen vom Staat unterstützten Bürokratien und der mystischen Priesterschaft produzierte die industrielle Psychologie keine verifizierbaren Theorien zur Erklärung menschlichen Verhaltens noch irgendwelche Methoden, um die klassischen Probleme der menschlichen Gesellschaft zu lösen: Verbrechen, Krieg, Konflikte, Verfremdung, Vorurteil, Dummheit, Langeweile, Aggression, Unglück und philosophische Ignoranz gegenüber dem Sinn des Lebens.

Zur gleichen Zeit, als die Psychologie des industriellen Zeitalters zu einer priesterlichen Techno-Religion wurde, generierten die Wissenschaften der Chemie, Physik, Biologie und der Informationswissenschaft im Stillen Theorien, Fakten und Techniken, die profunde Implikationen auf die Veränderung der menschlichen Natur haben.

Die Neurologie lokalisiert die Quelle des Bewusstseins, des Gedächtnisses, des Lernens und des Verhaltens in dem Nervensystem – einem aus einhundert Milliarden Zellen bestehenden Bio-Computer, für den der menschliche Körper nur eine Art Transport-Roboter darstellt.

Wenn uns insofern daran gelegen ist, unsere mentalen und emotionalen Funktionen sowie unser Verhalten zu verstehen und zu verbessern, dann ist der Gegenstand der Untersuchung das Nervensystem. Die Person, die ihre rezeptiven, integrativen und weiterleitenden Schaltkreise des Nervensystems selbst wählen und einstellen kann, ist nicht nur intelligenter, sondern operiert gewissermaßen auf einer höheren und komplexeren Stufe der Evolution.

Prä-Cyber-Menschen halten hinsichtlich der Diskussion über und Einmischung in ihr Nervensystem ein rigides Tabu aufrecht – eine Phobie, die auf der primitiven Angst vor dem Unbekannten und dem abergläubischen Widerwillen zu lernen, wie man wissen kann, beruht. Inzwischen ist es bewiesen, dass das Nervensystem ein unglaublich kraftvolles Instrument für die bewusste Evolution darstellt, welches von denjenigen, die die Verantwortung als ‚Pilot‘ akzeptieren, für genetische Aufgaben erkannt und eingesetzt wird.

Die Ethologie, welche tierisches Verhalten in der natürlichen wie auch der experimentellen Umgebung untersucht, hat die roboterhaft-instinktive Natur neuraler Diskriminierung wie auch die Rolle des Prägens bei der Determinierung, wann und gegenüber was tierisches Verhalten initiiert wird, demonstriert.

Die industriellen Psychologen haben darin versagt, die Errungenschaften der Ethologie auf die menschliche Situation zu übertragen. Die Tatsache, dass der Großteil des emotionalen, mentalen, sexuellen und ethischen Verhaltens der Menschen auf der zufälligen Prägung des Nervensystems während „kritischer" und „sensitiver" Perioden der Entwicklung basiert, wirkt auf die Kulturen des mechanischen Zeitalters sehr beunruhigend. Wenn Individuen lernen zu begreifen, wie sie geprägt wurden, dann können sie auch lernen, ihr Gehirn neu zu prägen beziehungsweise zu reprogrammieren.

Die Neurochemie hat kürzlich herausgefunden, dass Neurotransmitterchemikalien, welche Nervenimpulse und synaptische Verbindungen ermöglichen und hemmen, Bewusstsein, Emotion, Erinnerungen, Lernen und Verhalten determinieren.

Gleichzeitig hat die Psychopharmakologie botanische und synthetische psycho-aktive Wirkstoffe entdeckt, die bestimmte Bewusstseinszustände ermöglichen/hemmen, Mentalfunktionen beschleunigen oder dämpfen und die es Cyber-Personen möglich machen, sich zu reprogrammieren.

Informationswissenschaften: Um die Jahrhundertwende präsentierte die Quanten-Physik drei sensationelle Konzepte, die das menschliche Leben verändern sollten. Diese lassen sich folgendermaßen paraphrasieren und in einer allgemeinverständlichen Sprache darstellen:

1. Einsteins Relativitätstheorie besagt, dass alles (und jeder) sich in Geschwindigkeit und Richtungen bewegt, welches am besten (oder nur) in Relation zu anderen sich bewegenden Einheiten bestimmt werden kann. Die sozialen und psychologischen Implikationen sind offensichtlich.

2. Die Gleichungen der Quantenmechanik besagen, dass alles im Universum aus Bits oder elementaren Informationseinheiten besteht. Feste newtonsche Materie wird nun zu Wellen oder Wolken von An/Aus-Wahrscheinlichkeiten. Realitäten können metaphorisch als Bildschirme digitalisierter Muster beschrieben werden.

3. Werner Heisenberg steuerte eine dritte Konzeption bei, die das Informations-Universum definiert. Sein Axiom der ‚Unbestimmtheit' besagt, dass unsere Beobachtungen das, was wir beobachten – z. B. Realität –, mit erzeugen. Wir können nur das wissen, was unsere Wahrnehmungsorgane, unsere Messinstrumente und unsere Paradigmen oder Landkarten beschreiben.

Diese drei Prinzipien, die das Info-Universum definieren, wurden zuerst mit paläolithischen Werkzeugen – in Form von Kreidegleichungen auf Schultafeln – niedergeschrieben. Nahezu niemand war dazu in der Lage, diese halluzinatorische Welt, in der sich alles kontinuierlich verändert, zu begreifen oder auch nur zu akzeptieren, dass alles relativ zu dem Beobachterstandpunkt ist und insofern von unserer eigenen psychologischen Perspektive und Info-Technologie abhängt.

In der Retrospektive kann man nun sehen, dass die historische und genetische Aufgabe des stürmischen zwanzigsten Jahrhunderts darin bestanden hat, unsere psychologischen Bindungen an feste newtonsche Strukturen aufzulösen und uns dabei zu helfen, uns in diesen digitalisierten Info-Welten wohl zu fühlen und uns mit ihnen vertraut zu machen.

Die Aufgabe, neue „mystisch" philosophische Themen zu personalisieren und zu popularisieren, wurde immer schon speziellen genetischen Kasten übertragen – Künstlern, Schriftstellern, Dichtern,
Barden, fahrenden Musikanten und Geschichtenerzählern. Daher
waren es die Impressionisten, Expressionisten, Kubisten, Pointillis-
ten, Surrealisten und andere Rowdys, die uns überzeugten, visuelle
Realitäten in Form von sich verschiebenden Flächen und schimmernden Farben zu akzeptieren.

Die Jazzmusiker versahen die Quanten-Prinzipien mit Klang. Sie
improvisierten, synkopierten und steuerten. Am besten war, dass
sie harmonisierten; sie lernten, Cyber-Gesellschaften zu formen,
wurden zu Formation fliegenden Piloten, die ihre subjektiven Info-
Flüge auf die der anderen Musiker in der Gruppe abstimmten.

Hat nicht jede Dekade des stürmischen zwanzigsten Jahrhunderts
ihre Quanten-Hilfsmittel hervorgebracht, ihre gemütliche, komfor-
table und sogar abhängig machende Methode, die Realität zu digitalisieren, um diese auf Schallplatten, Tonbänder und elektronische
Leinwände zu projizieren?

Was für eine Serie elektronischer Produktinnovationen! Wellen
von neu digitalisierten Daten, die unsere Spezies von Bauern und
Industriearbeitern unweigerlich in die Quanten-Cyber-Zukunft hin-
übersegeln lassen!

**Radio! Film! Kino! Fernsehen! Tragbare Kassettenrekorder!
Computer! Selbst verabreichte Psychodrogen! Mikrowellenherde!
CDs! CB-Radios – jedes Einzelne davon bereitet uns darauf vor,
mit den unzähligen Wahlmöglichkeiten extravagant in der Info-
Welt zu leben.**

Diese Entdeckungen Einsteins und anderer haben vorhersehba-
rerweise jene Psychologen traumatisiert, die hinsichtlich der
menschlichen Persönlichkeit beruflich wie auch theologisch den sta-
tischen newtonschen Konzepten anhängen.

Diese vier Wissenschaften legen eine imposante Übereinstimmung der Beweise vor, die besagt, dass das Gehirn ein biochemisch-
elektrischer Computer ist, bei dem jeder Nervenimpuls als „Infor-
mations-Quant" oder Bit agiert; dass das Nervensystem strukturell
mit genetischen vorprogrammierten Schaltkreisen gekoppelt ist, die
dazu entworfen wurden, automatisch bestimmte Wahrnehmungssi-

gnale zu selegieren und zu übertragen, um Standard-Reaktionen auszulösen. Außerdem legt sie nahe, dass das Einprägen der Modelle, die sich in kritischen Momenten zufällig in dem Milieu befinden, die Tunnel-Realitäten determinieren, in denen die Menschen leben.

So kommen wir zu der Schlussfolgerung, dass der Mensch auf dieser Evolutionsstufe ein biologischer Roboter (Biot) ist, der automatisch auf Basis genetischer Schablonen und kindlicher Prägung reagiert.

Dieses unschmeichelhafte Portrait des Homo sapiens, das durch die Beweise der „neuen" Wissenschaften – Neurologie, Ethologie, Neurochemie und Psychopharmakologie – nahegelegt wird, ist für Psychologen und religiöse Führer natürlich ziemlich inakzeptabel, die die Theorie vertreten, dass der Mensch in seinem Status ‚auserwählt' und im Vergleich zu allen anderen Lebensformen überlegen ist.

Wir brauchen über das schmeichelhafte Selbstlob des Menschen nicht erstaunt zu sein. Da die „Insel-Realitäten", die wir bewohnen, durch genetische Schablonen und Prägung definiert sind, können wir uns selbst nur anhand der Symbole, die unser Nervensystem erzeugt hat, bewerten.

Stellen wir uns einen anthropologischen Bericht über den Homo sapiens vor – geschrieben von einem außerirdischen Wissenschaftler einer weiter entwickelten Zivilisation –, dann könnte man annehmen, dass die menschliche Unfähigkeit, die eigenen psychologischen, sozialen und ökologischen Probleme zu lösen oder Antworten auf grundlegende kosmologische Fragen zu bieten (z. B. Warum sind wir hier und wohin gehen wir?), zu der Schlussfolgerung führen würde, dass der Homo sapiens eine Spezies ist, die über sehr begrenzte roboterhafte Reaktionen verfügt und dass sich intelligentes Leben auf diesem Planeten letztlich noch nicht entwickelt hat.

Solch ein außerirdisches Gutachten könnte außerdem auf das Emergieren einer rudimentären Intelligenz zeigen, die auch durch die einsteinschen Perspektiven der eben besprochenen Wissenschaften und der Implikationen jener vier weiterer Wissenschaften be-

zeugt werden kann, die für die Zukunft der Menschheit von großer
Bedeutung sind:

Astronautik

Astro-Physik

Genetik

Quanten-Physik

Astronautik: Die Wichtigkeit von außerirdischen Flügen wurde
bis jetzt noch nicht voll erkannt. Die Apollo-Missionen waren mehr
als nur technologische Triumphe oder nationalistische Errungenschaften. Genetisch und neurologisch betrachtet hat hier der Anfang
einer Spezies-Mutation stattgefunden – die genauso wichtig ist wie
die in früher biologischer Geschichte stattgefundene erste amphibische Bewegung aus dem Wasser zum Festland.

**Es besteht kein Zweifel, dass die Menschheit ihre Migration in
die interplanetarische und möglicherweise interstellare Existenz
begonnen hat. Die Auswirkungen dieses Übergangs auf das Nervensystem und den DNS-Code werden gravierend sein. Ebenso
wie die amphibischen und Festland-bewohnenden Organismen
schnell mutierten, indem sie ein neurales und physiologisches
Equipment für die neue Umgebung entwickelten, werden die
Menschen, die im Weltraum leben, schnell mutieren.**

Das Ausgesetztsein gegenüber der Null-Gravitation und der außerirdischen Strahlung sind nur zwei von vielen physikalischen Stimuli, die die zur Anpassung an interstellares Leben nötigen, genetischen und neurologischen Veränderungen auslösen.

Die psychologischen Effekte werden dramatisch sein. Die Migration ins All erfordert eine beschleunigte, relativistische, multidimen-
sionale Flexibilität, zu der das Nervensystem auch in der Lage ist. Es
ist unvermeidlich, dass außerplanetarische Menschen den heutigen
Menschen ebenso überlegen sein werden, wie es der jetzige
„Mensch" seinem Vorfahren, dem Höhlenbewohner, ist. Die Anfänge des Prozesses der exo-psychologischen Anpassung lassen sich
bei mehreren Mondastronauten und E.V.A.-Veteranen feststellen,

S.M.I^2.L.E.

die nach ihrer Rückkehr von kosmischen Einsichten (Mitchell), philosophischen Offenbarungen (Schweikart) und Wiedergeburtssymptomen (Aldrin) berichteten.

Die **Astro-Physik** hat Fakten hervorgebracht, die die Grenzen psychologischen Vorstellungsvermögens erweitern. Zu unserer eigenen Freude erkennen wir, dass wir höchstwahrscheinlich nicht alleine sind – dass wahrscheinlich mehr als die Hälfte der 100 Milliarden Sterne in unserer Galaxis älter sind als unsere eigene Sonne. Daher erscheint es als ziemlich wahrscheinlich, dass sich in unserer Nachbarschaft weitere fortschrittliche und intelligente Lebensformen befinden. Neurologisch betrachtet waren die Menschen bis zum jetzigen Zeitpunkt unfähig, höhere Intelligenz wahrzunehmen. Sogar Science-Fiction-Autoren waren, mit wenigen Ausnahmen (Stapledon, Asimov, Clarke und andere), bisher unfähig, die Manifestationen überlegener Spezies näher zu beschreiben, es sei denn in Form von technischen Mutmaßungen und bizarren Extremen der gegenwärtigen menschlichen Kultur.

Was auch immer der Geist denken kann, neigt dazu, erzeugt zu werden. Sobald die Menschen die Vorstellungen einer höheren Intelligenzebene und von Schaltkreisen des Nervensystems (die bis jetzt noch nicht aktiviert wurden) akzeptieren und neurologisch prägen werden, wird eine neue Philosophie zutage treten. Es ist sinnvoll, diese außerplanetarische Perspektive menschlicher Evolution Exo-Psychologie zu nennen – die menschliche Natur im Kontext eines sich entwickelnden Nervensystems, betrachtet vom günstigen Aussichtspunkt älterer Spezies, die in unserer außerirdischen Zukunft existiert.

Die **Genetik** hat offenbart, dass sich die DNS-Blaupausen, die sich im Kern jeder lebenden Zelle befinden, von Spezies zu Spezies bemerkenswert ähnlich sind. Astronomen und Exo-Biologen haben die Moleküle entdeckt, die grundlegend für das Leben im äußeren Weltraum und in anderen Sternensystemen sind. Der DNS-Code kann nun als eine temporäre Blaupause betrachtet werden, die sich sequenziell wie eine Bandspule entfaltet und vorprogrammierte Konstruktionspläne übermittelt. Im Individuum entfaltet sich dieser Code durch vorbestimmte Entwicklungsstufen vom Kleinkindalter, durch die Kindheit, Pubertät, Reife, Menopause, Alter und Tod. Auf ähnliche Weise entwickelt sich ein fester Zeitplan in der Evolution der Spezies.

Der DNS-Code beinhaltet die Blaupause für die Vergangenheit und die Zukunft. Die DNS der Raupe enthält den Entwurf für den Aufbau und die möglichen Operationen des Körpers des Schmetterlings.

Seit langem ist bekannt, dass sich die Phylogenese der Spezies in der individuellen Ontologie wiederholt – dass zum Beispiel der menschliche Embryo den Zyklus der Evolution wiederholt; es wachsen ihm Kiemen, er ist mit Haaren bedeckt etc. Die diesbezüglichen psycho-neuralen und zeit-perspektivischen Implikationen wurden nie ernsthaft erforscht[2].

Genetiker haben gerade „ungenutzte", von Histonen maskierte und von nicht-historischen Proteinen aktivierte Abschnitte der DNS entdeckt, von denen man annimmt, dass sie die Blaupause für die Zukunft beinhalten. Die Evolution ist kein blinder, zufälliger und improvisierter Prozess. Die DNS ist eine zukünftige Blaupause, die sich entziffern lässt.

So wie ein Ingenieur die Diagramme einer Selbstmontageanlage für Autos untersuchen und sehen kann, wie ein Auto in einer Sequenz zukünftiger Operationen zusammengesetzt wird, so lässt sich der von Histonen maskierte Abschnitt der DNS untersuchen, um die Sequenzen der zukünftigen Evolution zu bestimmen. Das Instrumentarium für die Entschlüsselung der DNS-Botschaft ist neurologischer und neurochemischer Natur. Die Wissenschaft, die sich mit der wechselseitigen Kommunikation zwischen DNS-RNA und Nervensystem beschäftigt, nennt sich Neurogenetik.

Die Astronomie und die Astronautik überzeugen uns davon, dass das interstellare Reisen zur Zukunft der Menschheit gehört. Eine außerirdische Existenz wird ein fortgeschrittenes, mutiertes Nerven-

---

2. Die Theorie des seriellen Prägens besagt, dass die Psychologie die Phylogenese wiederholt. Dass das individuelle Nervensystem die evolutionären Sequenzen wiederholt. Dass das Baby durch eine wirbellose Realität , das krabbelnde Kind durch eine Säugetier-Realität, das Vorschul-Kind durch eine paläolithische Realität und der Pubertierende durch eine domestiziert-zivilisierte Realität geprägt wird.

S.M.I^2.L.E.

system und einen unvermeidlichen Kontakt mit höherer Intelligenz mit sich bringen[3].

Die **Neurogenetik** ist eine neue Wissenschaft (mit respektablen Journalen und Mitgliedern), welche die Psychologie – d. h. das Bewusstsein und Verhalten – der DNS-RNA erforscht. Man könnte die Neurogenetik auch einen Zweig der Exo-Psychologie nennen, wenn wir annehmen, dass die *contelligence* der DNS nicht auf den Planet Erde beschränkt ist, sondern in der Tat wahrscheinlich hervorgebracht und entwickelt wurde, um zur außerirdischen Intelligenz zurückzukehren (vgl. Freers Breaking the Godspell).

Es wird deutlich, dass der Atomkern eine komplexe Anordnung mächtiger Kräfte ist, die nach Beziehungsgesetzen (wie Aufregung, Charme, Spin-Parität und Resonanz) funktionieren. **Ebenso wie der DNS-Code, der sich im Kern jeder Zelle befindet, operiert auch das genetische Gehirn, welches via RNA die Körper und die Nervensysteme entwirft und herstellt. So können wir uns den Atomkern als das grundlegende „Gehirn" vorstellen, welches Atome und Moleküle der Quanten-Logik entsprechend entwickelt und konstruiert.**

Quanten-Physik: Es wird inzwischen gemutmaßt, dass die gesamte Materie wie auch Energie im Universum in einem „allgemeinen Informationsfeld" operiert, welches in Form relativistischer Wechselwirkung zwischen den basalen, in der Natur existierenden Kräften verstanden werden kann:

Schwerkraft

Elektromagnetische Kraft

---

3. Einige Astronomen behaupten jetzt, dass es im Universum keine höhere Intelligenz gibt, da „sie" uns nicht kontaktiert haben und auch nicht auf unsere Radiosignale reagiert haben. Derartige Schlussfolgerungen illustrieren die Voreingenommenheit und die einseitige Ausrichtung der konventionellen Wissenschaft. Natürlich gibt es keine wissenschaftliche Grundlage, um die Existenz von höherer Intelligenz zu behaupten oder zu leugnen. Zeit-Erweiterungsfaktoren machen die Sache noch komplizierter; wenn ein Raumschiff mit annähernder Lichtgeschwindigkeit auf uns zustürzen würde, dann würden für jedes „Reisejahr" auf der Erde Millionen von Jahre vergehen. Es gibt keine Basis für dogmatische Erklärungen.

Kernkraft (subatomar)

Schwache Kraft (radiational)

Die einfache Psychologie beruhte bestenfalls auf den „Gesetzen"
Newtons und war größtenteils geozentrisch (im engeren Sinne pto-
lemäisch). Sogar die poetischsten Freudianer, Behavioristen und
Transaktionsanalytiker haben es nicht zugelassen, dass ihre Theorien bezüglich des menschlichen Verhaltens von der einsteinschen
Revolution – welche unser Verständnis der Struktur des Universums dramatisch verändert hat – beeinflusst wurden.

Die Quanten-Psychologie beginnt, die „Psychologie" – d. h. Bewusstsein und Verhalten – von Atomteilchen zu erforschen und
Elektronik sowie Atome zum menschlichen Bewusstsein und Verhalten in Bezug zu setzen. Die Arbeit des Physikers John Archibald
Wheeler zeigt, dass der Atomkern in der Lage ist, Informationen zu
empfangen, zu erinnern, zu integrieren und in extrem hoher Geschwindigkeit zu übermitteln, und dies kommt wahrscheinlich im
Großteil der basalen Sozialverhaltensweisen zum Ausdruck, die wir
bei lebenden Organismen beobachten.

Zwischenmenschliche, emotionale (d. h. „motional", von Bewegung kommend), intellektuelle und soziale Angelegenheiten auf
elektronischer Ebene sowie deren Transzeption durch das Nervensystem definiert die Neuroelektronik.

Zwischenmenschliche, emotionale, intellektuelle und soziale Geschehen auf subatomarer und nuklearer Ebene sowie deren Transzeption durch das Nervensystem definieren die Neuroatomwissen-
schaft. Die Aufsätze Eric Drexlers zur Nanotechnologie bieten eine
atemberaubende atomistische Perspektive bezüglich der Cyber-Na-
vigation auf dieser Ebene.

Unser Verständnis von atomaren und nuklearen Prozessen wurde
bisher durch unsere newtonisch und euklidisch geprägte Sprach-
Logik-Vorstellungs-Philosophie limitiert. Wir „psychologisieren"
unweigerlich die Natur und personalisieren atomare Ereignisse.
Unser in den Frühstadien der Kindheit geprägtes laryngo-musku-
läre Bewusstsein ist nicht in der Lage, sich etwas vorzustellen, wo-

von es sich keinen Begriff machen kann; wir können das, was wir nie erfahren haben, nicht erfahren.

Jedenfalls müssen unser Dialog mit der DNS und unsere Gespräche mit atomar-subatomaren und astronomischen Energiesignalen zweiseitig verlaufen. Um die unserem Nervensystem von der DNS und der Quanten-Struktur übermittelten Signale dekodieren zu können, müssen wir unser Bewusstsein öffnen. Wenn wir unsere Psychologie „genetisieren", d. h. wie die DNS-RNS denken, sehen wir die gegenwärtige menschliche Situation als vorübergehende Phase in der menschlichen Evolution. Da uns die DNS erschafft, ist es aus logischer Perspektive diplomatisch und aus theologischer Perspektive konventionell (ein Bild Gottes), unsere Psychologie mit den Gesetzen und Mustern molekularer Intelligenz in Bezug zu setzen. Da der Atomkern die Moleküle und die Atome bestimmt, ist es nur logisch, wenn wir unsere Psychologie mit den Gesetzen und Strukturen nuklearer Physik und Astronomie relationieren; uns selbst als „Atome" oder „Sterne" begreifend: strahlend, zerfallend, anziehend, zurückstoßend, empfangend, entlang einem Frequenzspektrum übermittelnd, mitschwingend, gesellschaftliche Strukturen formend, eine charakteristische elektromagnetische Persönlichkeit besitzend, mit relativistischen Brennpunkten durch Energienetzwerke bewegend usw.

Da unsere altertümlichen psychologischen Systeme, die auf newtonschen geozentrischen Prinzipien basieren, wenig dazu beigetragen haben, die menschliche Philosophie zu erleuchten oder zu harmonisieren, erscheint es da zu fantastisch vorzuschlagen, dass wir in Zukunft unsere psychologischen Konzepte auf den Gesetzen und Strukturen der Physik, Chemie und Astronomie aufbauen und das menschliche Verhalten eher in naturellen Begriffen als in nationalen Beziehungen beschreiben?

Die ursprüngliche, geozentrische, egozentrische und soziozentrische Psychologie, die die Gesetzmäßigkeiten von Biochemie und Physik einfach ignorierte, konstruierte eine Philosophie im Kontext säugetierhafter Emotionen, euklidisch laryngo-muskulärer Symbole und beschränkter sozialer Werte, um damit den „Menschen und sein Universum" zu erklären.

Die Exo-Psychologie beobachtet das menschliche Schicksal indes in Form eines sich entwickelnden Nervensystems, welches

von der DNS-Intelligenz (die die Planeten in einem interstellaren Migrationsprozess als temporäre und embryonale Brutstätten mit dem Ziel einer vergrößerten Lebensspanne und eines erweiterten Lebensbereiches benutzt) dazu bestimmt ist, ein symbiotischer Transceiver einer quantenmechanischen *contelligence* zu werden.

2. Info-Psychologie ist die Psychologie der Quanten-Mechanik: eine Philosophie, die auf wissenschaftlichen Tatsachen basiert.

Die Theorien, die in dieser Übermittlung präsentiert werden, könnten als Science Faction[4], also die Philosophie der Wissenschaft oder Psychologie der Physik, bezeichnet werden: Psi-Phy[5].

Sie sind **wissenschaftlich** insofern, als dass sie auf empirischen Ergebnissen der Physik, Physiologie, Pharmakologie, Genetik, Astronomie, Verhaltenspsychologie, Informationswissenschaft und – am wichtigsten – Neurologie basieren.

Sie sind **fiktional** im wittengensteinschen Sinne, dass alle Theorien und Spekulationen außerhalb der mathematischen Lehrsätze der Naturwissenschaft subjektiv sind.

Sie sind **faktional** in dem Sinne, dass die gegenwärtigen Fortschritte hinsichtlich der Migration ins All, der Neurologik und der Lebensverlängerung bereits über die Fantasien der meisten Science-Fiction-Autoren hinausgegangen sind. Wir kreieren nun eine Zukunft, die noch unglaublicher ist als die von „2001". O'Neills Weltraumzylinder sind komplexer und viel weiter entwickelt als Clarke-Kubricks Weltraumschiffe.

Dieses Buch wurde in verschiedenen Gefängnissen geschrieben, zu denen der Autor wegen einer gefährlichen Ideologie und der Verletzung newtonscher und religiöser Gesetze verurteilt worden ist.

Andere Philosophen (insbesondere christliche Theologen, statistische Materialisten und marxistische Dialektiker) liefern unterschiedliche Interpretationen des gegenwärtig erhältlichen Korpus wissenschaftlicher Fakten. Solche Theorien, wie populär sie auch immer sein mögen, sind genauso fiktional. Die Geschichte zeigt, dass Philosophien, die entweder durch akademische Dogmen oder gesetzliche Strafsanktionen akzeptiert sind, nicht notwendigerweise weniger fiktional sind als jene, die abgelehnt und zensiert werden.

---

4. Leary schreibt im Englischen „science faction" statt „science fiction", dieses Wortspiel erinnert an das englische Wort „fact" (Fakt) (Anm. der Übersetzer).
5. Jeder schreibt Science Fiction …, aber die meisten schreiben sie, ohne auch nur die geringste Ahnung davon zu haben. Joyce Carol Oates

Es gibt in der Tat soziologische Beweise, dass wissenschaftliche Behauptungen – Science Fictions – nur dann mit Gewalt unterdrückt werden, wenn sie im Gegensatz zu den rückständigen Orthodoxien die menschliche Evolution beschleunigen. Wir denken dabei an Sokrates, Bruno, Kopernikus, Darwin, Pasteur, Sacharow.

3. Das Leben entfaltet sich in Mutationsstufen – vom irdisch-kollektiven zum post-irdischen Cyber

Es bereitet uns Freude und steigert unser Freiheitsgefühl erheblich zu erkennen, **dass die Spezies, genannt Homo sapiens, sich durch einen Acht-Phasen-Lebenszyklus entwickelt. Vier dieser Phasen beinhalten kollektives Denken auf dem Mutterplaneten. Die vier fortgeschritteneren Stufen sind angelegt zur Navigation durch den Info-Raum und darüber hinaus.**

Info-Psychologie ist eine Theorie der neuro-genetischen Evolution, die auf den folgenden Annahmen basiert:

1. In unserer Galaxie gibt es Millionen von Sonnensystemen, die über Planeten verfügen, auf denen sich organisches Leben fortpflanzen und entwickeln kann.

2. Da sich unser Planet in etwa der Hälfte des Evolutionsstadiums einer G-Typ-Sonne befindet (5 Milliarden Jahre), lässt sich annehmen, dass die Hälfte aller Planeten in unserer Galaxie, auf denen Leben gefunden werden kann, in einem evolutiven Sinne weiter entwickelt ist als das Leben auf unserem Planeten.

3. Diese fortgeschritteneren Kulturen, möglicherweise millionenfach vorhanden, repräsentieren die Zukunft unserer eigenen Evolution. In genetischer Zeitrechnung existieren sie uns voraus. „Sie" sind „wir" in der Zukunft.

4. In allen Sternensystemen innerhalb des uns bekannten Universums kommen die gleichen chemischen Elemente und physikalisch-chemischen Prozesse vor.

5. Das Leben, so wie es auf dem Planeten Erde existiert, ist nicht einzigartig. Wir könnten unseren interstellaren Nachbarn ebenso ähnlich sein wie die „Erbsen in einer Schote". (Das „Wir" in diesem Klischee bezieht sich auf alle Lebensformen auf diesem Planeten.) Wir könnten nur frühere oder weiter fortgeschrittene Versionen von uns selbst finden. Wir sind die außerirdischen Lebensformen.

6. Planeten haben eine vorhersagbare Lebensdauer. Sie werden in der späten Phase ihrer Sonne als ‚roter Riese' zerstört. Es wäre logisch anzunehmen, dass das Leben die Planeten verlässt, bevor sie

von alternden Sonnen zerstört werden oder ihre biologischen Ressourcen erschöpft sind.

7. Die Theorie der Neurogenetik besagt, dass das Leben nicht dazu angelegt ist, auf dem Geburtsplaneten zu verweilen, sondern in die ganze Galaxie abzuwandern.

8. Auf jungen Planeten wird das Leben in Form von Aminosäure-Schablonen ausgesät. Diese genetischen Blaupausen beinhalten den Multi-Millionen-Jahre-Entwurf der Evolution. Die Grundtaktiken der Evolution sind Metamorphose und Migration. Möglicherweise wurden wir auf Millionen anderer Planeten ausgesät.

9. Der DNS-Code ist buchstäblich eine Botschaft, die den Kurs der Evolution umreißt. Auf dem Planeten Erde hat sich bislang die Hälfte der evolutionären Blaupause entfaltet. Die zukünftig erscheinende Hälfte, blockiert von Histonen, liegt brach und wartet darauf, aktiviert zu werden – ebenso wie die Chromosomen einer Kaulquappe die zukünftige Froschform enthalten. Oder so, wie der vier Monate alte menschliche Embryo die Form des Neugeborenen enthält. Oder der Neugeborene die Form des pubertierenden Teenagers.

10. Die menschliche Spezies vervollständigt gerade die vierte Phase ihrer larvalen Entwicklung. Stellen Sie sich die Erde als Mutterbauch vor. Bis jetzt ist das Leben auf der Erde embryonal. Wenn das Leben den Planeten verlässt, nimmt es eine nach-fötale, post-larvale Daseinsform an.

11. Es ist zweckdienlich, das larvale Leben auf der Erde als ,newtonisch' zu beschreiben – beschäftigt mit dem an die Schwerkraft gebundenen Überlebensmechanismus. Ebenso passend ist es, die außerirdische Daseinsform als ,einsteinisch' zu beschreiben. Gravitations-Selektion.

Die vier newtonschen Schaltkreise des Nervensystems sind mit der Beherrschung der für ein irdisches Überleben notwendigen, vier umblikalen Grundhaltungen beschäftigt.

1. ventral-dorsal

2. vertikal (oben-unten)

3. zweidimensional (links-rechts)

4. schützend-inkorporierend (für das Überleben der Spezies)

Die vier einsteinschen Schaltkreise des Nervensystems sind für das Überleben im nach-irdischen Raum bestimmt und beinhalten die Beherrschung von:

5. Der Körper als Zeit-Vehikel und Infosystem

6. Das Nervensystem als selbst-gesteuerter bio-elektrischer Computer

7. Der genetische Code als molekulare Intelligenz

8. Metaphysiologische, quantenmechanische, nuklear-schwerkraftbezogene Kraftfelder (Nano-Technik)

12. **Die Metamorphose der menschlichen Spezies von der irdischen zur außerirdischen Existenz zeichnete sich durch die fast gleichzeitige Entdeckung von neuro-aktiven Drogen, elektrischen Geräten, des DNS-Codes, subatomarer nuklearer Energien, der Quanten-Mechanik, Computern und der elektronischen Kommunikation ab.**

Jede der acht Stufen des individuellen menschlichen Lebens umfasst enorme Veränderungen in Morphologie, Verhalten, Physiologie, und am allerwichtigsten, der Neurologie. Ungeachtet der Tatsache, dass diese Veränderungen sogar für den absolut ungeschulten Beobachter offensichtlich sind, verstehen die larvalen Wissenschaftler und Philosophen die daraus resultierenden psychologisch-philosophischen Implikationen nicht. Eine mögliche Erklärung dafür wäre, dass sich die menschliche Spezies selbst durch diese acht Stufen entwickelt und bis vor kurzem fast ausschließlich mit den vier grundlegenden, kollektiven, Überlebensprozessen beschäftigt war (vegetativ, politisch, technisch, gesellschaftlich).[6]

Analog würde eine ans Wasser gebundene Gesellschaft aus Kaulquappen neurologisch nicht dazu in der Lage sein zu erkennen, dass der amphibische Frosch eine spätere Form (sowohl phylogenetisch als auch individuell) ihrer selbst ist.

Die wissenschaftlichen Fakten über das Nervensystem, die Kreation der Wirklichkeit durch Prägung, unsere Position in der Galaxie, Reprogrammierung durch Neurotransmitterdrogen, einsteinsche Relativität, der DNS-Code – inzwischen in jedem Schulbuch nachlesbar – können von jedem aufgeschlossenen Adoleszenten verstanden werden. Diese Fakten sind jedoch so fremdartig für das jüdisch-christlich-marxistische Verständnis der menschlichen Natur, dass sie bis heute unterdrückt werden. Unbewusster Widerstand gegen allgemeine Beobachtungen und wissenschaftliche Entdeckungen ist ein Routineprozess in der Evolution des menschlichen Wissens. Wir sind vertraut mit der Tendenz, jene Dinge zu einem Tabu zu machen, die unsere orthodoxen und religiösen Dogmen stören. Dieses Tabu-Phänomen ist genetisch determiniert. Die vorzeitige Imitation von zukünftigen Stufen der Metamorphose würde auf gefährliche Weise verwirrend und demoralisierend auf eine larvale Spezies wirken.

Die Entdeckung der serienmäßigen Prägungsfähigkeit des Nervensystems, der bilateralen (Nach-Zukunfts-)Asymmetrie im Kortex, der Möglichkeit von weiter entwickelten Lebensformen auf Millionen anderer Planeten in unserer lokalen Galaxie, des Informationsuniversums, digitaler Kommunikation und das Erkennen der Langlebigkeits-Möglichkeiten in der unbenutzten Hälfte des DNS-Codes produzieren einen Mutations-Quantensprung im Verlauf der menschlichen Evolution, der die Spezies auf die Migration von dem Planeten und auf die Mutation einer die Info-Welten der Zukunft (Zukünfte) bewohnenden Cyber-Spezies vorbereitet.

---

6. Das rudimentäre Erkennen der larvalen, zyklischen Natur der gegenwärtigen menschlichen Existenz ist sporadisch schon bei früheren Zivilisationen erreicht worden, die zeitweilig die nötige Stufe biologischer, politischer, technischer und reproduktiver Sicherheit erreicht hatten. Im alten China, in Indien, auf Ceylon und Kreta, in Babylon, Griechenland, im islamischen Damaskus, in Ägypten und im Europa der Renaissance setzte eine kleine neurologische Elite frühreifer Evolutionäre Muße (d. h. Zeit) und die zur Verfügung stehende Technologie ein, um körperlich hedonistische, erotische und ästhetische Ausdrucksformen, Science-Fiction-Spekulationen und botanische Methoden zur Ausweitung der neurologischen Funktionen über die Überlebensprägung hinaus zu entwickeln.

S.M.I^{2}.L.E.

4. Das menschliche Nervensystem entfaltet sich sequenziell durch acht Reifephasen. Auf jeder Stufe wird ein neuer Schaltkreis des Nervensystems aktiviert und geprägt.

Das menschliche Nervensystem entfaltet sich sequenziell durch acht Reifephasen. Auf jeder Stufe wird ein neuer Schaltkreis des Nervensystems aktiviert und geprägt.

Die larvalen (neuro-umbilikalen) irdischen Stufen des Nervensystems, angelegt zur Anbindung und zum Überleben auf der Erde, sind:

I. Die **Bio-Überlebens-(Meeres-)**Stufen – vermitteln das Empfangen, die Integration und Übermittlung von neuralen Signalen, die mit zellulärer Gesundheit und vegetativer, metabolischer Sicherheit zu tun haben. Sicherheit – Gefahr.

II. Die **Emotions-Bewegungs- und irdisch-säugetierhaften** Stufen – vermitteln das Empfangen, die Integration und Übertragung von neuro-muskulären Signalen, die mit Körperbeweglichkeit, Territorialkontrolle und dem Vermeiden von Hilflosigkeit zu tun haben. Kampf – Flucht.

III. Die **symbolischen Werkzeug-(Artefakt-)**Stufen – vermitteln das Empfangen, die Integration und Übertragung von oral-manuellen Signalen; Sprache, Artefakte, Symbole, Werkzeuge. Stammesgebunden.

IV. Die **industriellen** Stufen – vermitteln das Empfangen, die Integration und Übertragung von neuralen Signalen, die mit sexuellen Rollen, Inbesitznahme und Sozialisierung in der Fabrik-Kultur zu tun haben.

Die vier Schaltkreise des Nervensystems, die dazu angelegt sind, um somatische, elektronisch-neurale, genetische und atomare Information zu vermitteln, wie auch, um sich den post-irdischen Info-Welten anzupassen, sind:

V. Die **cyber-somatische** Stufe – vermittelt das Empfangen, die Integration und Übertragung von sensorisch-somatischen Signalen, unzensiert durch Regierungsprägung und dazu angelegt, um in einer Umgebung der Null-Gravitation operieren zu können. Körper-Bewusstsein.

VI. Die **cyber-elektrischen** Stufen – Empfang, Integration und Übertragung von neuralen Signalen mit der Gleichzeitigkeit und der Geschwindigkeit eines bioelektrischen Leitungsnetzes; nicht von Regierungsprägungen programmiert, sondern vom Individuum. Gehirn-Bewusstsein.

VII. Die **cyber-genetische** Stufe prägt den DNS-Code, empfängt, integriert und übermittelt RNS-Signale, operiert daher in Spezies-Zeit und macht biologische Unsterblichkeit möglich wie auch die Symbiose mit höheren Lebensformen. DNS-Bewusstsein.

VIII. Die **cyber-atomare Stufe** prägt sub-nukleare, quanten-physikalische und gravitationsbezogene Signale, die die biologische Existenz transzendieren. Quanten-Bewusstsein. Nano-Technologie.

DIE EVOLUTION DER SPEZIES:

Auf jeder chronologischen Stufe der Spezies-Evolution treten neue Prägungen für kollektiv-herrschende (Regierungs-)Realitäten auf. Diese sozial-konsensuellen Neural-Programme bestimmen die magnetischen Positiv-Negativ-Pole für die kulturell konditionierten Mitglieder des Genpools. Gut/Böse.Tabu.

Das kollektive Bewusstsein wurde benötigt, um die embryonalen Stufen der Evolution zu vervollständigen. Ein Fötus oder eine larvale Form kann sich nicht alleine entwickeln.

Herrschendes (Bienenstock-)Bewusstsein wurde benötigt, um Tiere zu domestizieren, Landwirtschaft zu etablieren, metallene Werkzeuge zu formen, Nationen und Weltreiche zu gründen, seetaugliche Fahrzeuge zu bauen wie auch Druckpressen, Dampfmaschinen, Fabriken, Elektrizitätswerke, Flugzeuge, Radios, Filme, nukleare Instrumente, Raketen und Computer.

Als die Bienenstöcke des zwanzigsten Jahrhundert die nötigen Technologien hatten, um den Planeten zu verlassen und in der Quanten-Sprache zu kommunizieren, dann und nur dann (1987?)

war die Zeit, die Biologie zu transzendieren und das Envircnment der Evolution in den Geist des Individuums selbst zu verlegen. Die Cyber-Gesellschaft.

DIE EVOLUTION DES INDIVIDUUMS:

In den Cyber-Stufen der Evolution ist jedes Individuum dafür verantwortlich, seine Zukünfte selbst zu erzeugen.

Wir sind nicht länger an Genpools oder Mutterplaneten gebunden.

Es gibt unvermeidliche, logische Stufen, welche die Cyber-Person lernen muss zu beherrschen. Um noch präziser zu sein – es gibt Technologien, mit denen nur das Individuum selbst operieren kann. Es gibt sich logisch ergebende Geografien von Welten, in denen die Cyber-Person lernen muss zu navigieren.

Die **cyber-somatische**: Steuere den individuellen Körper!

Nur das Individuum kann einen menschlichen Körper bedienen. Sorry, Gouverneur, aber so ist es nun mal.

Nur das Individuum kann die somatisch-sensuelle Welt erfahren, bewohnen und sich in ihr entwickeln. Nur das Individuum kann den Zahnschmerz oder den Orgasmus erfahren.

Die erste Unabhängigkeitserklärung, der erste interkontinentale Solo-Flug ist die Kontrolle unseres eigenen Körpers und der Sinnesorgane.

Die **cyber-neurale**: Steuere das individuelle Gehirn!

Nur das Individuum kann das eigene Nervensystem bedienen. Individuelles Bewusstsein ist eine mysteriöse, wertvolle und einsame Erfahrung, die auch von den mächtigsten Kollektiven nicht dupliziert werden kann.

Die **cyber-genetische**: Steuere den DNS-Code!

Die **cyber-atomare**: Steuere die Nano-Technologie!

In jeder chronologisch aufeinander folgenden Phase der individuellen Evolution findet eine neue Prägung statt. Jede Prägung bestimmt die positiven und die negativen Brennpunkte für die

nachfolgende Konditionierung des neuaktivierten neuralen Schaltkreises. Jede Prägung definiert eine Ebene der Insel-Realität. Kürzlich entwickelte Neuprägungs-Techniken machen die serienmäßige und geplante Neu-Schöpfung von Realitäten möglich.

Die gesamte Aktivität des Nervensystems basiert natürlich auf chemisch-elektronischer Kommunikation.

Die ersten vier regulierenden Stufen des Nervensystems sind durch den DNS-Code dazu entworfen worden, mit dem euklidisch-newtonschen Charakter des Planeten Erde umzugehen und das Individuum an die national-industriellen Herde-Schar-Stamm-Realitäten anzupassen.

Die vier späteren post-irdischen Stufen sind für die Quanten-Info-Welt entworfen worden, so dass das Individuum durch somatische Signale, neuro-elektronische Aufnahmefähigkeit, Entzifferung der DNS/RNS-Signale und die Integration von sub-atomaren Botschaften steuern kann.

5. Wir sehen es als sinnvoll an, 24 Stufen neuraler Evolution zu definieren: 12 irdische (regulierende) Stufen und zwölf post-irdische Cyber-Quanten[7]- Stufen.

Im vorhergehenden Abschnitt haben wir acht Perioden der menschlichen Evolution definiert.

Vier kollektiv-irdische und vier cyber-quantumsartige, angelegt für Info-Welten und alles, was darüber hinausgeht.

Lassen wir das Ziel der Evolution eine höhere Intelligenz sein – die sequenzielle Entwicklung des Nervensystems –, in zunehmendem Maße dazu fähig, ein breiteres Signalspektrum von größerer Intensität, Komplexität und Geschwindigkeit zu empfangen, zu integrieren und zu übermitteln.

---

7. Das Buch *Spiel des Lebens* präsentiert eine systematisch detaillierte Diskussion über die vierundzwanzig Stufen der Neuro-Evolution – es behauptet, dass die biologische wie auch die individuell-menschliche Evolution mit einem Blaupausen-Entwurf koinzidiert, welches im Periodensystem der chemischen Elemente gefunden werden kann.

Dieses Buch sieht das Periodensystem als eine Code-Mitteilung, die die Sequenzen atomarer und biologischer Evolution darstellt, und zugleich als einen „Stein von Rosetta", anhand dessen sich einige philosophische Erkenntnisse durch das Entziffern zeitloser menschlicher Symbol-Systeme generieren lassen.

Einige ordinale Symbol-Systeme, die ähnlich wie das Periodensystem verstanden werden können, sind:

Das Tarot, der Zodiak, das I-Ging, das Spielkartendeck, das griechisch-römisch-olympische Pantheon, das hebräische Alphabet, Symbolsysteme.

Diese kulturellen Symbolsysteme werden als grobe psycho-logische neuro-symbolische Ausdrucksformen von vor-wissenschaftlichen Kulturen gedeutet, ähnlich wie die galaktische Evolution, die auf dem Periodensystem der Atome beruht. Diese „okkulten" Systeme sind proto-wissenschaftliche Versuche, den Verlauf der Evolution des Lebens sowie des Planeten vorherzusagen und können als neuro-kulturelle Kommunikationssysteme angesehen werden, in denen die Menschheit die Naturgesetze symbolisiert.

Info-Exo-Psychologie ist ein erster Leitfaden, der sich damit befasst, die acht Hauptsequenzen der neurologischen Evolution zu umreißen. Die detaillierte Beschreibung der vierundzwanzig Stufen befindet sich in *Spiel des Lebens,* auf welches der interessierte Leser hiermit verwiesen wird.

Je intelligenter die kollektiven Spezies sind, desto größer die Fähigkeit zur Anpassung und zum Überleben. Körper sind Vehikel zum Transport von Gehirn und Samen. Körper entwickeln sich, um Gehirn und Sperma-Ei stets effektiver behausen und transportieren zu können.

Der genetische Code hat das Nervensystem vorprogrammiert, um sich in den Stufen der Metamorphose weiterzuentwickeln. Die Basisstrategien der Evolution sind Metamorphose – Veränderungen in dem Individuum – und Migration.

Das sequenzielle Emergieren neuraler Schaltkreise beim einzelnen Menschen rekapituliert das phylogenetische Auftreten von Nervensystemen größerer Komplexität.

Beim Studium des Nervensystems wird deutlich, dass eine dreigeteilte Entwicklungssequenz vorliegt.

Passiver Rezeptions-Konsumerismus

Aktive Integration

Interaktive Transmissions-Fusion

Das Neuron, welches die basale Einheit der biologischen *contelligence* bildet, verfügt über drei anatomische und funktionelle Teile; das dendritische System, welches Signale empfängt, den Neuronenzellkörper, welcher ankommende Signale speichert, integriert und interpretiert, und das Axon, welches die Botschaft übermittelt. Jedes Neuron, jeder Schaltkreis, und in der Tat das gesamte Nervensystem sind in diese drei Funktionen unterteilt.

Auf der niedersten Stufe einzelligen und wirbellosen Lebens dienen diese drei Funktionen dem Überleben des Kollektivs, aber auf den höheren Evolutionsstufen werden die Kommunikation und die Fusion unter Individuen wichtiger für das Überleben.

Da jeder neurale Schaltkreis im Verlauf der Entwicklung des Individuums auftaucht, ist es die passive Konsument- und Aufnahme-Inputphase, die als Erstes auftritt. Die Phase der aktiven Integration folgt darauf, und die Phase der organisierten Transmission, die den Organismus mit anderen verknüpft, ist die dritte.

S.M.I^2.L.E.

Die Entwicklung des larvalen Individuums verläuft demzufolge durch zwölf Phasen (4 Schaltkreise x 3 Orientierungen). Post-irdische Info-Cyber-Evolution verläuft ebenfalls über zwölf Stufen.

Diese vierundzwanzig Stufen sind sowohl phylogenetischer als auch ontologischer Natur. **Die ersten zwölf neuro-genetischen Stufen beschreiben die Evolution des Lebens auf diesem Planeten von einzelligen Organismen bis hin zu den äußerst fortgeschrittenen Insekten und menschlichen Gesellschaften sowie der Entwicklung des Individuums von der Geburt durch die larvale Reife bis hin zur Vervollständigung der Bienenkorb-Sozialisierung.**

Eine detaillierte Beschreibung dieser Stufen befindet sich in dem Buch *Spiel des Lebens*.

6. Dieses Buch übermittelt eine Philosophie der Evolution der irdischen Spezies zu Cyber-Quanten-Individuen

Dieses Buch präsentiert eine Philosophie der Evolution. Diese Perspektive ist post-irdisch, post-industriell und post-kollektiv.

Wir nehmen (ohne ausgedehnte Rückschau oder wiederholte Darlegung) die gegenwärtigen Ereignisse (zwischen 1976-1987) und Theorien von nuklearer Physik, Astronomie, DNS-Genetik, Ethologie, experimenteller Prägung, Psychopharmakologie, Neurologie und Verhaltenspsychologie als gegeben an.

Basierend auf diesem Konsens von wissenschaftlichen Fakten und ausgedehnten Experimenten mit erweiterten und beschleunigten Bewusstseinszuständen im weitesten Bereich von Set, Setting und sozialem Kontext präsentieren wir:

1. Eine bio-neurale **Kosmologie** – eine Theorie der Herkunft und der Evolution des Lebens auf und außerhalb dieses Planeten.

2. Eine neuro-muskuläre **Politik**, die die grundlegenden genetischen Dimensionen der Freiheit/Kontrolle von muskulärer Säugetier-Bewegung im Territorium definiert.

3. Eine neuro-genetische **Epistemologie** – eine Theorie, die das subjektive Richtig/Falsch und das konsensuelle Modell von Tatsache/Fehler der laryngo-manuellen (L.M.) Symbolsysteme definiert.

4. Eine neuro-genetische **Ethik**, die beschreibt, was subjektiv gut/schlecht und konsensuell richtig/falsch ist.

5. Eine neuro-genetische **Ästhetik**, die die natürlichen und die somatischen Dimensionen des Schönen definiert.

6. Eine neuro-genetische **Ontologie** – eine anatomisch-empirische Theorie von acht Stufen der Realität, ihrer Evolution und Integration.

7. Eine neuro-genetische **Teleologie**, die den Zukunftskurs der Evolution des Individuums und der Spezies definiert, hinführend zu Langlebigkeit und galaktischer Symbiose mit höheren Lebensformen.

S.M.I^2.L.E.

8. Eine metaphysiologische, neuro-atomare **Eschatologie**, die die Prägung des Nervensystems hin zu atomaren Quanten-Informationsfeldern vorhersagt.

7. Eine bio-neurale Kosmologie: Das Leben ist außerirdischen Ursprungs und hat ein galaktisches Ziel.

Dieses Buch präsentiert eine neuro-genetische Kosmologie – eine Theorie über den Ursprung, die Evolution und die Bestimmung des Lebens auf und außerhalb dieses Planeten.

Diese Kosmologie besagt, **dass höhere Intelligenz, lokalisiert in interstellaren Quanten-Informationsstrukturen, bereits eine Botschaft an diesen Planeten gesendet hat. Die UFO-Botschaft erreicht uns in Form des DNS-Codes und elektromagnetischer Signale, die vom Nervensystem empfangen wie auch gesendet werden können.**

Das Leben, ein Milliarden Jahre altes ungebrochenes Info-Netz aus sich entwickelnder *contelligence*, ist die Botschaft[8].

Gerichtete Panspermia. Das Leben wurde auf diesem Mutterplaneten in Form von Aminosäure-Schablonen gesät, die so angelegt sind, dass sie durch Sonnenstrahlung aktiviert werden und sich in einer Serie von genetischen Häutungen und Metamorphosen entfalten.

Es erweist sich als sinnvoll, acht evolutionäre Stufen zu definieren, welche sich wahrscheinlich auf allen mit Sauerstoff versehenen Planeten in der Galaxie befinden.

Die ersten vier Phasen betreffen die Anpassung der Kollektive (Genpools) an die newtonschen Charakteristika des Mutterplaneten. Diese sind angelegt für das an die Erdoberfläche angebundene, fötale Überleben.

Während der vier späteren Phasen dekodieren, integrieren und adaptieren sich die Individuen an die einsteinschen elektro-atomaren Gravitationskräfte und operieren im post-irdischen Info-Raum.

---

8. Anstelle des Wortes „Intelligenz" präferiert Info-Exo-Psychologie das Wort *„contelligence"*, welches sich im Kontext des Bewusstseins (Consciousness) auf das Empfangen, Integration und Übermittlung von Energie-Signalen bezieht. Es gibt acht Stufen der *contelligence*.

S.M.I^2.L.E.

Die ersten vier Phasen sind muskulär-mechanisch und definieren winzige Überlebens-„Insel-Realitäten", an die die Genpools angeschlossen sind.

Während der vier post-larvalen Phasen navigieren die Individuen das Leben fort von diesem Planeten.

Der biologische Hauptplan der organischen Evolution, lokalisiert in der DNS, dirigiert das Entfalten der Schaltkreise des Nervensystems.

Ein Hauptziel des Lebens ist, dass das Individuum seine Intelligenz massiv gesteigert (I2) hat, um somatische Signale im Körper, im Nervensystem selbst, Signale des DNS-Codes und metaphysiologische neuro-atomare Energiemuster dekodieren zu können.

Die Geschichte des Lebens und der Menschheit lässt sich am besten anhand der Evolution des Nervensystems und der Wissenstechnologien definieren. Anstelle anthropologischer Kategorien, die auf Geografie (Java-Mensch) und/oder Anpassungsfähigkeit (neolithischer Mensch) beruhen, schlagen wir die folgenden Perioden für neurale Evolution vor. Jede Periode wird als larval oder roboterhaft im Hinblick auf die nachfolgende Periode betrachtet.

1. Einzellig-wirbellose Meeres-Phase: Annäherung/Vermeidung für vegetatives Überleben.

2. Wirbeltier-Phase: Territoriale Dominanz und Meistern der Gravitation.

3. Humanoide Phase: Symbolmanipulation, orale Kommunikation, Werkzeugherstellung.

4. Menschlich-industrielle Phase: Das Nervensystem ist für eine gesellschaftliche Rolle geprägt, so dass Arbeitsteilung, Kaste, Klasse und Sitte möglich sind. Für das Überleben der Spezies.

5. Cyber-somatische Phase: Einsichtsvolle Kontrolle des schwerelosen Körpers. Körperbewusstsein des Individuums.

8. Cyber-elektronische Phase: Das Individuum behält die einsichtsvolle Kontrolle über das Nervensystem, losgelöst von somatischen Programmen. Gehirn-Bewusstsein.

7. Cyber-genetische Phase: Das Individuum ist in der Lage, einsichtsvoll zwischen dem Nervensystem und dem DNS-Code zu vermitteln, zur Symbiose und Lebensverlängerung hinführend. DNS-Bewusstsein.

8. Metaphysiologisch neuro-atomare Phase: Einsichtsvolle Kommunikation zwischen dem Nervensystem und sub-nuklearer Energie. Quanten-Bewusstsein.

Jede Lebensform auf diesem Planeten ist ein fremder Immigrant aus dem Weltall. Wir sind alle „Unidentifizierte Fliegende Organismen" (UFOs).

Während der ersten vier larvalen Phasen liegt der Schwerpunkt auf regulierender Mitgliedschaft und der Bindung zur Mutter Erde, um im Ein-G-Raum überleben zu können. Während der vier darauf folgenden Phasen liegt der Schwerpunkt auf individuellem Management der Somatik und Neurologie:

5. Steuern des Körpers als Null-Gravitations-Vehikel

6. Steuern des Nervensystems als Transceiver von Hochgeschwindigkeits- und bio-elektronischen Signalen

7. Symbiotische DNS-Kopplung mit anderen galaktischen Lebensformen

8. Transfusion mit metaphysiologischer Intelligenz

Diese hier aufgeführten acht neurologischen Phasen der Evolution werden in dem Buch *Spiel des Lebens* im Einzelnen besprochen. Dabei ist wichtig festzuhalten, dass eine evolutionäre, Galaxie-zentrierte Kosmologie und Teleologie (Theologie, wenn man so will) präsentiert wird. Sie ist notwendigerweise auf Psy-Phy ausgerichtet. Es liegt dabei keine dogmatische Färbung in der Metapher. Es ist ein hypothetisches, kosmologisches Modell basierend auf geläufigen wissenschaftlichen Fakten der Psychologie, Ethologie, Genetik, Neurologie und Astro-Physik; ein Modell, um den Ursprung und den Sinn des Lebens zu erklären wie auch die zukünftige Evolution vorherzusagen, aus welcher Perspektive alle gegenwärtigen menschlichen Daseinsformen als larval oder fötal angesehen werden können.

Kosmologie wird traditionsgemäß als ‚weit hergeholt' betrachtet, als ein risikoreiches Unternehmen, welches unweigerlich die Art von Spekulation provoziert, die die Menschen verunsichert. Tatsächlich gibt es ein Tabu, welches teleologische Diskussionen zensiert. Dieser Zukunftsterror (Neophobia) führt oft zu inquisitorischen Repressionen. Giordano Bruno wurde wegen Beharrens auf bestimmten kosmologischen Entwürfen und des Aufwerfens recht unbequemer zukunftsbezogener Fragen auf dem Scheiterhaufen verbrannt. In seinem Essay *Zwiegespräch vom unendlichen All und den Welten* präsentiert Bruno diesen Dialog:

Elpino: Wie ist es möglich, dass das Universum unendlich sei?

Philotheo: Wie ist es möglich, dass das Universum endlich sei?

Elpino: Wie kannst du behaupten, dass du diese Unendlichkeit demonstrieren kannst?

Philotheo: Behauptest du, dass du diese Endlichkeit demonstrieren kannst?

Elpino: Was ist dieses, welches sich weiter ausbreitet?

Philotheo: Was ist diese Begrenzung?

Der kreative Kosmologe präsentiert seine/ihre[9] Theorie und bittet den Kritiker, seine/ihre eigene anzufertigen. Und hier liegt der heikle Punkt. Obwohl jedes larvale Wesen die Basis des eigenen Lebens auf eine indirekte Kosmologie (normalerweise vage Dogmen, die aus Prägungen auf das kindliche Nervensystem herrühren) gründet, lehnen es die meisten praktisch denkenden Menschen ab, ihre grundlegenden Glaubenssätze zu verbalisieren, da sie einer

---

9. In dieser Übermittlung wird die Einheit von Mann/Frau als eine neuro-genetische Notwendigkeit angesehen. Die allgemeinen Begriffe von ‚man/mankind' werden nicht gebraucht. Wir setzen dafür u.a. die Worte SiEr ein, um uns auf den generischen post-irdischen Menschen zu beziehen.

Prüfung des rationalen Verstandes und wissenschaftlicher Perspektive nicht Stand halten würden.

Larvaler Philosoph: Wie können Sie behaupten, dass der Mensch eine larvale Form einer in der Zukunft weiterentwickelten Entität von höherer Intelligenz und Bewusstsein ist?

Exo-Psychologe:Wie können Sie behaupten, dass die Evolution mit dem gegenwärtigen menschlichen Nervensystem aufgehört hat?

Larvaler Philosoph: Es ist absurd, über eine höhere Intelligenz zu spekulieren, die die Erde mit vorprogrammierten genetischen Blaupausen übersät hat!

Exo-Psychologe:Wie lautet Ihre Theorie bezüglich des Lebensursprungs? Die Genesis des Alten Testaments? Zufall und statistische Wahrscheinlichkeit? Helle Blitze, die in Methan-Ammoniak-Pfützen Leben auslösten? D. h. eine spontane Zeugung?

Ein furchtbares Unwohlsein hat die moderne Welt demoralisiert. Der spenglersche Untergang. Diese Krise ist nicht politisch, ökologisch, energetisch oder ökonomisch. Sie ist philosophischer Art. Prä-partum-Depression. Technologische, ökonomische und politische Konferenzen sind notwendigerweise pessimistisch, da sie die wichtigen Themen und die gyroskopisch-navigierenden Fragen vermeiden: Warum sind wir hier und wohin gehen wir?

Kosmologische Fragen über den Ursprung sind auf intime Weise mit denTheorien über unser Ziel verknüpft.

Spekulationen über den Ursprung des Lebens liefern – bewusst oder unbewusst – die Grundlage jeder menschlichen Kultur. Unvermeidbare Fragen bezüglich des 'Wer erschuf es und warum?' führen zu Antworten, wie wir dahin kommen können, wohin wir kommen sollen. Wenn es Allah war, dann sind wir unterwegs zu Allah. Wenn es niemand war, dann gehen wir nirgendwohin.

Da jeder der acht Schaltkreise des Nervensystems seine eigene Realität erzeugt, bringt jede Prägung natürlicherweise ihre eigenen Antworten mit sich, die durch die Prägung limitiert sind.

Schaltkreis 1 zum Beispiel definiert das Ziel des Lebens in Form des viszerotonischen, vegetativen und zellulären Überlebens – essen, trinken, atmen sowie Schmerz, Gefahr und Kälte vermeiden. Ähnlich verläuft es auf den anderen larvalen Stufen der Realität.

Zu diesem kritischen Zeitpunkt in der Geschichte gibt es zwei gängige Arten des Herangehens an die Fragen: Warum? Woher? Wohin? Und durch wen? Die der larvalen Evolutions-Wissenschaftler und die der larvalen Kreationisten-Theologen.

Dieses „Thema" wird dadurch erschwert, dass Wissenschaft und Theologie unentwirrbar miteinander verbunden sind und dass viele wissenschaftliche Evolutionisten insgeheim Kreationisten sind.

Die gegenwärtige orthodoxe, „wissenschaftliche" Evolutionstheorie hält daran fest, dass alle Pflanzen und Tiere sich aus anorganischen Molekülen entwickelt haben, die im vorkambrischen Schlamm schmorten und vor drei Millionen Jahren durch elektromagnetische Prozesse zum Leben erweckt wurden; dass Zufall und natürliche Selektion, die langsam, aber hartnäckig mit Nukleinsäureketten arbeiten, die Vielfalt und Komplexität des biologischen Lebens hervorgebracht haben. Aufgrund der erstaunlichen Ähnlichkeit der DNS unter den Spezies und wegen der offensichtlichen Kontinuität der phylogenetischen und individuellen Entwicklung glauben die meisten Evolutionisten, dass alle Lebensformen einem gemeinsamen Ursprung entstammen.

Evolutionisten, die diese „Zufalls-Schlamm"-Theorie vorschlagen, neigen hinsichtlich der Existenz eines menschenartigen Lebens auf anderen Planeten meist dazu, atheistisch, wissenschaftlich, skeptisch und pessimistisch zu sein. Sie hüllen sich in Schweigen, wenn es um die mögliche Existenz von höherer Intelligenz in der Galaxie geht. G. G. Simpson, ein führender Evolutionsphilosoph, hat dargelegt, dass es statistisch gesehen höchst unwahrscheinlich ist, dass sich Leben, welches auf anderen Planeten entsteht, auf die gleiche Art und Weise entwickelt wie auf der Erde. Für strikte statistische Evolutionisten erweist sich die Entstehung eines menschenartigen Lebens sogar auf diesem Planeten als unwahrscheinlich, wenn nicht sogar unmöglich.

Die meisten Evolutionisten berufen sich auf den Zufall als bestimmenden Faktor und rechnen die offensichtliche Vormacht-

stellung des Menschen dem zufälligen und versehentlichen Entstehen des einzigartigen Nervensystems zu.

Kreationisten variieren in der Art und der Spezies untereinander genauso wie die Evolutionisten, doch im Allgemeinen glauben sie aber an eine Art frühe Periode in der Geschichte, in der verschiedene Spezies von einer höheren Intelligenz namens Jahwe, Jehova, Gott, Allah usw. unabhängig voneinander kreiert wurden.

Viele Kreationisten berufen sich auf die biblische Genesis, die erklärt, dass Gott die zahlreichen Arten von Tieren erschuf, dass der „Mann" einzeln kreiert und die „Frau" schließlich als eine Art Dreingabe erschaffen wurde.

Feiner ausdifferenzierte Formen des Kreationismus wurden von Wissenschaftlern wie Carl von Linné (Linnaeus), dem Vater der Taxonomie, entwickelt, der behauptet, dass „es genauso viele Spezies gibt, wie am Anfang kreiert wurden". Louis Agassiz, ein Harvard-Biologe, erklärte, dass der Schöpfer alle Lebensformen schuf, wie wir sie heute auch bezeugen können.

Der grundlegende Unterschied zwischen diesen beiden Standpunkten ist:

Evolutionisten glauben, dass die komplexe Vielfalt aus dem Einfachen entstand.

Kreationisten glauben, dass die Komplexität und die Vielfalt von dem Ursprung von einem Schöpfer entworfen wurde.

Evolutionisten neigen außerdem dazu, an das „Zufällige" sowie die schicksalhafte Natur des Prozesses zu glauben und die Vorstellung eines vorherbestimmten Entwurfs oder einer alles planenden Intelligenz zu vermeiden.

Kreationisten erweisen sich tendenziell als orthodoxe religiöse Eiferer, die den göttlichen Schöpfer personifizieren und dazu neigen, die Menschheit an die Spitze des irdischen Lebens zu stellen – gewöhnlich beinhaltet diese Auffassung eine post-mortem-artige, nach-biologische Existenz für bestimmte auserwählte Gläubige. Einige Theologien bieten zudem außerirdische, metaphysiologische Wesenheiten – Dämonen, Engel, Teufel, Heilige. Zwischen den theologischen Kreationisten und den wissenschaftlichen Evolutionisten, die für die himmlischen Fantasien und die angenommene, erhoffte Unsterblichkeitsidee der Ersteren keinen Beweis finden können, hat sich ein unüberbrückbarer Abgrund entwickelt.

Es ist interessant, dass – wenn überhaupt – nur wenige Denker der unterschiedlichen Lager die Möglichkeit einer fortdauernden Evolution in Betracht gezogen oder detailliert über die verschiedenen Formen, wie sie die Zukunft bringen könnte, Spekulationen angefertigt haben. Die Existenz von fortgeschritteneren Formen der Intelligenz auf anderen Planeten oder in der Zukunft der Menschheit ist besonders peinlich für Wissenschaftler, die von den himmlischen Absurditäten religiöser Orthodoxien erschreckt worden sind.

Die Exo-Psychologie wagt es, neue Lösungen zu diesen klassischen Fragen zu offerieren, indem sie vorschlägt,

1. dass das Leben auf diesem Planeten nicht einzigartig ist,

2. dass der Planet in irgendeiner Weise besät worden ist,

3. dass sich die Evolution der verschiedenen Spezies auf allen biologischen Planeten nach demselben vorherbestimmten Plan entfaltet,

4. dass das Leben so angelegt ist, um von dem Mutterplaneten abzuwandern und

5. dass in unserer Zukunft große Mutationen vorprogrammiert sind.

Exo-Psychologie strebt an, Beweise aus allen Wissenschaften zu sammeln, um den Mythen, die wie Blasen aus dem Nervensystem der Vergangenheit heraufsteigen, respektvoll Aufmerksamkeit zu widmen – und damit praktische Extrapolation von beiden Datenquellen zur Antizipation der Zukunft zu machen.

Es ist daher möglich, einen Kreations-Evolutionismus in Erwägung zu ziehen, der besagt, dass die ursprünglichen Aminosäure-Muster bereits in ihrem Bauplan angelegt sind, und zwar in Form:

1. standardisierter physiologischer und anatomischer Methoden zur Kreation und zum Umgang mit den verschiedenen Umweltanforderungen, die auf einem Planeten wie dem unseren koinzidenziell entstehen,

2. vorherbestimmter Sequenzen der Verbesserung für die Anatomie und speziell der Neurologie, die es den Spezies ermöglichen, bis zu dem Punkt Metamorphosen durchzumachen, an dem sie den Planeten verlassen können.

Es ist nicht nötig, das Konzept der „absichtlichen Panspermia" zu akzeptieren, um die exo-psychologische Perspektive anzunehmen. Die konservativste wissenschaftliche Logik führt zu einer hohen Zukunftswahrscheinlichkeit von

der Verbesserung im Gebrauch des Nervensystems,

der Möglichkeit des genetischen Engineerings,

Variationen im Menschheitsstamm,

der außerplanetarischen Kolonisation.

Science-Fiction hat sich zu einer populären Literaturform entwickelt. Das Beste davon wird zur Psy-Phy, der Psychologie der Physik. Fernsehen und Kino reflektieren ebenfalls ein zunehmendes Interesse an der mutierten Zukunft. Es ist jedoch interessant, dass nur wenige Science-Fiction-Schriftsteller in der Lage sind, sich höhere Intelligenz genau vorzustellen. Diese Unfähigkeit zur Spezifikation einer harmonischen und erfolgreichen Zukunft liegt in der Natur des Nervensystems begründet. Raupen können nicht mit überzeugendem Realismus über post-larvales Leben schreiben.

Seit der „Head-Revolution"[10] der sechziger Jahre werden die grundlegenden Prinzipien der Neuro-Logik und des Realitäts-Wechsels weitgehend akzeptiert. Währenddessen die Begriffe Prägung, Serien-Prägung und Neuprägung nicht oft benutzt werden,

---

10. HEAD ist die Abkürzung für „Hedonistic Engineering And Development", Anm. d. Übersetzer

ist es zunehmend ‚angesagt‘, die Vorstellung zu akzeptieren, dass jedes Nervensystem seine eigene Realität erzeugt. Die vulgäre und sogar zynische Reaktion auf diese ontologische Entdeckung liegt meist darin, tolerant zu lächeln und zu sagen: „Jeder ist auf seine eigene Art und Weise verrückt“, „Mach‘ dein eigenes Ding“ und „Ich will mit so was nichts zu tun haben“.

Der nächste neurologische Schritt liegt darin, die Verantwortung zu akzeptieren und zu sagen: „Da unsere Prägungen die Realität kreieren, lasst uns jene Realitäten auswählen, die so fantastisch und überwältigend wie möglich sind. Fast alles, was wir wahrnehmen, können wir auch real machen.“

Wenn sich die Exo-Psychologie vorstellen kann, dass sich die menschliche Existenz auf außerirdische Dimensionen ausweiten kann, wäre es dann nicht auch neurologisch möglich, diese herausfordernden Möglichkeiten zu real-isieren? Wenn wir uns gezielte Panspermia vorstellen können, dann können sie auch möglich sein. In der Tat, wir können sie selbst machen. Wenn das All nicht von einer höheren Intelligenz besät wurde, dann gibt es keinen Grund, warum wir es nicht tun könnten. Landwirtschaft ist schließlich nichts anderes als „gezielte Spermia“.

Hier können die Polaritäten zwischen den Evolutionisten und Kreationisten harmonisiert werden. Unsere Genetiker können der Menschheit helfen, Schöpfer der Spezies zu werden, auf diesem Planeten und, via interstellarer Migration, im All.

Menschen haben Gott immer nach ihrem eigenen Bilde geformt. Neurogenetik wird es der Menschheit nun möglich machen,

1. höhere Intelligenz zu kontaktieren, die möglicherweise die evolutionären Sequenzen entworfen hat,

2. den evolutionären Prozess zu entwerfen und auf diese Weise höhere Intelligenz zu kreieren.

Wenn ein glaubwürdiger, respektabler Gott nicht existiert, lasst uns ‚Sihn‘ auf jeden Fall erfinden. Wir brauchen jemanden, mit dem wir reden können.

Zum gegenwärtigen Zeitpunkt sind dies einfach gelehrte Spekulationen über die Zukunft. Aber es scheint wahrscheinlich, dass unsere Mikro-Hoffnungen und Tele-Hoffnungen die zukünftigen Realitäten erzeugen können.

Die Exo-Psychologie besagt, dass die höhere Intelligenz in der Mikro-Physiologie des DNS-Codes gefunden werden wird, und schlägt vor, dass die interessanteste Art und Weise, unsere Zeit zu verbringen, die ist zu versuchen, die höhere Intelligenz zu kontaktieren und zu hoffen, dass unsere Neuronen und Aminosäuren in der Lage sind, mit ihr/ihm zu fusionieren.

8. Eine neuro-muskuläre Politik: definiert die acht Freiheiten und die acht Kontrollen

Gegen Ende des sechzehnten Jahrhunderts rüttelte Giordano Bruno die angeschlagene Welt auf, indem er sie dazu aufrief, den Geist über den Planeten hinauszuschleudern. Er spekulierte, dass sich der Kosmos ins Unendliche ausdehnen würde – endlos.

Für sich betrachtet war das nicht sonderlich schockierend; doch ging Bruno noch erheblich weiter, indem er eine Vielzahl von Welten postulierte – Sonnen und Planeten mit Leben, ungesehene Begleiter der menschlichen Rasse. Er spielte mit der menschlichen Konzeption von sich selbst. Dafür wie auch für magische Forderungen und politische Verwicklungen wurde er 1600 verbrannt.

Charles A. Whitney

Politik ist die Externalisierung von Emotionen; säugetierhaftes, muskulotonisches Verhalten, das vom (sympathischen) Notfall-Nervensystem bestimmt wird, um das Territorium zu beschlagnahmen oder zu verteidigen.

Es gibt vier Ebenen irdischer Freiheit, vier Zustände der Knechtschaft und Dienstbarkeit und vier Ebenen sozialer Fusion, die mit dem grundlegenden säugetierhaften, mesomorphen Drang, „nach oben" zu kommen, in Verbindung stehen. Ebenso gibt es vier neurologische Freiheiten, welche die post-irdische Existenz charakterisieren.

1. **Biologische, viszerotonische Freiheit**, das eigene Leben und die eigene Gesundheit zu beschützen, wie auch das Einschränken von Handlungen, die das zelluläre Überleben von anderen gefährden. Persönliche Gesundheit. Soziale Gesundheit. Zugriff auf vitale Güter. Ausdruck und Kontrolle von Gewalt.

2. **Territoriale Freiheit**, den eigenen Lebensraum zu erhalten und sich frei zu bewegen; die Einschränkung des Eindringens in den Lebensraum eines anderen oder die Kontrolle der Mobilität anderer.

3. Technische, zerebrotonische Freiheit, Artefakte herzustellen, zu besitzen und zu benutzen wie auch Symbole zu übermitteln. Die Einschränkung, Gewalt zu benutzen, um die Geräte anderer zu nehmen oder ihre Symbolsysteme zu zensieren[11].

4. Kulturelle Freiheit, den eigenen Lebensstil und die sozio-sexuelle Rolle zu wählen. Die Einschränkung, sich in das Werbeverhalten, Fortpflanzungsriten, Personifizierungsarten und häusliche Sitten anderer einzumischen.

Diese grundlegenden larvalen Freiheiten und Einschränkungen definieren die muskuläre Politik der materiellen, newtonschen, irdischen Ein-G-Existenz.

Als Nächstes betrachten wir die Politik der Zeit.

Die Politik der außerirdischen, einsteinschen Existenz betrifft die Freiheit und die Kontrolle von Energien im menschlichen Körper, im Nervensystem, im DNS-Code und in der Struktur des Atoms.

5. Somatische Freiheit, die eigenen Körperfunktionen und den sensorischen Input zu kontrollieren. Die Einschränkung, sich in die körperlichen Funktionen und die sensorische Aufnahme eines anderen einzumischen. Die Einschränkung, anderen unfreiwillige Stimuli aufzuzwingen. Insbesondere impliziert dieses die Freiheit, jegliche Art von Drogen und Nahrung aufzunehmen und jegliche erotische Stimulation heranzuziehen, die man sich wünscht, wie auch die Einschränkung, andere ohne ihre Zustimmung unter Drogen zu setzen, zu quälen oder im erotischen Sinne zu stimulieren.

6. Neuro-physische Freiheit, das eigene Nervensystem zu expandieren, zu beschleunigen und zu kontrollieren sowie elektronisch zu übermitteln und zu empfangen. Die Freiheit, von dem Planeten ab-

---

11.Dieses Buch wird im Gefängnis geschrieben, unter der allseits bekannten Todesdrohung von Extremisten der rechten wie auch der linken Seite. Das Manuskript hat, im besten Fall, eine ausgeglichene Chance, publiziert zu werden. Exo-Psychologie ist keine Sessel-Philosophie der Abstraktionen; sie wurde in den gefährlichen Realitäten der larvalen Existenz auf diesem Planeten geschmiedet.

S.M.I^2.L.E.

zuwandern. Die Einschränkung, sich in die Gehirn-Belohnungs-Prozesse und die neuro-elektrische Transzeption anderer einzumischen. Die Einschränkung, sich in die außerplanetarischen Pläne anderer einzumischen.

7. **Genetische Freiheit** aller Lebensformen zu leben und in symbiotischen Fusionen aufzugehen. Die Einschränkung von Handlungen, die die Evolution anderer Lebensformen gefährden. Insbesondere impliziert dies die Freiheit, genetische Forschung zu betreiben; die eigene Evolution und Symbiose zu erleichtern. Und die Einschränkung, durch genetische Forschung andere Lebensformen zu verletzen, zu manipulieren, zu versklaven oder auszulöschen.

8. **Nukleare Freiheit** aller Lebensformen, die Fusion mit metaphysiologischer Intelligenz zu erreichen; Atom-Forschung zu betreiben. Die Einschränkung von Handlungen, die nukleare Energie nutzen, um das Leben und die Evolution anderer Lebensformen zu bedrohen.

Exo-Psychologie definiert acht Stufen der Revolutions-Offenbarung[12]:

8. Nukleare Offenbarung (Quanten-Zeit)

7. Genetische Offenbarung (DNS-Zeit)

6. Elektronische Offenbarung (Gehirn-Zeit)

5. Hedonistische Offenbarung (Körper-Zeit)

4. Kulturell-sexuelle Revolution („Bienenstock"-Domestikationskraft)

3. Technologische Revolution (mechanische Kraft)

2. Politische Revolution (muskolotonische Kraft)

1. Gewalt-Revolution (viszerotonische Kraft)

---

12. Revolution ist Wechsel oder Mutation im materiell Äußerlichen. Offenbarung ist Wechsel oder Mutation in neurologisch-außerirdischen Energien. **Revolution ohne Offenbarung ist Tyrannei; Offenbarung ohne Revolution ist Sklaverei.**

Exo-Psychologie definiert außerdem acht soziale Gruppierungen:

8. Fusion mit nuklearer Struktur

7. Symbiose

6. Telepathie: Cyborg-Fusion

5. Somatische Fusion; Tantra, Natur-Kommunen, Raum-Kolonien

4. Kulturell-ethische Gruppierungen (Bienenstock, Sippe)

3. Technisch-professionell-berufliche Gruppierungen

2. Politisch-territoriale Gruppierungen

1. Bio-Überlebens-Gruppierungen; militärisch-medizinisch

9. Eine neurologische Epistemologie: Wahrheit ist subjektiv, Tatsachen sind sozial.

Dieses Buch präsentiert eine neuro-genetische Epistemologie – eine Theorie darüber, was subjektiv wahr ist und was konsensuell als Fakt angesehen wird.

Es gibt acht Stufen der Wahrheit:

1. **Viszerotonische Bio-Überlebens-Wahrheit**: die vom ersten Schaltkreis übermittelten neuralen Signale, welche vegetative-zelluläre Sicherheit und Gefahr definieren (meine Zahnschmerzen).

2. **Emotions-Bewegungs-Wahrheit**: die vom zweiten muskulotonischen Schaltkreis übermittelten neuralen Signale, welche territorialen Status definieren – Dominanz-Hilflosigkeit (meine Emotionen).

3. **L.M. symbolisch-zerebrotonische Wahrheit**: die vom dritten laryngo-manuellen Schaltkreis übermittelten neuralen Signale, welche meine Artefakte und Symbole diskriminieren, halten und verbinden.

4. **Kulturell-domestizierte Wahrheit**: die von der vierten Schaltkreis-Prägung übermittelten neuralen Signale, welche die sozio-sexuelle Rolle definieren (meine sozio-sexuellen Werte).

5. **Neuro-somatische Wahrheit**: somatisch-sensorische Signale, frei von larval-überlebensbezogenen Bindungen, die direkt vom fünften Schaltkreis übermittelt und registriert werden (meine Freude, meine Schönheit).

6. **Neuro-physikalische Wahrheit**: all die als bio-elektronische Impulse registrierten neuralen Signale, die vom Gehirn empfangen werden (meine synaptischen Transmissionen).

7. **Neuro-genetische Wahrheit**: Signale, die von der DNS-RNS an das Gehirn gesendet werden.

8. **Neuro-atomare Wahrheit**: atomar-nukleare Quanten-Signale, welche vom Gehirn übermittelt und registriert werden.

Jedes Nervensystem kreiert seine eigenen Insel-Realitäten. Wahrheit wird durch das Leitungsnetzwerk des individuellen Netzwerks bestimmt – genetisch, geprägt und konditioniert. Die „Tatsache" ist, dass das menschliche Gehirn mit einer Realität aus mehreren Milliarden Signalen pro Minute konfrontiert ist – die Vibrations-Muster verändernd – und zwar vermittels der acht Schaltkreise. Welche Interpretationen das geprägt-konditionierte Symbolsystem des Individuums auch immer diesen Energien als " wahr" aufzwingt – es muss für andere nicht zwangsläufig ebenso wahr sein. Johns Zahnschmerzen des ersten Schaltkreises sind für den Zahnarzt ein „klinisches Problem" seines dritten Schaltkreises.

Kinder prägen ihre überlebensbezogenen-zellulären Vorlieben, ihre emotionalen, muskulären Reflexe, die L.M.-Symbole und die sozio-sexuellen Modelle nach dem Vorbild ihrer Eltern-Kultur. Diese Sozialisation larvaler Prägungen und Konditionierungen macht konsensuelle Kommunikation möglich. Die Insel-Realitäten des Kindes überlappen die Insel-Realitäten der Eltern und der lokalen Stammesgruppe. Das Kind lernt die Bewegungen der Kehlkopfmuskeln und der manuellen Muskulatur, welche die passenden Symbole erzeugen. Auf diese Weise werden epistemologische Spiele gelernt. Diese sozialen Insel-Realitäten beinhalten Namen, um die jeweiligen Energiecluster zu benennen und sie zueinander in Beziehung zu setzen. Den L.M.-Symbolen, also den Benennungen und erlernten Assoziations-Sequenzen, wird „faktische" semantische Bedeutung zugewiesen. Fakten existieren jedoch nur innerhalb des limitierten Rahmens dieses beschränkten Spiels. Soziale Realitätsinseln bedingen die Kriterien, um Fakt und Fehler, richtig und falsch zu determinieren; dies mag oder mag nicht in Verbindung zu dem stehen, was das Individuum tatsächlich als „richtig" oder „falsch" erfährt.

10. Eine neuro-genetische, domestische Ethik: Gut ist subjektiv, Tugend ist sozial.

Es gibt zwölf larvale sozio-sexuelle Rollen, die sowohl von dem Mann als auch von der Frau selbst geprägt werden können[13]. Diese Rollen werden konsensuell als „tugendhaft" oder „sündhaft" bewertet, abhängig von ihrer Bedeutung für den Domestikationsstil der Gesellschaft und ihrer Subsysteme. Diese Rollen werden auf der Grundlage der Prägung des vierten Schaltkreises subjektiv als „gut" und „schlecht" bewertet.

Die Prägung des vierten Schaltkreises, welche durch die genetisch-sexuellen Strukturen und das Herannahen der Adoleszenzphase bestimmt wird, determiniert die domestizierte Geschlechtsrolle – den Stil und das Objekt des geschlechtlichen Ausdrucks und/oder Hemmung, also die sexuelle Verkörperung. „Gut" ist, was die geprägte sexuelle Reaktion auslöst. „Gut" ist, was erregt und anzieht – und die sexuellen domestizierten Säfte zum Fließen bringt. „Gut" ist das, was die Erfahrung „Ah, das ist es! Jetzt bin ich zu Hause" herbeiführt. Es kann sich dabei um genitale Penetration/Inkorporation handeln. Es kann auch ein elternhaft, beschützender Kontakt sein. Es kann die Rezeption von Signalen sein, die kollektive Sicherheit ausdrücken, soziale Anerkennung, Applaus oder patriotische Symbole. Es kann sadomasochistischer Kontakt sein. Es können laryngo-manuelle, rhythmische Fusionen sein. „Schlecht" ist, was eine sozial-sexuelle Belohnung abwendet oder gefährdet. Für den domestizierten Primaten (der Mensch) sind „gut" und „schlecht" subjektive sexuelle Ausdrucksformen (genital, elternhaft oder sublimiert-verlagert). Meistens geheim, oft unbewusst.

Tugend und Sünde sind konsensuell-sozial. Jede kulturelle Gruppe erstellt Regeln für sittliches Verhalten und sanktioniert Handlungen, die zur Erhaltung des „Bienenstocks" beitragen. Die Gesellschaft basiert auf der Kontrolle und der Direktion sozio-sexu-

---

13. Diese zwölf Rollen sind zugleich Entwicklungsstufen, so wie in Teil II dieses Buches beschrieben. Während jeder Mensch im Laufe seiner individuellen Entwicklung diese zwölf Stufen durchläuft, ist jeder von uns genetisch programmiert. eine dieser zwölf Rollen hervorzuheben, die im Falle einer Kopplung das aus zwölf Elementen bestehende menschlich-gesellschaftliche Molekül bilden.

ellen Verhaltens. Die einzelnen sozio-sexuellen Tugenden der Gruppe – emotionaler Art, symbolischer Art und stilhaft – werden gewöhnlich zu einem frühen Zeitpunkt in der Geschichte der Gruppe von dominierenden Führungspersonen festgelegt, die ihre Exaltiertheiten der vierten Schaltung der Kultur überstülpen. Paulus mochte keine Frauen. Mohammed war polygam-ausbeuterisch. Luther war väterlich. Da die meisten modernen Gesellschaften von sich in der Menopause befindenden, machtorientierten Männern kodifiziert worden sind, tendieren die moralischen Systeme dazu, prüde, ausbeuterisch und chauvinistisch zu sein. Soziale Verpflichtungen bestimmen folglich die „Tugend" und die „Sünde", welche immer sexuellen Ursprungs sind.

Die Beziehung zwischen den zwölf Geschlechterrollen ist die Basis der Zivilisation.

Die unterschiedlichen Subkulturen sanktionieren gewisse soziokulturelle Rollen und ächten andere, indem sie elaborierte, ethische Codes anhand der Vorlieben der machthabenden Säugetier-Politiker errichten.

Desasteröse persönliche und soziale Konflikte (Schuld, Scham) kommen auf, da das subjektive und private „gut" nicht immer mit der sozio-sexuellen „Tugend" übereinstimmt.

11. Eine neuro-somatische Ästhetik: Schönheit ist natürlich, Kunst ist artifiziell.

Es gibt acht Stufen der Freude. Die vier larvalen Schaltkreise liefern belohnende und bestätigende Signale, dass die Überlebensleitungen zu den Insel-Realitäten sicher sind. Die vier post-larvalen Freuden entstammen der direkten Bewusstheit über die natürlichen Energie-Signale – das biologische Equipment, befreit von der larvalen Prägung und in harmonischer Art und Weise natürliche Energien vermittelnd.

Dieses Buch präsentiert eine neurologische Zen-Ästhetik – indem es Schönheit als 'natürlich' definiert. Natürlich als Schönheit. Hier unterscheiden wir wieder zwischen subjektiv-psychosomatischer Freude und geprägt-gelernter Belohnung.

Die ersten vier Schaltkreise begrenzen das Bewusstsein auf das Netz der Prägungen und Konditionierungen, wobei sie sich auf das fokussieren, was physisch, emotional, mental und sozial belohnt wird. Der larvale Körper ist 'prägungsvernetzt' und darauf trainiert, im newtonschen Raum ziel- und spielorientierte, roboterhafte Vorgänge zu vollbringen. Die Milliarden Signale pro Minute, mit denen der Körper wie auch seine Sinnesrezeptoren das Nervensystem überfluten, werden durch das Bewusstheit zensiert und vom Bewusstsein auf einer Gehirnstamm-Reflexstufe verzerrt. Die Überlebenstaktik ist offensichtlich. Der Körper ist ein Trillionen-Zellen-, poly-organisches Bio-Überlebens-Instrument. Wenn das vier-hirnige Individuum in die myriadenhaften, symphonischen Wellen polymorpher Signale einstimmen würde, welche blitzartig an den Sinnen vorüberziehen, dann könnte SiEr ihre/seine Aufmerksamkeit nicht auf die larvalen Verpflichtungen richten, die für das Überleben grundlegend sind.

Das Gehirn „weiß" natürlich über jedes kleinste Detail der Anatomie und der Physiologie des Körpers Bescheid und überwacht Millionen von Signalen pro Minute, aber der larvale Roboter-Geist ist „sklavisch" mit Reflexreaktionen vernetzt und damit unfähig, das eigene Equipment zu entziffern oder bewusst zu kontrollieren.

Jeder der vier larvalen Schaltkreise hat seine Belohnungs-Schmerz-Zeichen, welche limitiert und stereotypisiert sind: Nahrungsvorlieben, emotionale Zeichen, L.M.-symbolische Reflexe, sexuell-domestizierte Bequemlichkeiten. **Wenn der „Geist" entdeckt, dass der „Körper" ein polymorphes, psychosomatisches Zen-Freude-Labor darstellt, dazu entworfen, um in der Null-Gravitation zu treiben mit Millionen von Zellen, die jede Sekunde nichts tun, außer zufrieden zu kopulieren, dann erscheinen die geprägten Belohnungen schal, statisch und wie aus zweiter Hand.** Die Aktivierung des „natürlichen, somatischen Körperbewusstseins" ist ein dramatischer Schritt in der Evolution. Die hedonistische Auferstehung des Körpers ist der erste Schritt hin zu außerirdischer Existenz; eine profunde philosophische Entdeckung, nichtsdestotrotz „spirituell", da sie im Kontext von anti-sozialem, hedonistischem Verhalten auftritt und für den domestizierten Irdischen verboten ist.

Wir haben dieses Auftauchen des fünften Schaltkreises das ‚Überspringen des hedonistischen Funkens' genannt. Wenn die vier neuro-umbilikalen Leinen zurückgezogen werden, dann entdeckt der „Geist", dass „das Natürliche das Schöne ist", dass die Quelle von intensivierter Freude und Lust die somatische Funktion ist und dass es keine soziale Belohnung oder irdische Befriedigung gibt, die sich mit dem Körperbewusstsein vergleichen ließe. Wir haben die Zen-Erfahrung des fünften, somatischen Schaltkreises Verzückung genannt – der Körper ist befreit von irdischen Bindungen und bereit, in die Null-Gravitation interstellarer Existenz zu navigieren.

Die Existenz des fünften Schaltkreises und die natürliche Verzückungserfahrung waren schon immer Tabu-Angelegenheiten, die von der larval-sozialen Gesetzgebung verboten wurden, da stets instinktiv erkannt wurde, dass die Bindungen und Hingabe des Menschen gegenüber den irdisch-sozialen Belohnungen schwinden werden, sobald der Mensch die Quelle der Freude, Lust und Offenbarung in seinem/ihrem Körper entdeckt. Dieses ist die genetische Prädisposition, um den sozialen Prägungen zu entkommen. Historisch betrachtet ist es kein Zufall, dass die ästhetische, verzückende Erfahrung von jenen wohlhabenden Aristokraten akzeptiert wurde, welche „über und außerhalb" von sozialen Sanktionen standen.

Wir haben gesehen, dass jeder neu emergierende Schaltkreis dazu tendiert, die vorangegangene Entwicklungsstufe als unreif zu betrachten. Der Säugling gilt als unreif im Vergleich zum gehenden

Kind. Der Post-Pubertierende ist durch die neuen Erfahrungen und geheimen Entdeckungen des „Junge-Mädchen-Spiels" wie geblendet und schaut mit amüsiertem und nachsichtigem Spott auf die Symbol-Manipulationen der Prä-Adoleszenten hinab.

Es ist ebenfalls wahr, dass jeder der geprägten „Geister" mit ängstlicher Missbilligung auf neu emergierende Realitäten blickt, welche dazu tendieren könnten, seine Stabilität zu gefährden.

Wir sprechen hier von „neuro-genetischer Politik". Metamorphem Chauvinismus. Die Übergangsperioden im Wachstum des Individuums – wenn neue Schaltkreise emergieren – sind stürmisch, aufwühlend und leicht anfällig. Es ist wohl bekannt, dass die Adoleszenzphase eine solche Periode des Sturms und Drangs ist. Das Hervortreten einer neuen Person, einer neuen Tunnel-Realitäts-Identität, nach dieser Periode, basiert auf komplexen biochemischen Veränderungen, verwickelten neuen Lebensvernetzungen von Millionen Nervenfasern, der Entwicklung von und der Übernahme durch höhere Nervenzentren, dem Aufsteigen neuer Prägungen sowie neuer bio-elektrischer Muster. Die Fragilität dieser neuro-umbilikalen Übergänge wird bis jetzt noch nicht ausreichend verstanden. Durch den Übergang vom ersten Schaltkreis-Stadium mit seiner Betonung auf passive Sicherheit hin zu dem zweiten Stadium der Bewegung und Macht sieht sich das Nervensystem beängstigender Verletzbarkeit ausgesetzt. Das Baby verlässt die Arme der Mutter, um sich dem Spiel auf dem Spielplatz zu stellen. Der Jugendliche in der Adoleszenzphase mit seinem neu aktivierten sexuellen Körper sieht sich dem Druck ausgesetzt, eine neue soziale Identität zu entwickeln.

Die Empfindlichkeit dieses Prozesses und die Dauerhaftigkeit der neuen „fixierten" Prägung sind sowohl unglaublich wunderbar als auch unglaublich schrecklich. Während des Hervortretens eines jeden neuen Schaltkreises des Nervensystems wird eine neue Person kreiert.

Die neuen Ausweitungen der Realitäts-Insel müssen, ohne die früheren „Realitäten" zu stören, angeschlossen werden können. Die neue „Person" muss integriert werden.

Der Mensch ist gegenwärtig eine verwirrte, verängstigte, embryonale Kreatur, die vom vierten zum fünften Schaltkreis mutiert, von irdischer zu post-irdischer Existenz. **Die Menschen wären gut beraten, wenn sie sich einander auf dieser Evolutionsstufe kooperativ behandeln würden, denn Mutation ist eine Phase der Unsicherheit und Fragilität. Da das Individuum die Evolution in seinem/ ihrem Leben vollständig rekapituliert, wäre es in der Tat hilfreich, dem Kind auf jeder larvalen Stufe genaueste Informationen über die anstehenden neurologischen Veränderungen zu geben. Erklärt die Fakten der Metamorphose.**

Unglücklicherweise sind die verschiedenen Anforderungen der unterschiedlichen Prägungen in Form von Politik, Dogmen und Ethik externalisiert. Neurologische Unterschiede werden als soziale Konflikte „extitutionalisiert". [14] Der Schrecken, den das Kind und der larvale Erwachsene als Reaktion auf den Veränderungsdruck empfinden, der Verdacht von unterschiedlichen Konzepten der Realität sowie die Unfähigkeit, sich der Veränderung anzupassen, werden durch die grundlegendste larvale Unsicherheit verursacht – eine Loslösung von den neuro-umbilikalen Prägungsverbindungen.

Der Übergang von dem vierten zum fünften Schaltkreis ist schwierig, da er als anti-sozial angesehen wird. Die Gefahren des Hedonismus! Die aus sozialer Perspektive gefährliche Entdeckung des Verzückungs-Schaltkreises: „Meine natürlichen, körperlichen Empfindungen sind verzückender und interessanter als irdische Sozial-Belohnungen. Ich will frei und ‚high' bleiben. Irdische Angelegenheiten sind roboterhaft."

Während der sechziger Jahre haben beide Präsidenten, sowohl Johnson als auch Nixon, klar erkannt, dass die amerikanische Arbeits-Ästhetik durch den Hedonismus gefährdet wurde. Während junge Männer das Interesse verloren, an weit abgelegenen, unbekannten Ufern zu kämpfen, wurden in Gewerkschaftsreden ominöse Vergleiche zum „Fall des römischen Imperiums" gezogen: Die irregeleiteten Implikationen waren, dass der Hedonismus das Imperium korrumpiert habe und nur in dem Falle, dass die Dekadenz unter Kontrolle zu bringen wäre, das Imperium weiter expandieren könnte.

---

14. Im englischen Original „exstitutionalized", eine kreative Wortschöpfung Learys, in der er „externalisieren" und „institutionalisieren" zu einem Wort zusammenfasst, Anm. der Übersetzer.

S.M.I^2.L.E.

Der statische Moralismus von Johnson und Nixon schaffte es nicht, die evolutionär-zyklenhafte Natur der Geschichte zu integrieren. **Genauso, wie die Blüte der Knospe folgt, so wird eine tugendhafte Republik (Stufe 11) zum zentralisierten Reich (Stufe 12), und das Reich blüht zum somatischen Hedonismus (Stufe 13) (auf). Um diesen Trend zu verlangsamen, verbietet der Sozialismus Rock'n'Roll-Musik.**

In der Vergangenheit hat Hedonismus unweigerlich zum Kollaps von Reichen geführt. Imperiale Eroberungen konnten nicht mit privater Verzückung konkurrieren. Daher wurde der Hedonismus von den larvalen Historikern bisher nie als evolutionärer Fortschritt erkannt, sondern wurde als soziale Bedrohung interpretiert. Wenn das somatische Nervensystem bewusst an die larvalen Prägungen angeschlossen wie auch davon getrennt werden kann, dann wurde der erste Schritt – weg von dem geprägten Roboterdasein – getan. Das fünfte Gehirn beginnt, die erste Sprache der Natur direkt zu senden und zu empfangen – nämlich die metakulturelle Biochemie des Körpers. Wenn das Individuum beginnt, die Kontrolle über die neurosomatische Funktion zu erlangen und die Lust und Freude des Körpers selbst einstellen und wählen kann, unternimmt SiEr den ersten Schritt zur Kontrolle des Nervensystems.

In dem Buch „Principles and Practice of Hedonic Psychologie"[15] wurde ein erster unbeholfener Versuch unternommen, eine Wissenschaft der Neurosomatik und eine systematische Studie über die Psychologie der Lust und Freude anzuregen. Hedonismus stellt keinen End-Punkt dar, sondern muss als Übergangsphase der Evolution hin zur außer-irdischen Existenz betrachtet werden.

Das Auftauchen der hedonistischen Psychologie in den sechziger Jahren wurde mit offizieller Verachtung und Verfolgung begrüßt. Larvale Politiker sahen ganz richtig die kulturellen Gefahren des Hedonismus. Die neuro-somatische Perspektive befreit den Menschen von der Abhängigkeit gegenüber der Bienenstock-Belohnung (die nun als roboterhaft erkannt wird), bietet eine Perspektive der natürlichen Befriedigung und eine meta-soziale ästhetische Offenbarung. Die Offenbarung lautet: „Ich kann lernen, internale und somatische Funktionen zu kontrollieren, eingehende Stimuli zu sele-

---

15. *Psychology Today*, Januar 1973.

gieren, zu wählen und einzustellen, und dies nicht auf der Basis von Sicherheit, Macht, Erfolg oder sozialer Verantwortlichkeit, sondern aufgrund von ästhetischer und psychosomatischer Weisheit. Sich gut fühlen. Dem irdischen Sog entkommen."

Seit den neurologischen Sechzigern haben wir bei den Konsumenten ein Aufblühen der Sinnesfreudigkeit und des Körperinteresses beobachten können – Massage, sinnliche Erweckung, Yoga, Kampfkunst, Diät, Reformkost-Ticks, erotische Übungen. Der „neue Hedonismus" ist die Manifestation der Anfänge des fünften Schaltkreis-Zen-Bewusstseins.

Der auslösende und verursachende Faktor in der fünften Schaltkreis-Mutation war natürlich die Entdeckung von neuro-somatischen Drogen. In den sechziger Jahren entdeckten die Leute in den technologischen Gesellschaften, dass neuro-somatische Chemikalien den Körper „antörnen"[16] und es möglich machen, den weltlichen Realitäts-Inseln zu entkommen. Der Moment dieser Entdeckung stellt für die meisten eine ethische Detonation dar. **Körperliche Offenbarungen wurde bis zu diesem Zeitpunkt von jedem larvalen ethisch-sozialen System regelmäßig als amoralisch verurteilt..., wobei sie zur gleichen Zeit von jenen Ästheten, die sich in das somatische Netzwerk eingeklinkt hatten, gleichermaßen gepriesen wurden.** Doch das Problem der neuro-somatischen Verzückung ist, dass sie eine post-larvale Fähigkeit ist und nur einen bedingten Überlebensnutzen für die irdische Existenz hat.

Die Fähigkeit, somatische Sensationen zu empfangen, zu integrieren und zu übermitteln sowie den Körper als Zeit-Schiff zu kontrollieren, ist für die außerplanetarische Existenz notwendig, kann aber auch eine gefährliche Ablenkung vom weltlichen Leben bedeuten. Die Drogen-Kultur der sechziger Jahre brachte Millionen von verzückten Hedonisten, Hippies, Sensualisten und Naturliebhabern hervor, die frei von sozialen Fesseln herumtrieben und dabei keinen Ort hatten, wo sie hingehen konnten. Einige Zen-Philosophen machten zynischerweise aus dieser Navigations-Unsicherheit eine Tugend. Werner Eckhart glorifizierte beispielsweise die Bedeutungslosigkeit des Lebens.

---

16. ‚Turn-on' im Original, Anm. d. Übersetzer

S.M.I^2.L.E.

Die Aktivierung des fünften Schaltkreises markiert das Anfangs-stadium interstellarer Existenz. Hippies und Zen-Adepten sind an die Erde gebundene Schmetterlinge – neurologisch fertig, aber tech-nologisch unvorbereitet zu fliegen. Anstatt als harmlose Verkünder einer bevorstehenden Mutation gepriesen zu werden, wurden ihre Verdienste (vorhersagbar) geschmälert und sie selbst in den Unter-grund gezwungen.

Musiker, Dichter, Künstler, Ästheten sind traditionellerweise die Exponenten von neuro-somatischem Bewusstsein und von Drogen, die die Sinneserfahrung verbessern, da der fünfte Schaltkreis die äs-thetische Stufe der Realität definiert. Die einsteinsche Relativität der direkten Sensualität und des Natürlichen. Der Zen-Einblick. „So ist es: schön."

Schönheit liegt im neuro-somatischen „Ich"[17] des Beobachters.

Jeder Schaltkreis des Nervensystems hat sein eigenes geprägtes Kriterium für „angenehm" und „lohnend". Im ersten Schaltkreis kann Mutters Schürze oder die Waffe angenehm sein. Sicherheit ist schön. Im zweiten Schaltkreis werden Stimuli willkommen gehei-ßen, die Dominanz und Beweglichkeit versprechen. Im dritten Schaltkreis erscheinen L.M.-symbolische Belohnungen als schön. Ein Hundert-Dollar-Schein. Im vierten Schaltkreis gibt es den Sperma-Ei-Stimulus – „the girl's underpants", verewigt von Kurt Vonnegut. Nach diesen positiven Zeichen wird aufgrund ihrer Prä-gungs-konditionierten Belohnung gestrebt und nicht wegen des äs-thetischen Vergnügens des natürlich „Gesehenen", so wie es ist.

Larvale Belohnungs-Vergnügungen wurden in Form von „Show-Business" und der gesellschaftlichen „Kunst" institutionalisiert. Der begabte Künstler selegiert unbewusst die Stimuli, welche die gesell-schaftliche Konditionierung mit sicher/gefährlich, mächtig/schwach, kompetent/dumm und sexuell erregend assoziiert hat. Die Kriterien dafür, was als künstlerisch erfolgreich erachtet wird, sind stilisiert, gesellschaftlich konditioniert und in Form von larvalen Symbolen festgelegt. Jedenfalls ist Fünfte-Schaltkreis-Verzückung die Antwort der Sinnesorgane auf die natürliche Stimulation, ge-trennt von irdisch-konditionierter Bedeutung.

---

17. Im Original das bekannte Wortspiel: ‚The ‚I' of the beholder'; Anm. d. Übersetzer

In fortgeschrittenen Zivilisationen der Vergangenheit wurde der fünfte Schaltkreis von den Adepten und den Hedonisten erreicht, die die disziplinierte Tradition der sinnlichen Wonne hervorgebracht haben. Somatische Kunst ist die Zen-Ästhetik des Nakt-Natürlichen. Direkter Stimulus von vorbeigeleiteten Symbolen. Neuro-somatische Kunst macht den Körper high.

Der Ursprung eines großen Teils gesellschaftlicher Kunst ist irgendjemandes neuro-somatisches Signal, welches sozialisiert wurde – geprägt und als „künstlerisch" festgelegt.

Zum gegenwärtigen Zeitpunkt hat uns unsere wissenschaftliche Kenntnis der Körperfunktionen – kombiniert mit unserem technischen Überfluss (insbesondere die Gerätschaften zur Geburtenkontrolle) - zu dem Durchbruch des fünften Schaltkreises gebracht. Menschen widmen dem Körper-Bewusstsein mehr Zeit: Sie lernen, sich auf somatische Konversationen einzustellen, und beherrschen somatische Yogas, welche präzise Kontrolle der Körperfunktionen ermöglichen.

Wie dem auch sein, Schönheit und Verzückung sind keine evolutionären Endpunkte an sich, sondern – für eine außerplanetarische Existenz – antizipatorische Vorbereitungen einer neuro-genetisch evolvierenden Spezies.

12. Neuro-genetische Ontologie: Es gibt acht anatomische Ebenen der Realität.

Dieses Buch präsentiert eine neuro-genetische Ontologie – eine Theorie von acht Realitätsebenen und ihrer Interaktionen.

Alle Realitäten sind neurologisch – Muster von Impulsen, die von neuralen Strukturen empfangen, gespeichert und übermittelt werden.

Das Bewusstsein wird definiert als Energie, die von Strukturen empfangen wird. Intelligenz wird definiert als Energie, die mit Hilfe von Strukturen übermittelt wird. Beim Menschen sind die Strukturen neurale Schaltkreise und ihre anatomischen Verbindungen. Bitte lesen Sie die letzten drei Sätze noch einmal.

In Tausenden von Jahren haben Ontologen vergeblich über die Natur der Realität spekuliert. Es kann jetzt keinen Raum für Debatten mehr geben. Zweifellos determiniert das Nervensystem jeden Aspekt der menschlichen Realität. Was „real" ist, ist das, was von den Nervenenden registriert, in neuralen Erinnerungsbanken kodifiziert und von Nervenfasern übermittelt wird.

Die ontologische Fragestellung ist nun so einfach gelöst, dass wir uns wundern, warum diesbezüglich jemals Verwirrung geherrscht hat. Schließlich wurde das Prinzip der Blutzirkulation vor vier Jahrhunderten verstanden. Die Struktur des Nervensystems, die faserartige Vernetzung der Sinnesorgane und die Verbindungen zum Gehirn sind anatomisch so offensichtlich, dass man von der Unfähigkeit früherer Anatomen und Physiologen recht irritiert ist, nicht zu verstehen, dass das Nervensystem der Sitz des Bewusstsein ist und dass daher die Lösung zahlreicher ontologischer Fragen den denkenden Menschen verärgert und verwirrt hat. Vielleicht sehen wir uns hier einer weiteren gestellten, absichtlichen Dummheit gegenüber, einer beschützenden Myopie, einem Spezies-Tabu, welches jegliche Versuche, das Bewusstsein und Prozesse der Intelligenz-Erweiterung zu erklären, in ein Leichentuch hüllt. Die das Nervensystem betreffenden Fakten sind für Roboter zu peinlich und zu herausfordernd für larvale theologische und politische Systeme. Auf der Evolutions-Uhr ist es einfach zu früh für die Spezies, um den neurologischen Fakten in die Augen zu schauen und zu früh für die Roboter, um ihre eigene Schaltungstechnik zu entziffern.

Man bedenke das traurige Schicksal des Julien Offray de La Mettrie, dessen futuristischer Genius dazu führte, dass er seiner medizinischen Posten enthoben und ins Exil nach Holland getrieben wurde.

La Mettrie demonstrierte anhand von vergleichenden Methoden die Verwandtschaft zwischen dem Menschen und anderen Lebewesen, woraus schließlich eine Evolution der Organismen hervorging. Er behauptete, dass physisches Leben schon auf der niedersten Stufe der Evolution beobachtbar wäre. Indem er die Funktionen des Gehirns untersuchte, versuchte La Mettrie, verschiedene Entstehungsstufen desselbigen zu erkennen, die für die Entwicklung des geistigen Lebens von größter Bedeutung sind. Außerdem protestierte er gegen eine Evaluierung des moralischen Charakters des Menschen, welche auf der Akzeptanz religiöser Doktrin beruht. Obwohl La Mettrie als ungehobelter Materialist beschrieben wurde, hat er idealistische Philosophen beeinflusst.

Dieser „Sündenbock des Materialismus des achtzehnten Jahrhunderts" ist von vielen beschuldigt und verabscheut worden, die nicht eine Seite seiner Bücher gelesen hatten.

„L'Homme Machine" ist sein bekanntestes Werk.

Vier-hirnige Menschen können eine wissenschaftliche, neuro-genetische Ontologie nicht akzeptieren, die die Realität in einem sich verändernden Fluss des Nervensystems und nicht in der bequemen Stabilität der geprägt-konditionierten Realitäts-Inseln lokalisiert. Für diejenigen, die noch nicht bereit sind, über die niederen Roboter-Schaltkreise hinaus zu mutieren, ist „Die Maschine Mensch" ein untragbares Konzept.

Man kann nicht über sein Roboterdasein hinauswachsen, bevor man nicht erkannt hat, wie komplett automatisch man sich verhält. Eine prägnante Darstellung dieser Angelegenheit ist in Gurdjieffs Bemerkungen zur Mechanisierung zu finden, zitiert von Ouspensky: Auf der Suche nach dem Wunderbaren.

Die Exo-Psychologie behauptet, dass es genauso viele Realitäten gibt, wie es neuro-anatomische Strukturen zum Empfangen und

Senden von Signalen gibt. Genauso, wie sich die sieben neuro-anatomischen Schaltkreise entfalten, entfalten sich auch die sieben allgemeinen Klassen der Realität[18]:

1. **Die erste Realität, bio-zellulär**, ist die geprägt-konditionierte Welt des Kindes, welche in den viszerotonischen Überlebenstechniken des Erwachsenen aufrechterhalten wird.

2. **Die zweite Realität, lokomotorisch-muskulär**, ist die geprägt-konditionierte Welt des krabbelnden, lärmenden, laufenden Kindes, welche durch emotional-politische Techniken des Erwachsenen fortgesetzt wird.

3. **Die dritte Realität, durch den linken Kortex vermittelt**, ist die geprägt-konditionierte Welt des Kindes, welches lernt, L.M.-Symbole zu manipulieren; diese Welt wird durch die Linguistik-Technologie des Erwachsenen aufrechterhalten.

4. **Die vierte Realität** ist die geprägt-konditionierte Welt der sozial-sexuellen, domestizierten Verantwortlichkeiten.

5. **Die fünfte Realität, Körper-Bewusstsein**, ist die körperliche Rezeption von direkten, natürlichen Signalen, die nicht durch Überlebensprägungen zensiert sind, und ist sich nur zum Teil der Anforderungen der Schwerkraft bewusst.

6. **Die sechste Realität ist die Prägung des Nervensystems** von, durch und über sich selbst. Einsteinsches Bewusstsein, welches nicht länger in den larvalen Schaltkreisen oder dem Körper eingefroren ist. Die Gehirn-Realität ist ein relativistischer, wechselhafter Niagara aus Millionen bio-elektrischen Signalen, die in einem Dreißig-Milliarden-Zellen-Netzwerk herumpulsieren. Die Aussage „Bewusstsein ist nicht länger gefroren" ist nicht metaphorischer Art; sie bezieht sich auf biochemisch-elektrische Veränderungen auf der synaptischen Ebene, welche den Signalfluss von routinemäßigen Mustern befreien. Der Terminus „statisch, geprägt-konditionierte Welt"

---

18. **Die achte Realität** ist meta-physisch, meta-biologisch und involiert die aus der Quanten-Sprung-Zelle herausgeschleuderte *contelligence*. Siehe Publikationen von der Physics-Consciousness-Research Group von Sarfatti, Sirag, Herbert und anderen.

bezieht sich auf neural-vernetzte Programme, die an die Realitäts-Inseln angeschlossen sind.

7. **Die siebte Realität** ist das Empfangen des Nervensystems von RNS-Signalen aus den DNS-Molekülen innerhalb der Zelle. Genetische Mitteilungen, die zu symbiotischer Inter-Spezies-Telepathie führen. Da Realität Energie ist, die von der neuralen Struktur registriert wird, können wir nur das „sehen", was wir instrumentell und konzeptuell in der Lage sind zu empfangen. Mit dem siebten Schaltkreis werden DNS-RNS-Signale verarbeitet.

13. Eine interstellare neuro-genetische Teleologie

Die Exo-Psychologie definiert eine interstellare Neurogenetik, indem sie den von der DNS vorprogrammierten Kurs der Evolution des Individuums und der Spezies umreißt.

Ein komplettes philosophisches System schließt im Allgemeinen folgende Punkte mit ein:

1. Eine kosmologische Erklärung, woher wir kommen und wie alles begann.

2. Eine politische Theorie, die die Faktoren, die in den destruktiven und harmonischen Ausdrücken von territorialer Autonomie, Kontrolle, Freiheit involviert sind, erklärt.

3. Eine epistemologische Theorie, die wahr/unwahr und richtig/falsch definiert.

4. Eine Ethik, die gut/schlecht sowie Tugend/Sünde definiert.

5. Eine ästhetische Theorie, die Schönheit/Hässlichkeit sowie künstlerisch/unkünstlerisch definiert.

6. Eine Ontologie, die die Spektren der Realität definiert.

7. Eine genetische Teleologie, die erklärt, wohin die biologische Evolution führt und wie alles enden wird.

8. Eine ultimative metaphysiologische, neuro-atomare Eschatologie, die erklärt, was geschieht, wenn das Bewusstsein den Körper verlässt.

Das Ziel des Lebens ist:

S.M.I^2.L.E.

Space Migration

Intelligence Increase

Life Extension

Wir sind dazu geschaffen, unsere Köpfe zu nutzen (I^2), um die Zeit dafür zu gebrauchen (**L.E.**), den Raum zu nutzen (**S.M.**).

Von diesen drei zusammenhängenden Imperativen ist die Intelligenzsteigerung die wichtigste.

Wenn der Mensch gelernt hat, sein Gehirn als Instrument für:

4. die selektive Neuprägung der vier irdischen Schaltkreise,

5. die Kontrolle des Körpers,

6. die Kreation von multiplen Realitäten durch Mittel der regelmäßigen Neuprägung,

7. die Prägungen (d. h. experimentelles Identifizieren mit dem DNS-Code) und

8. die Entschlüsselung der Nuklear-Quanten-Intelligenz

zu nutzen, so wird die Lebensverlängerung und die Migration ins All erlangt sein.

14. Eine metaphysiologische, neuro-atomare Eschato-logie: Biologie entwickelt sich zur Quanten-Gravitati-ons-*contelligence*.

Die ultimative Frage ist: Was ist der Endpunkt biologischer Evolution?

Die exo-psychologische Antwort darauf lautet: *contelligence* mutiert durch die Fusion mit und durch die Absorption von metaphysiologischen Strukturen, die in Nuklear-Quanten-Gravitationskraftfeldern gefunden werden.

Aus neurologischer Perspektive kann gesagt werden, dass das Emergieren jedes neuen Schaltkreises ‚Tod und Wiedergeburt' involviert. Das neugeborene Kind formt seinen Charakter und wird ein sich bewegendes Kind. Doch obwohl die ‚Realität' dieses Kindes sicherlich unterschiedlich zu der Realität desselben Individuums im Alter von 18 Jahren ist, bleibt das erste Gehirn verknüpft und Teil des sich entwickelnden neuralen Netzwerkes. Daher definiert das Emergieren jedes neuen neuralen Schaltkreises in der Evolution des Individuums eine Serie von inkorporierenden Re-Inkarnationen und Metamorphosen[19].

Die Genetik bestimmt eine andere, weitaus länger andauernde Form des Fortbestehens. Der DNS-Code ist so beschaffen, dass er sich selbst am Leben erhält und daher prinzipiell unsterblich bleibt. Wenn wir, wie die Exo-Psychologie behauptet, die DNS prägen und auch lernen können, bewusst die RNS-Signale zu entschlüsseln, so können wir die Blaupausen der DNS erfahren, die das Programm der neuralen Evolution enthält, das sich über drei Millionen Jahre in die Vergangenheit und viele Millionen Jahre in die Zukunft erstreckt. Die DNS registriert und erinnert sich an die Signale, die sie über den Körper und das Nervensystem – den sie gegenwärtig ‚antreibt' – empfängt. Jeder von uns lebt daher via DNS-Absorption weiter.

---

19. Die Exo-Psychologie sagt voraus, dass während der Entwicklung des einzelnen Kindes jeder Aktivierung der sich entfalteten Schaltkreise eine Vorformungs-Krise vorangeht Psychologen und aufgeklärte Eltern werden in der Zukunft lernen, das Auftauchen solcher Krisen zu erkennen und zu antizipieren und das Kind durch diese verunsichernden Phasen zu führen.

Doch neurologische und genetische Re-Inkarnationsprozesse sind immer noch biologischer Natur. Die *contelligence* auf der Ebene der Nervenzellen und Proteinmoleküle kann offensichtlich nicht mit dem Ausmaß, der Geschwindigkeit und der Kraft elementarer subnuklearer Prozesse verglichen werden.

Die Egozentrik und Geozentrik larvaler Philosophie hat die menschliche Intelligenz in Beziehung zu anderen Energieformen überschätzt – den DNS-Code und Atomkern im Besonderen. Die larvale Wissenschaft will uns Glauben machen, dass das Universum lediglich aus chemischen Elementen und Atomteilchen besteht, die in blinder Passivität physikalischer Gesetze operieren…, dass zu einem gewissen Punkt in der Geschichte des Planeten Erde gewisse Moleküle durch zufällige Induktion von Blitzen dazu gebracht wurden, Protein-Nukleotide zu formen, die sich, durch reinen Zufall, zu replizieren begannen… und dass sich durch einen Prozess zufälliger Selektion und Mutation schließlich die biologischen Formen entwickelten. Der Gipfel dieses blinden evolutionären Prozesses ist, so wird uns erzählt, der Homo sapiens. Der ,Mensch' wird dabei als die einzige sich selbst bewusste und intelligente Form auf diesem Planeten und möglicherweise im ganzen Universum erachtet!

Die Exo-Psychologie behauptet, dass diese schmeichlerische Selbstbeweihräucherung falsch ist – ein Fehler, der zur Arroganz und jenem ängstlichen Pessimismus führt, der die menschliche Philosophie so treffend kennzeichnet.

Vom exo-psychologischen Standpunkt sind alle biologischen Formen durch die DNS erzeugte, vergängliche Roboter, die den Transport und die Beherbergung des genetischen ,Hirns', der DNS, gewährleisten. So wie der dritte L.M.-Schaltkreis Maschinen entwirft und konstruiert, um menschlichen Zwecken zu dienen, so hat die DNS fragile, replikationsfähige Organismen – inklusive des Menschen – gebaut. Es ist offensichtlich schwierig für den menschlichen Geist, sich das Ausmaß der Überlegenheit der DNS-Intelligenz über den menschlichen Intellekt vorzustellen. Die Komplexitäten und Zeitspannen, die die DNS handhabt, sind der menschlichen Intelligenz ähnlich überlegen wie die des Menschen gegenüber einer Aufziehpuppe.

Der große, naive Exo-Psychologe William Blake stellte die Frage:

'Tyger, Tyger, burning bright,

In the forest of the night,

What immortal hand or eye,

Dare frame thy fearful symmetry?'

Die Antwort lautet DNS!

Und welche überragende Intelligenz, hell erstrahlend in den dunklen Wäldern des Nachthimmels, hat die DNS erschaffen?

Der genetische Code entstand sicher nicht durch eine zufällige Adhäsion von Molekülen. Es ist eine instrumentelle Botschaft, eine energetische Direktive, die durch eine meta-biologische Intelligenz geschaffen wurde.

Das Ausmaß dieser Intelligenz ist astrophysikalisch und galaktisch, alles durchdringend und allgegenwärtig, doch miniaturisiert in seiner Quantenstruktur. Genauso, wie die viele Millionen Jahre überbrückende Blaupause der biologischen Evolution in dem Nukleus einer jeden Zelle steckt, so kann die quantenmechanische Blaupause der astronomischen Evolution in jedem Nukleus eines Atoms gefunden werden.

Wir haben das Bewusstsein als Energie definiert, die Strukturen ausformt. Und wir haben Intelligenz als Energie definiert, die durch diese Struktur übermittelt wird. Die *contelligence* von Lebensformen wird durch die Anatomie und die organischen Formen gestaltet und begrenzt. Subatomare Gravitationskraftfelder sind offensichtlich fähig zu schnelleren, komplexeren und ausgedehnteren Stufen des Bewusstseins und der Intelligenz.

Die Exo-Psychologie stellt die Hypothese auf, dass die Evolution von astrophysikalischen Strukturen eine Form von *contelligence* involviert, die der DNS ähnlich überlegen ist wie die DNS dem Neuronengehirn.

Die Richtung der organischen Evolution kann nun festgestellt werden. Mit einzelligen Organismen startend produziert das Leben eine Serie von neuralen Schaltkreisen und zunehmend komplexen wie effizienten Körpern, um höhere Formen der *contelligence* zu ermöglichen und zu transportieren. Die Kulmination dieses biologischen Prozesses liegt in dem Siebtes-Schaltkreis-Gehirn, das zur Kommunikation mit der DNS fähig ist, d. h. auf Ebene der RNS Informationen empfangen, integrieren und übermitteln kann.

Zu den Nebenprodukten der *contelligence* des Siebtes-Schaltkreis-Gehirns gehören Telepathie wie auch Symbiosen zwischen den Spezies (ebenso Symbiosen mit weiterentwickelten Spezies einschließend, die möglicherweise auf mehr als der Hälfte der Millionen bewohnten Planeten unserer lokalen Galaxie mit existieren). [20]

Die achte Phase der Evolution besteht in der Transformation der *contelligence* in metaphysiologische und neuro-atomare Strukturen. Der quantenmechanische Prozess schließt nicht notwendigerweise die Zerstörung des organischen Gedächtnisses oder der biologischen *contelligence* mit ein, sondern möglicherweise die Inkorporierung der Neurogenetik in die Nuklear-Gravitationsquanten.

Metaphysiologische *contelligence* sendet und empfängt mit der Geschwindigkeit und der Frequenz von Nuklearteilchen und kann Materie erzeugen, d. h. kann Atome in architektonischen Mustern anordnen. Solch eine Ebene der *contelligence* könnte vorprogrammierte DNS-Codes ebenso einfach hervorbringen, wie Menschen heutzutage computergesteuerte Produktionsprozesse aufbauen.

Es ist natürlich fast unmöglich für den primitiven symbolischen L.M.-Geist, sich von den Fähigkeiten der Quanten-Intelligenz ein Bild zu machen. Doch zwingt uns nicht die Logik dazu, zumindest die Möglichkeit dieser höheren Form von *contelligence* zu akzeptieren? Die einzigen anderen kosmologisch-eschatologischen Alternativen, die gegenwärtig angeboten werden, sind:

---

20. Telepathie (d. h. neuro-elektrische Kommunikation) ist ein post-irdisches Phänomen. Telepathische Kommunikation kann genauso wenig auftreten, während wir uns auf dem Boden eines 4.000 Meilen tiefen Atmosphären-Ozeans herumtummeln, wie vokal-symbolische Kommunikation zwischen Meerestieren auftreten wird. Wir müssen aus dem Wasser krabbeln, um den dritten Schaltkreis (das linke Hirn) zu aktivieren. Wenn wir die Oberfläche dieses Planeten verlassen und im freien Raum leben, wird sich die Telepathie (*contelligence* des sechsten Schaltkreises) entwickeln.

S.M.I².L.E.

- Zufälliges und willkürliches Zusammenballen von Proteinen und Kohlenstoffhydraten, die, ausgelöst durch Blitze im Präkambrium, schließlich den ‚Menschen' als höchst klägliche Form einer ruchlosen Überlebensschlacht zurücklässt, oder

- das monotheistische, anthropomorphisierte Polizei-Gericht Jehovas.

Die besondere Tatsache, dass sich einige primitive menschliche Wesen überlegene metaphysiologsiche Formen der *contelligence* vorstellen können – die im Einzelnen auf gegenwärtigem wissenschaftlichem Beweismaterial beruhen – ermutigt uns anzunehmen, dass eine Form höherer Intelligenz zumindest unseren Extrapolationen und empirischen Spekulationen entspricht. Um es geradeheraus zu sagen: **Wenn wir uns die mögliche Natur einer höheren, quantenmechanischen *contelligence* vorstellen können, können es gewiss ‚die', die in der genetischen Zukunft warten, ebenso gut oder besser.** [21]

Um diesen Umriss des achten eschatologischen Schaltkreises zusammenzufassen: Organisches Leben entwickelt sich und wird Teil der metaphysiologischen *contelligence*, die selbst nuklear-gravitational in ihrer Struktur ist und die einheitliche Kraftfelder galaktischen Ausmaßes und quantenhafter Natur erzeugt.

---

21. Wer sind sie? Sie sind Wir-in-der-Zukunft!

15. Neuraler Chauvinismus: Jeder Körper hat eine bevorzugte Realität.

Larvale Realitäten werden definiert als Inseln des lokalen Milieus, die an das Nervensystem zum Zeitpunkt der Prägung gebunden werden.

Vom wissenschaftlichen Standpunkt ist Realität ein Ozean elektromagnetischer Vibrationen, die konstant mit verschiedenen Geschwindigkeitszyklen wirbeln und jeden Moment in temporäre Strukturen – wie auch Körper mit Nervensystemen – hineinschwingen.

Das menschliche Nervensystem ist genetisch dafür entworfen, ein kleines Wellenband des zyklischen Frequenzspektrums zu empfangen.

Das menschliche Bewusstsein – d. h. die persönliche Realität – wird durch den Punkt des Frequenzspektrums definiert, an den es angeschlossen ist.

In einem vorherigen Abschnitt wurde der Vorschlag gemacht, dass sich das Nervensystem über zwölf larval-irdische Stufen entwickelt und dass es sich in der Zukunft über zwölf post-irdische Stufen durch unterschiedliche Metamorphosen entwickeln wird.

Eine neue Spezies wird in Erscheinung treten, neue und komplexere Stufen des Nervensystems werden sich entwickeln. Einzellige Formen verbleiben auf der primitiven Ebene von Annäherung und Vermeidung. Die meisten Säugetierformen bleiben auf der Ebene der individuell-muskulären Dominanz. Andere, wie Herdentierarten, erreichen eine Ebene der vorsymbolischen, sozialen Kommunikation. Gewisse primitive Humanoide verbleiben auf einer Ebene der Symbolmanipulation und der Herstellung von Artefakten, doch sie erreichen nicht die Domestikation und Trennung der sexuellen Verantwortung, die der Homo sapiens und einige Insekten erreicht haben.

In den Begleitbüchern *The Periodic Table of Evolution* und *The Game of Life* wird die Hypothese aufgestellt, dass systematische, jahreszeitliche Variationen der Sonnenstrahlung Veränderungen in den DNS-Mustern zur Zeit der Empfängnis erzeugt haben, welche die

neuro-genetischen menschlichen ,Typen' bestimmt. Die zwölf Tier-
kreiszeichen könnten in grober Form zwölf humanoide Spezies, die
zueinander in der neuralen Vernetzung sehr unterschiedlich sind,
personalisieren, die wiederum die zwölf Stufen phylogenetischer
und menschlicher Evolution reflektieren und rekapitulieren. Jede
,Zodiak'-Spezies repräsentiert daher die Beherrschung einer der
zwölf neurologischen Stufen, die in der Evolution des Lebens auf
diesem Planeten involviert sind – die Vorbereitung für die außerirdische Migration ins All[22].

**So wie die Mitglieder von Insektenkolonien genetisch darauf
programmiert sind, bestimmte Rollen zu spielen, die notwendig
für das Überleben des Kollektivs sind – Arbeiter, Drohnen, Krieger, fruchtbare Männchen und empfängnisbereite Königin –, so
verhält es sich auch für die zwölf larvalen Typen der menschlichen Rasse.**

Die genetischen Typen wurden gemeinhin als die zwölf Zodiakzeichen, die ersten zwölf Tarot-Figuren und auch zwölf griechisch-
römische Gottheiten popularisiert. Jeder dieser zwölf Typen kann
als genetisch unterschiedlich betrachtet werden. Jeder trägt zu dem
menschlich-larvalen Evolutionsprozess bei, und jeder verfügt über
ein ausgeprägtes Nervensystem, das dazu dient, eine spezielle
Überlebensaufgabe zu erfüllen.

Zusätzlich zur genetischen Spezialisierung bestimmen die Modelle von dem Milieu, die während der vier Perioden der individuellen Entwicklung geprägt wurden, Insel-Realitäten, die von Person
zu Person und von Gruppe zu Gruppe variieren. Die Sprache und
Dialekte, denen das Kind während des Entstehens des dritten
Schaltkreises ausgesetzt ist, bestimmen muskuläre Muster in dem
Larynx und der Hand, die dann fixiert werden und die kognitiv-
symbolische Realität limitieren.

Diese einzigartige Spezifikation der Realität bedeutet unter ande-
rem, dass wir zwölf larvale Spezies und viele Gruppen unterschiedlicher kultureller Prägung unter den Menschen finden, die über diesen Planeten wandeln, und die zum größten Teil in

---

22. Die Tradition, zwölf Gleichrangige bei einem Geschworenengericht einzusetzen, kann
eine unbewusste Anerkennung der zwölf Spezies sein, aus denen sich die larvale Gesellschaft
zusammensetzt.

unterschiedlichen Realitäten existieren. Um dieser Verwirrung noch etwas hinzuzufügen, sei angemerkt, dass wir seit den 60er Jahren des 20. Jahrhunderts viele Millionen halb-mutierter Hippies haben, die einfach ziellos dahintreiben.

Die Menschen erkennen unbewusst die Selektivität von Insel-Realitäten. Soziales Vermeidungsverhalten und soziales Zusammenhäufen scheint tendenziell die Antwort auf diese Form von Realitäts-Chauvinismus zu sein. **Jeder, der anders ist, ist verrückt oder bestenfalls fremdartig. Xenophobie basiert auf Primaten-Neurologie. Das Kollektiv kann und darf nicht andere Realitäten tolerieren.**

Ontologischer Chauvinismus ist tief verwurzelt in festen genetischen und neuralen Strukturen. Doch ungeachtet des Unwissens über ihre eigene neurale Maschinerie schaffen es die menschlichen Roboter seltsamerweise, mit anderen über die Befriedigung materieller Bedürfnisse in beeindruckender Effizienz zu kommunizieren.

S.M.I^2.L.E.

16. Prägung ist eine Einzelbelichtung des neuralen Films, der die Realität definiert und limitiert.

Die Entdeckung der neuralen Prägung könnte eine der vier wichtigsten intellektuellen Errungenschaften der menschlichen Rasse sein. Die anderen drei sind: die einsteinschen, quantenmechanischen Gleichungen über Raum-Zeit und Energie; die astronomische Lokalisierung der Erde in der stark bevölkerten Galaxie und die Entschlüsselung des genetisch-evolutionären Prozesses, der die biochemische Langlebigkeit, die genetische Kontrolle und die symbiotische Kommunikation möglich macht.

Das Verständnis der sequenziellen Prägungen des Nervensystems fügt dem Psy-Phy-Kartendeck so die vierte Karte hinzu.

Prägung ist der Prozess, durch welche neurale Schaltkreise mittels spezifischer neuro-umbilikaler Überlebensverhaltensweisen (über Entladungspfade, die im Voraus angelegt sind) die Stimuli des Milieus – internal oder external – selegieren, die das Timing, die Richtung und das Objekt der Entladung determiniert.

Die Prägung ist eine neuro-umbilikale Signalleine, die von dem Nervensystem zu den Energieanhäufungen auf der Planetenoberfläche reicht, die Material und Überlebensstimuli bereitstellt. Einmal verbunden ist das larvale Nervensystem lebenslänglich festgehakt – es sei denn, es wird durch einen zufälligen Unfall oder absichtlich verändert. In letzterem Fall wird die post-larvale *contelligence* erreicht.

Die Tatsachen über Prägungen stammen ursprünglich aus der Wissenschaft der Ethologie, den ,vergleichenden Studien über Tierverhaltensweisen unter natürlichen Bedingungen oder im Labor, wobei aufgrund von Feldbeobachtungen als nahe liegend empfundene Methoden und Probleme mit einbezogen werden' (William Etkin).

Konrad Lorenz und Nico Tinbergen wurden kürzlich (1973) für ihre Pioniertätigkeit auf diesem Gebiet mit dem Nobelpreis ausgezeichnet.

Der faszinierendste Aspekt des Prägungsprozesses ist folgender: Die ursprüngliche Selektion des externen Stimulus, der die vorbestimmte Reaktion auslöst, entstammt nicht einem normalen Lernprozess, sondern einer kurzen Aussetzung während einer spezifisch ‚kritischen Periode‘ im Leben des Tieres.

Der Körper des Kindes ist wie ein Raumschiff, das über einem neuen, seltsamen Planeten driftet. Die Prägung ist eine Signalleine, die in blinder Art eines Roberts nach einer bereiten Oberfläche tastet, sich mit ihr verbindet und Wurzeln schlägt, um auf diese Weise eine Realitäts-Insel zu erzeugen.

‚Falls die Prägung nicht während der ersten Tage der Existenz geschieht, wird sie auch zu keiner anderen Zeit stattfinden. Ein solches Tier wird auf kein anderes Tier angemessen reagieren können, und kein noch so reges Zusammenleben mit Artgenossen wird diesen Mangel beheben.‘ (Etkin)

Es hat sich gezeigt, dass ‚junge Vögel, die vom Experimentator im Verlauf der ersten Stunden ihres Lebens angefasst wurden, ihm und anderen menschlichen Wesen später gegenüber so reagieren, wie sie es normalerweise gegenüber ihren Eltern tun würden.‘ Das tastende Neuro-Umbilikale bindet sich an den ersten warmen und sich bewegenden Körper, mit dem es in Berührung kommt.

‚Am erstaunlichsten ist indessen die Tatsache, dass das auf ein menschliches Wesen geprägte Tier, das nach einigen Monaten geschlechtsreif wird, um den Menschen zu werben beginnt, wobei es den Menschen sogar der eigenen Spezies vorzieht. Hand-dressierte Vögel entfalten gewöhnlich gegenüber den Händen des Trainers ein Werbungsverhalten.‘

Die Implikationen der Prägungstheorie in Bezug auf das menschliche Verhalten sind für unsere rationalen Konzepte wie das Selbst, Ego und die bewusste Wahl beschämend. In der Tat legt es eine ontologische Hilflosigkeit nahe, die der Dimension einer Science-Fiction-Roboter-Saga gleichkommt. Die neurologische Situation sieht wie folgt aus: Der menschliche Körper ist aus zahlreichen Empfangsorganen und Entladungssystemen aufgebaut, die durch das Nervensystem reguliert werden, einem Kommunikationsnetzwerk von knapp 30 Milliarden Zellen. Jedes Organ des Körpers ist mit einem komplexen Muster von Nervensträngen verbunden. Jedes Neuron empfängt, evaluiert und übermittelt Informationen an 60.000 andere Neuronen. Die einzelnen Leitungsmuster, die auf je-

des Organ und jedes Aktionssystem des Körpers ihren Einfluss ausüben, sind durch geprägte Stimuli programmiert. Der spezifische
Stimulus, der jedes neuro-umbilikale Überlebenssystem aktiviert,
wird durch zufällige Koinzidenzen festgelegt – die externen Faktoren, die während der ‚sensitiven Periode‘ gegenwärtig waren.
Menschliche Wesen sind Roboter, die durch neurale Prägungen so
programmiert und geführt werden, dass standardisierte Entladungsmuster als Reaktion auf zufällig geprägte ‚Stichworte‘ ausgelöst werden.

Das neugeborene Baby ist mit den Verhaltensmustern ausgestattet, die für das unmittelbare Überleben notwendig sind: sich dem
mütterlichen Stimulus zuzuwenden und zu saugen. Kurz nach der
Geburt macht sich das Nervensystem ein Bild, d. h. es fokussiert alle
Sinnesapparate auf den weichen, warmen und Milch produzierenden Stimulus und hält dieses Bild kontinuierlich als ‚überlebensbezogen gut‘ und ‚sicher‘ aufrecht. Wenn diese viszerotonische Prägung nicht stattfindet, weil der adäquate Stimulus im Verlauf des
kritischen Zeitabschnitts nicht vorhanden ist, so wird das grundlegende ‚Überlebens-Sicherheitssystem‘ nicht wirksam auf die Ebene
des zwischenmenschlichen Kontakts übertragen[23].

Ein äußerst entscheidender Aspekt der neuralen Prägung liegt in
der Tatsache, dass sich die vier larval-neuralen Schaltkreise chronologisch entfalten. Jede der vier neuro-umbilikalen Signalleinen
streckt sich der Reihe nach aus, sobald der jeweilige neurale Schaltkreis in Erscheinung tritt.

Zum Beispiel ist der sexuelle Schaltkreis vor der Adoleszenz nur
rudimentärer Natur. Während der Adoleszenz finden dramatische
physiologische und anatomische Veränderungen in den primären
und sekundären Sexualorganen statt. Diese Veränderungen sind so
ausgeprägt, dass wir sinnigerweise von einer Metamorphose sprechen können, die der Verwandlung des Insekts von der Larve zum
Schmetterling analog ist. Zu dieser Zeit entfaltet sich jener neurale
Schaltkreis, der die sexuelle Aktivität vermittelt. Eine kritische oder

---

23. Ein Fehlschlag auf Seiten des Neugeborenen, einen Menschen für den ersten
Schaltkreis zu prägen, erzeugt eine Form der Schizophrenie, nämlich das autistische
Kind. Dieser Prozess und sein Gegenmittel werden in den Abschnitten 1.3, 1.4, 1.5 in
dem Buch *The Eight Calibre Brain* besprochen.

,sensitive' Periode sexueller Prägung findet statt. Die sexuelle Antenne tritt in Erscheinung und tastet blindlings nach einem Ort, wo sie Wurzeln schlagen kann.

Beim ersten Mal, wo das sexuelle System volle Reaktion zeigt, findet eine sexuelle Prägung statt. Der Aktivitätszustand des gesamten Nervensystems zur Zeit der Prägung bestimmt die Art und Weise, wie das sexuelle System verdrahtet wird – d. h. welcher Art die Eindrücke sind, die es erregen. Die sensorischen, emotionalen, mentalen und sozialen Stimuli erzeugen ein Muster (ein sexuelles Klima), das die Abfolge von Erregung und Befriedigung erleichtert.

Die zufällig auftretenden Verwirrungen der sexuellen Prägung des vierten Schaltkreises sind den Psychiatern wohl bekannt. Frühe Erektionen und Orgasmen können abartige Fetische erzeugen.

Die Mechanik und Neurologik der Prägung des mental-symbolischen dritten Schaltkreises sind weniger bekannt. Der Erwerb von Sprache und manipulativem Verhalten involvieren eine spezielle Prägung des dritten Hirns und der laryngual-manuellen Muskeln. Das Denken wird durch das stille Bewegen der neun Muskeln des Larynx angeregt. Während der Periode, während der das Kind die Sprache erlernt, wird der mentale Stil nahe stehender menschlicher Vorbilder absorbiert. Diese Vorbilder sind die Eltern und – noch wichtiger – ältere Kinder. Die zarten Fühler symbolisch-mentaler Aktivität werden ausgestreckt. Dies ist eine äußerst verletzliche Periode. Der mentale Stil und die emotionalen Modelle der Menschen in dem Milieu determinieren, ob der Geist des Kindes offen, vertrauend, in sich gekehrt oder ablehnend ist.

Das Kind prägt (verdrahtet) einen spezifischen Modus des Denkens. Ist dieses intellektuelle Muster erst einmal geprägt, hat die folgende Erziehung nur noch geringen Effekt auf die Modi mentaler Manipulationsfähigkeit. Die acht kognitiven Modi, die durch den laryngual-muskulären Geist genutzt werden, werden in Kapitel 3 in *Eight Calibre Brain* beschrieben. Die Prägung ist an das Modell gebunden, das zur kritischen Zeitperiode der kognitiven Vergrößerung gegenwärtig ist.

1. **Die Bioüberlebenssprache** des ersten Schaltkreises ist global. Die Bewegungen und Klänge, die besagen ‚Ich bin sicher', Du bist sicher' werden von fast allen Tieren unabhängig von ihrer Kultur erkannt. Verhaltensweisen, die Schmerz oder physische Bedrohung ausdrücken, werden ebenso erkannt. Wir sprechen hier von essen, erbrechen, saugen, ablehnen, umarmen, seufzen, physischer Aggression oder bedrohen.

2. **Die emotionale Sprache** des zweiten Schaltkreises: Gesten, Haltungen und verbale Töne, die eine Status-Botschaft übermitteln, werden fast überall erkannt. Die gebärdenden Signale für ‚sich angliedern', Dominanz und Unterwerfung, betteln, geben, nötigen und passive Klage erfordern kein kulturübergreifendes Lexikon. Nichtsdestotrotz verfügt jede Kultur über ein spezifisches Vokabular bezüglich Status – Akzente, Gesten, Ornamente, auffälliges Besitztum und Habitus. Zu einem gewissen Zeitpunkt indiziert ein Cadillac den höchsten Status. Kurze Zeit später fährt ihn ein Zuhälter oder ein Kokain-Dealer aus den Slums. Und so geht es weiter.

3. **Die L.M.-Sprache** des dritten Schaltkreises: Symbole und Artefakte bleiben in ihrer jeweiligen Verständlichkeit auf jene kulturellen Gruppen beschränkt, die dieselben Prägungen aufweisen, d. h. im Verlauf der entscheidenden Periode derselben Art laryngealer Geschicklichkeiten und manuellen Symbolisierungen ausgesetzt waren. Klassen, Kasten und Handwerkszunft sind von großer Bedeutung. Diese Kulturformen des dritten Schaltkreises umfassen:

Artefakt-Gruppen

Verbale dialektbezogene Gruppen

Gebildete Gruppen

Wissenschaftliche Gruppen

Berufsgruppen

Sport- und Spielgruppen

Ein zentrales Konzept der Exo-Psychologie ist die Vorstellung einer persönlichen Neural-Realität, die sich von Person zu Peron unterscheidet. Jeder von uns setzt sich mit einer Welt auseinander, die durch ein einzigartiges Muster neuraler Verdrahtungen und fixierter umbilikaler Signalleinen definiert wird. Gerade so wie wir versuchen, die entstehenden Stufen der menschlichen Evolution durch eine Analogie bei der Metamorphose der Insekten zu verstehen (da wir der Sache zu nahe sind, als dass wir die Metamorphose in uns selbst wahrnehmen könnten), so können wir die elektro-neurale Einzigartigkeit der ‚Realität' begreifen, indem wir die Bewusstseinsinseln anderer Spezies beobachten.

Schauen wir uns die Schlange an. Beobachten wir mit unseren optischen Sensoren, ‚sehen' wir vielleicht eine Maus über den Boden rennen, während eine Schlange ihren Kopf dreht und zubeißt. Wir nehmen an, dass die Schlage ‚sieht', was wir sehen: ein pelziges, braunes Tier. Eine Untersuchung der neuralen Rezeptoren zeigt jedoch, dass die Schlage Hitze-Rezeptoren verwendet, um die Beute zu lokalisieren. Was eine Schlange wahrnimmt, ist ein Neon-ähnlicher Punkt von ‚Wärme', der sich über ihren ‚Bildschirm' bewegt. Sie ist roboterähnlich darauf programmiert, bei ‚Hitze' zuzuschlagen.

Menschliche Wesen interagieren oft über ähnliche ‚Realitäts'-Abgründe hinweg. Sie sind in Bezug auf ihre roboterhafte Programmierung untereinander so unterschiedlich wie der Mensch selbst zu der Schlange.

Die Menschen verfügen über eine unterschiedliche Anzahl von L.M.-Sprachen, mit denen sie sich austauschen können. Einige, die Primitivsten, kommunizieren lediglich in dem oralen Dialekt ihrer Kindheitsumgebung und wissen nur mit den einfachen, mit Hilfe von Muskeln bewegten Gerätschaften des dörflichen Lebens umzugehen.

Der hochzivilisierte Larvale indes hat Hunderte von L.M.-Symbolsystemen gemeistert. Ein gebildeter Russe oder Amerikaner kann mit dem jeweils anderen in einigen Sprachen sprechen, schreiben und kann kooperativ eine große Anzahl mechanischer Artefakte, beruflicher Arbeitsabläufe, wissenschaftliche Codes, Sport und Spielrituale manipulieren.

In der Kommunikation mit dem Larvalen ist einst mittels nonverbaler ‚Stichworte' festgelegt worden, dass der erste Schaltkreis sicher und der zweite kooperativ ist – der nächste Schritt liegt darin zu bestimmen, welche L.M.-Muskel-/Denk-Sprachen gemeinsam beherrscht und ausgetauscht werden können. Die meisten larvalen Interaktionen sind kurz und begrenzt. Artefakt-Transaktionen. Kaufen. Verkaufen. Dienstleistungen. Oberflächliches Sozialisieren, dazu bestimmt, kulturelle Bestätigungen zu elizitieren. Ausgedehntere L.M.-Symbol-Konversationen sind komplexer, da unvermeidlich emotionale Faktoren mit einfließen. Das Weitergeben von Informationen an andere wird oft übel genommen, da der Besitz von Information Macht impliziert.

Der dritte Schaltkreis des Nervensystems wird aktiviert, wenn sich das junge Kind in einer Position der Schwäche befindet. Jene, die L.M.-Symbolsysteme lehren, sind meist Erwachsene oder Vorgesetzte. Die Fähigkeit zu lernen und mit Symbolen umzugehen ist damit auch durch den emotionalen Kontext determiniert – denn die Person mit den Informationen steht statusmäßig über dem Empfänger.

Das Nervensystem ist durch synaptische Verknüpfungen zusammengeschaltet. Die Synapse ist jene Kontaktstelle zwischen zwei Neuronen, durch die der Nervenimpuls fließt. Die synaptische Verbindung selbst ist chemischer Natur. So wie Chemikalien das Foto auf einem Film ‚fixieren', so wird das neurale Bild der Insel-Realität durch synaptisch-chemische Bindungen zur Zeit der Prägung ‚fixiert'.

Die Roboter-Wahrheit ist die: **Die Muster der neuralen Verbindungen erzeugen das Bild der Realität.**

Das menschliche Nervensystem prägt soziale ‚Stichworte'. Ein aufwachsendes Kind findet eine gewisse Stabilität und Konsistenz in den sozialen Anhaltspunkten, die SiEr prägt. Seine/ihre Eltern sprechen dieselbe Sprache und pflegen dieselben Rituale wie die Familie nebenan. Diese konsensuelle Übereinkunft liefert die Illusion einer ‚Realität', die von jenen geteilt wird, die sich in derselben kulturellen Gruppe befinden. ‚Geistige Gesundheit' wird in den Begriffen jener Fähigkeit definiert, sich selbst darin zu überzeugen, das SiEr genauso wahrnimmt wie andere auch. Festinger und andere Sozialpsychologen haben Experimente über ‚kognitive Dissonanzen' durchgeführt, die zeigen, wie leicht und natürlich menschliche Wesen ‚objektive' Daten verzerren, damit sie den neuralen Erwartungen entsprechen.

Das soziale Bewusstsein ist ein Netz neuro-umbilikaler Erfindungen, das durch Konditionierungen und kontinuierlich adaptive Verzerrungen gewebt wird. **Wir glauben, an das, wofür wir geprägt sind zu glauben. Wir denken, dass der kleine Platz, an dem unsere neuro-umbilikalen Signalleinen hängen, die ‚Realität' ist.**

Die Tatsache separierter und subjektiver Realitäten (Insel-Realitäten), die auf individuellen Prägungen basieren, ist für den prä-neurologischen Menschen viel zu beängstigend, als dass er es akzeptieren könnte. Erinnern wir uns nur an die Parabel der acht blinden Männer und dem Elefanten. Dieses Getrenntsein ist für das Entsetzen verantwortlich, das man in der Gegenwart von ‚verrückten' Leuten empfindet. In vielen Fällen ist sich die Person, die ‚verrückt' oder ‚halluzinierend' genannt wird, tatsächlich der neuralen Insulation bewusst, die die Leute separiert, und kann daher genau genommen als viel ‚gesünder' betrachtet werden als die irregeführten 'Normalen'. Ontologisches Entsetzen ist die naive Reaktion auf die Entdeckung, dass es andere Realitäten neben der eigenen Prägung und der gelernten neuralen Muster gibt.

Wir haben die Metapher von neuro-umbilikalen Signalleinen genutzt, um die Bindung des Nervensystems zu dem lokalen Milieu via Prägung zu beschreiben. Sicherheit bedeutet, dass die geprägten Signalleinen sicher befestigt sind, um die Insel-Realitäten zu stabilisieren.

Eine andere Metapher, die von Neurologen genutzt wird, um die Kreation und Limitation subjektiver Realitäten durch Prägungen zu beschreiben, ist die der ‚Blase'. Castanedas Don Juan gibt eine gute Beschreibung der Prägungsrealität ab, die er selbst ‚tonal' nennt.

‚Die Zauberer sagen, dass wir uns innerhalb einer Blase befinden. Es ist jene Blase, in die wir in dem Moment unserer Geburt gesetzt werden. Zuerst ist die Blase offen, doch dann beginnt sie sich zu verschließen, bis sie uns vollständig eingeschlossen hat. Diese Blase ist unsere Wahrnehmung. [24] *Wir leben unser ganzes Leben innerhalb dieser Blase. Und was wir wahrnehmen an ihrer runden Innenseite, ist unsere eigene Reflektion…Das reflektierte Ding ist unsere eigene Sicht der Welt. Diese Sicht ist als Erstes nur eine Beschreibung, die uns im Moment unserer Geburt gegeben wird*

[akkurater, dem Moment der Prägung], bis all unsere Aufmerksamkeit darauf gelenkt wird und die Beschreibung zur Sicht wird.' [also zur Realität]

Carlos Castaneda, Der Ring der Kraft

---

24. Don Juan benutzt konsistenterweise das Wort ‚Wahrnehmung', um Bewusstsein zu beschreiben. Die Formung der ‚Prägungs-Blase' kann während LSD-Sessions klar gesehen werden.

17. Prägungen können nur biochemisch verändert werden.

Stellen wir uns für einen Moment das Nervensystem an sich (also abgesehen vom übrigen Körper) als einen Bio-Computer mit 30 Milliarden Empfangs-Evaluierungs-Output-Zentren (Neuronen) vor, die miteinander verbunden und über hierarchische Zentren organisiert werden. Die verschiedenen Sinnesorgane empfangen Milliarden Signale in der Minute, die Output-Fasern feuern Millionen von Signalen pro Minute. Die Prägungen legen die basalen Verbindungen fest, die die neurale Aktivität leiten und in bestimmte Muster bringen.

Da gibt es beispielsweise die Notfallsysteme des ersten Schaltkreises, die, falls ‚Gefahren'-Hinweise empfangen und evaluiert werden, über Millionen von Überlebensaktionen verfügen. Frühe ‚Gefahren'-Prägungen und genetische Programme geben die Stichworte für dieses mächtige, basale System, das jedes Organ im Körper beeinflusst, sofern es mobilisiert wird. Angst! Hat der erste Schaltkreis erst mal einen Angst-Stimulus geprägt, dann ist der einzige Weg, diese chemisch-elektrischen Synapsenmuster zu verändern, sie entweder ganz auszuschließen oder durch andere zu ersetzen. Die Kompromisslosigkeit menschlicher ‚Phobien' und ‚Sicherheits-Abgrenzungen' beruht auf den Prägungen.

Der einzige Weg, neurale Muster neu zu legen, liegt darin, in die Neurotransmitter-Sequenz an der Synapse einzugreifen, somit die alte Prägung zu verändern und damit eine neue Prägung zu ermöglichen. Schock, Krankheit, Trauma, Drogen, Kindesgeburt, Stimuli-Deprivation und elektrische Schläge sind die einzigen Wege, die Chemie der Synapse zu verändern. Wenn das Geschehen im Körper so überwältigend intensiv wird, dass sich die synaptische Chemie verändert, dann werden die Signalleinen, die zu dem externen Milieu laufen, gekappt. Die Chance zur Neu-Prägung ist damit gelegt.

Wenn das Konzept der neuralen Prägung allgemein verstanden wird, so werden sich die Techniken für psychologische Behandlungen verändern. Der Arzt wird den Patienten die Prinzipien der Neu-Prägung lehren, und der Patient wird die neuen Realitäten selegieren, die SiEr sich wünscht zu erzeugen. Demokratisches Denken und Zusammenarbeit sind notwendig für die neurologische Behandlung. Der Arzt kann die Behandlung weder vorschreiben noch unter Kontrolle halten, denn das Resultat ist eine neue Realität des Patienten.

Auch die medizinische Praxis wird sich ändern. Infektionen oder Fehlfunktionen eines Organs des Körpers können chemische Veränderungen produzieren, die eine Umvernetzung der neuralen Verdrahtung erfordern. Wenn die somatische Infektion dann geheilt ist, kann die Notfall-,Krankheits'-Verdrahtung in Betrieb bleiben und damit die Wiederherstellung der normalen Funktionen verhindern. Umgekehrt mögen Infektionen oder Fehlfunktionen heilsame Veränderungen erfordern, die durch das normale ,Leitungsnetz' blockiert werden. Diese Sicht auf das Nervensystem als ein programmierbares bio-elektrisches Netzwerk könnte die Geheimnisse der Akupunktur erklären. Denn die Nadeln haben letztendlich nur einen kleinen Effekt auf das Muskelsystem, doch können sie, sofern mit kleinen elektrischen Ladungen versehen, jene synaptischen Programme anregen, die die Funktionen der Organe regulieren. In der nahen Zukunft mag die Neurologie an die Stelle der Psychologie treten, und die neuro-somatische Medizin wird eventuell das vage Konzept der psychosomatischen Medizin ersetzen.

18. Die Konditionierung assoziiert einen Stimulus mit einer geprägten Reaktion.

Der Begriff der Prägung hat in der Psychologie für einige Verwirrung gesorgt, weil er eine Form des ,Lernens' suggeriert, das unmittelbar und unumkehrbar ist – im Gegensatz zu ,konditioniertem Lernen', welches die Basis der meisten psychologischen Theorien ist. Entsprechend der klassischen Definition ist ,Lernen ein relativ permanenter Wechsel im Verhalten, das als Resultat der Praxis selbst auftritt.' Lernen basiert auf der Assoziation eines Stimulus oder Reaktion mit einer/einem anderen, auf der Basis von Belohnung oder Bestrafung. Psychologische Theorien des Lernens basieren auf Beobachtungen von extern beobachtbarem Verhalten und zollen der internen, unsichtbaren neurologischen Situation kaum Beachtung.

Die klassischen Studien über Konditionierungen wurden von dem russischen Physiologen Ivan Pawlow durchgeführt.

,Während der Untersuchung der relativ automatischen Reflexe, die mit der Verdauung verbunden sind, bemerkte Pawlow, dass der Speichelfluss im Maul des Hundes nicht nur durch das sich im Maul befindende Futter, sondern auch durch den Anblick des Futters beeinflusst wird. Er interpretierte den Speichelfluss, der als Reaktion auf das Futter im Maul auftritt, als eine ungelernte Reaktion, oder wie er es genannt hat, eine unkonditionierte Reaktion. Sicherlich dachte er, dass der Einfluss durch den Anblick des Futters gelernt werden müsse. Also war dies eine gelernte oder konditionierte Reaktion.'

(Hilgard und Atkinson, Einführung in die Psychologie, Harcourt Brace)

Spätere Untersuchungen demonstrierten, dass Tiere darauf konditioniert werden konnten, mit Speichelfluss auf aufblitzendes Licht, Klänge, visuelle Formen etc. zu reagieren. ,Die konditionierte Reaktion kann insofern als eine einfache Gewohnheit betrachtet werden, da 1) eine Assoziation zwischen Stimulus und Reaktion demonstriert werden kann und 2) diese Verknüpfung eine gelernte ist.

S.M.I^2.L.E.

Um diesen Lernprozess zu verstehen, ist es notwendig, den primären Einfluss der Prägung und den sekundären Einfluss der konditionierten Assoziation zu begreifen. Die Prägung bindet die natürliche, unkonditionierte Reaktion an einen externen Stimulus – den Auslösemechanismus. Der konditionierte Stimulus wird mit dem geprägten Stimulus assoziiert. Die Prägung ist die basale Verbindung zwischen dem externen Stimulus und den Nervenenden wie auch zwischen den Nervenenden und der Reaktion.

Die Konditionierung verbindet dann (verdrahtet neural) andere Stimuli, die mit dem geprägten Stimulus verknüpft sind. Die erlernten Stimuli können dann die Reaktion auslösen, die neurologisch an den ursprünglich geprägten Stimulus gebunden sind.

Wenn der erste Schaltkreis des Neugeborenen in positiver Weise durch die Mutter geprägt wurde, so können andere Stimuli, die mit der Mutter assoziiert werden, zu erlernten Signalen werden, die eine ‚positive Annäherung' auslösen. Der erste Schaltkreis des Neugeborenen ist negativ geprägt gegenüber Stimuli – Geschmäcker, Formen, Gerüche –, die schädlich oder gefährlich sind. Stimuli, die mit ‚Gefahr' assoziiert sind, lösen Rückzugsreaktionen (Furcht) aus.

Konditionierungs-Psychologen haben die Beziehung zwischen unkonditionierten Stimulus-Reaktionen und erlernten Reaktionen in Form der Gleichheit von Stimuli (Generalisierungen), der Verstärkung oder Belohnung der konditionierten Stimulusreaktion durch die unkonditionierte Reaktion, dem Verblassen oder Erlöschen der erlernten Assoziation beim Fehlen der unkonditionierten Belohnung sowie der Unterscheidung von Abweichungen zwischen den Stimuli etc. untersucht.

Die klassische (pawlowsche) Konditionierung konzentriert sich auf die Präsentation konditionierter Stimuli, die mit dem ursprünglichen unkonditionierten Stimulus auf die Reaktion (z. B. Speichelfluss) assoziiert werden.

19. Das operante Konditionieren verknüpft Verhalten mit einer Belohnungs-/Bestrafungsprägung.

Operantes Konditionieren bezieht sich auf Verhaltensweisen, welche zu den genetisch vorprogrammierten Verhaltenweisen kaum Ähnlichkeiten aufweisen, die normalerweise durch den verstärkten Stimulus elizitiert werden (d. h. Speichelfluss ist die normale Reaktion des Hundes auf ein Futterangebot, ‚Herumrollen' indes nicht). B. F. Skinner, der Gründer der Schule operanten Konditionierens, unterscheidet diesbezüglich zwischen reagierendem und operantem Verhalten.

‚Reagierendes Verhalten steht direkt unter der Kontrolle des Stimulus, so wie die unkonditionierten Reflexe der klassischen Konditionierung: der Speichelfluss im Mund, das Zusammenziehen der Pupille bei einem direkten Lichtstrahl ins Auge, das Kniezucken bei einem Schlag auf die Patellarsehne. Die Beziehung von operantem Verhalten und Stimulation ist dagegen etwas unterschiedlich. Das Verhalten scheint zu emittieren [Anm. d. Übers.]. Das heißt, es scheint vielmehr spontan zu sein als eine Reaktion auf einen Stimulus…Wenn operantes Verhalten mit einem Stimulus in Verbindung steht (wie wenn ich auf das läutende Telefon reagiere), so ist das läutende Telefon ein diskriminierender Stimulus, der mir sagt, dass ich auf das Läuten reagieren kann, der mich aber nicht zu einer Reaktion zwingt. Selbst wenn das läutende Telefon zwingend ist, so ist die Reaktion darauf operantes und nicht reagierendes Verhalten.'

‚Das Wort ‚operant' entstammt der Tatsache, dass operantes Verhalten in dem Milieu ‚operiert', um gewisse Resultate zu produzieren. Also ‚zum Telefon zu gehen und den Hörer abzuheben' sind operante Handlungen, die zu einem Telefongespräch führen.'

‚Um operantes Konditionieren in einem Labor zu produzieren, wird eine hungrige Ratte in eine Box gesetzt… Das Innere der Box ist leer, außer der hervorspringenden Stange mit der Futterschüssel darunter.'

‚…Der Versuchsleiter schließt nun den Futterbehälter an, so dass jedes Mal, wenn die Ratte die Stange drückt, eine kleine Portion Futter in die Schüssel fällt. Die Ratte frisst und drückt die Stange bald wieder. Das Futter verstärkt das Drücken…'

,Mit dieser Illustration vor uns sind wir fähig, die Bedeutung konditionierten operanten Verhaltens zu betrachten. Wie oben gezeigt, ,operiert' das Verhalten in dem Milieu. Das Drücken der Stange produziert oder verschafft der Ratte Zugang zu der Nahrung. In der klassischen Konditionierung ist das Tier passiv. Es wartet lediglich, bis der konditionierte Stimulus kommt, dem dann ein unkonditionierter Stimulus folgt. Während des operanten Konditionierens muss das Tier aktiv sein. Sein Verhalten kann nicht verstärkt werden, bis es anfängt etwas zu tun.'

,Ein großer Teil des menschlichen Verhaltens kann als operant klassifiziert werden – einen Schlüssel in das Schloss stecken, ein Auto fahren, einen Brief schreiben, eine Konversation weiterführen. Solche Aktivitäten werden nicht durch einen unkonditionierten Stimulus pawlowschen Typs elizitiert. Doch sobald das Verhalten auftritt, kann es auch verstärkt werden, und zwar entsprechend der Prinzipien operanten Konditionierens.'

,...[operantes] Verhalten wird manchmal auch instrumentelles Verhalten genannt, da es wie ein Werkzeug oder ein anderes Instrument Resultate produziert. Daher ist das operante Konditionieren auch als instrumentelles Konditionieren bekannt.'

(Hilgard und Atkinson, Einführung in die Psychologie, Harcourt Brace)

Wir haben diese Definitionen und Prinzipien betrachtet, weil operantes Konditionieren und Verhaltensmodifikationen populäre und politisch potente Aspekte der gegenwärtigen kulturellen Bewegung der Verhaltensregulierung werden. Eine zunehmende Anzahl von Psychologen verwendet Konditionierungstechniken, um das Verhalten von Leuten zu ,formen', die als gestört oder unsozial gelten. Dazu kommen Legionen von Psychologen, die versuchen, das Verhalten von anderen durch Werbung, Erziehung und die Propaganda der Massenmedien zu manipulieren.

Die Neurologik kann den Leuten möglicherweise helfen zu verstehen, was konditionierende Psychologen versuchen zu tun und warum sie zum Misserfolg verdammt sind.

Konditionierungs-Psychologen sind letztendlich Behavioristen. Sie befassen sich mit beobachtbaren, messbaren Bewegungen innerhalb der Raum-Zeit. Der Behaviorismus entwickelte sich in den zwanziger Jahren als eine Reaktion auf ‚introspektive' und ‚Begabungs'-Psychologie, die die menschliche Natur in Form von jenen unsichtbaren emotionalen und mentalen Zuständen erklärten, die dem bewussten ‚Geist' zugerechnet wurden. Der Behaviorismus entschied sich unglücklicherweise, selbst nach den Prinzipien der newtonschen mechanistisch-sichtbaren Physik zu modellieren, und zwar gerade zu dem Zeitpunkt, als die einsteinschen Konzepte und unsichtbaren Zustände in den Vordergrund traten. Im letzten halben Jahrhundert haben wir eine zunehmende ‚Verinnerlichung' von Physik und Genetik beobachten können. **Die signifikante (und signifikanterweise übersehene) Tatsache über die neuen Mikro-Wissenschaften ist der Umstand, dass Funktionen, Bedeutungen und gesetzmäßige Ordnungen in internen Strukturen lokalisiert wurden, die für das nackte Auge unsichtbar sind, die aber, in vielen Fällen, ganz ähnlich jener spirituellen Fähigkeiten sind, die durch Psychoanalytiker, Theologen und Philosophen den metaphysischen Eigenschaften der menschlichen ‚Seele' oder ‚Psyche' zugerechnet werden.** Alte Hindutheorien über die homogene Einheit des Bewusstseins finden zum Beispiel empirische Bestätigung in Beschreibungen des Nervensystems als ein ineinander verbundenes Netz von dreißig Milliarden Zellen. Alte vedische Konzepte über die Einheit des Lebens werden durch die Entdeckung bestätigt, dass es nur geringfügige Unterschiede in der Aminosäurenkonfiguration sind, die das gesamte genetische Material aller lebenden Wesenheiten, Pflanzen und Primaten ausmacht. Die Theorien der Physiker Jack Sarfatti und John Archibald Wheeler ordnen dem Bewusstsein wieder einen Platz im Zentrum der nuklearen und quantenmechanischen Ebene zu.

Wenn wir die Arbeit eines Konditionierungspsychologen aus der Perspektive eines sieben Schaltkreise (plus eins) umfassenden Nervensystems betrachten, können wir ganz präzise sehen, wo und weshalb der Behaviorismus begrenzt ist. Operantes Konditionieren bezieht sich auf Verhalten, das durch das soziale Gehirn generiert wird. Sozial gelernte instrumentelle Handlungen. **Skinnerismus ist die gekrönte Philosophie einer dritten Schaltkreis-Gesellschaft, jener mechanisch geprägten Zivilisation, die in dem Neolithikum begann und ihren Höhepunkt in Henry Fords Fließbandfabriken erfuhr. Der Skinnerismus ist das finale philosophische Statement der puritanischen protestantisch-ethischen Manipulatoren, die**

die Welt für über 400 Jahre bis hin zu Hiroshima dominierten. In diesem Zusammenhang wollen wir die ominösen Implikationen der Standard-Definitionen nochmals überdenken:

‚Das Wort ‚operant' entstammt der Tatsache, dass operantes Verhalten in dem Milieu ‚operiert', um gewisse Resultate zu produzieren… Um operantes Konditionieren zu produzieren…, wird eine hungrige Ratte in eine Box gesetzt… Ein großer Teil des menschlichen Verhaltens kann als operant klassifiziert werden – einen Schlüssel in das Schloss stecken, ein Auto fahren…'

Dies ist das dritte Gehirn bei der Arbeit.

Während des 2. Weltkrieges war Professor Skinner mit einem Projekt des Kriegsministeriums beschäftigt, bei welchem man Tauben so zu trainieren versuchte, dass sie auf eine Weise auf das Armaturenbrett pickten, dass dadurch ein unbemannter Bomber auf ‚Feindes'-Ziele gelenkt werden sollte.

Es gibt einen weiteren Aspekt des Modells operanten Konditionierens, der einen Kommentar erfordert.

20. Konditionierungen können eine Prägung nicht verändern.

Skinnerianer versuchen, das symbolische, manipulative Verhalten des dritten Schaltkreises zu ‚formen'. Dies kann ein vergebliches oder gar gefährlich zwingendes Geschäft sein. Operantes Konditionieren ‚funktioniert' mit Hilfe unmittelbarer und kontinuierlicher Verstärkung. Wie der Psy-Phy-Jesuit vielleicht sagen würde: Lasst mich das Kleinkind prägen, und ihr könnt vergeblich versuchen, das Kind zu konditionieren. Lasst mich das Kind prägen, und ihr könnt vergeblich versuchen, den Adoleszenten zu konditionieren. Lasst mich den Adoleszenten prägen, und ihr könnt vergeblich versuchen, den Erwachsenen zu konditionieren.

Die Prägung erfordert keine wiederholte Belohnung oder Bestrafung. Die neurale Fixierung ist permanent. Nur ein bio-chemischer Schock kann die neuro-umbilikalen Vernetzungen auflockern. Die konditionierte Assoziation lässt im Gegensatz dazu nach und verschwindet ohne die ständige Wiederholung.

Neurale Prägungen sind im Vergleich zu genetischen Schablonen derivative Strukturen, die die Form des neuralen Roboters determinieren.

Neurale Prägungen sind zufällige, lokale Ziele für die von der DNS niedergelegten bio-elektrischen Kraftfelder, die die RNS organisieren, um den Körper und das Nervensystem aufzubauen.

Die Menschheit hat sich bis zu dem Punkt entwickelt, wo das Wissen darum, wie man das Nervensystem kontrolliert, verfügbar ist. Die Neurologik hat rudimentäre Methoden entwickelt, um alte Prägungen aufzuheben und neue neurale Prägungen zu erzeugen. Obwohl dieses Wissen mit viel Mühe unterdrückt wird, wird doch das Konzept, dass die ‚Realität' durch das individuelle Nervensystem erzeugt wird, von Millionen von Leuten, die nach 1945 geboren wurden, intuitiv verstanden.

Doch das genetische Engineering ist indes weitaus wichtiger als das neurale Engineering. Die Forschungen von Paul, Stein und Kleinsmith über Proteine auf Nicht-Histonbasis, die die DNS anregen, stellen den Schlüssel für genetische Kontrolle zur Verfügung. Und die Arbeit von Bruce Niklas und Duke erinnert uns an die

Kompromisslosigkeit der Chromosomenmuster, die die Körperstruktur bestimmen[25].

Es gibt zwei Gruppen von Technokraten, die lauthals nach einer Verhaltensveränderung ihrer Mitbürger schreien: die strafenden Nötiger des rechten Flügels und die liberalen Belohner. Die Versuche beider Gruppen von Bürokraten sind vergeblich, weil sie versuchen, zu re-konditionieren anstatt neu zu prägen. Bestrafende Nötigung funktioniert nur, solange die Bedrohung anhält, und erfordert daher letztendlich einen Polizeistaat.

Die liberalen Sozialpsychologen glauben, dass sie Verhalten durch demokratische, unterstützende und egalitäre Methoden verändern können. Unterstützungs-Programme. Friedenskorps. Verhaltensveränderung. Busbeförderung von Kindern in andere Bezirke, um Rassentrennung zu verhindern. Belehren. Studiengebühren. Therapien. Methoden für die geistige Gesundheit.

Diese liberalen Versuche fehlen darin, tatsächlich eine Veränderung zu erwirken, und dienen lediglich dazu, die ‚humanistische' Wohlfahrtsbürokratie zu unterstützen.

Die Experimental-Psychologen, von denen B. F. Skinner der Sprecher ist, sind etwas intelligenter. Sie glauben, dass sie Verhaltensveränderungen durch unwillkürlich operantes Konditionieren erzwingen können. Dies erfordert indessen die totale und kontinuierliche Kontrolle über die Verstärkungsmechanismen – durch Belohnungen und Bestrafungen. Das Problem liegt darin, dass psychologische Methoden nur dann funktionieren, wenn die Konditionierer kontinuierlich da sind, um die Verstärkung durchzuführen. Die Liberalen müssen insofern kontinuierlich Wohlfahrtszahlungen und Stipendien, Unterstützungen und interpersonale ‚Streicheleinheiten' verteilen.

Die skinnerschen Manipulatoren müssen dauernd die Reaktionen des Milieus kontrollieren.

---

25. Niklas berichtet, dass sofern man Chromosomenfäden experimentell umordnet (indem man sie mit einer Mikronadel anstößt), die Moleküle in die ursprüngliche Reihenfolge zurückkehren – in derselben Weise, wie Eisenspäne als Reaktion auf Magnetismus in eine bestimmte Position ‚hineinschwimmen'. Dies legt nahe, dass es eine Art von Energiefeld-Muster gibt, das den DNS-Code kohärent und logisch hält. Ein mikroskopisch-genetisches Gehirn integriert und kontrolliert das evolutionäre Signal.

Sobald die ‚Staatsbürger' sich selbst überlassen werden, treiben sie unmittelbar zurück zu dem Attraktor ihrer Prägung (und der Struktur der genetischen Schablone).

Dies erzeugt kein Problem bei den domestizierten Mittelklasse-Leuten, denen jene Sanftmut und Furcht eingeprägt wurde, die die internalen Kontrollen des zweiten Schaltkreises, die sich wiederholende Symbolmanipulation des dritten Schaltkreises und die ‚Scham' des vierten Schaltkreises zur Verfügung stellt. Die Schulen der Gesellschaft achten sorgsam darauf, die Kinder auf Dummheit zu prägen, dass es eine einfache und mechanische Angelegenheit wird, die fragende Intelligenz zu unterdrücken. **Symbol-Dummheit ist jeder larvalen Gesellschaft derart inhärent, dass es für ein Kind fast keine Chance gibt, auf einen offenen, schnellen, mobilen, tatsächlich wahrhaftigen elektrisch verschalteten Geist zu stoßen.** Die Ineffizienz psychologischer Konditionierung und die unverrückbare Gültigkeit der Prägungen kann am besten beim vierten Schaltkreis beobachtet werden. Es ist nahezu unmöglich, eine sexuelle Prägung zu rekonditionieren und z. B. einen Homosexuellen mit sozio-symbolischen Belohnungen oder physischen Bestrafungen, Elektroschocks oder Aversionsdrogen zu ‚heilen'. Lasst uns einmal die psychologischen Konditionierer fragen, wie viel Erfolg sie dabei hatten, sexuelle Fetische zu beseitigen, also speziell geprägte Lüste. Wenn die sexuelle Maschinerie des vierten Schaltkreises auf einen bestimmten externen Lust-Stimulus eingestellt ist, kann selbst die Menopause nichts daran ändern, was die Biochemie in die synaptische Verbindung eingeätzt, eingraviert und eingeprägt hat.

S.M.I².L.E.

21. Eine Gesellschaft, die auf konditioniertem Verhalten basiert, muss auf kontinuierlicher Kontrolle und Geheimhaltung aufbauen.

Die larvalen Gesellschaften, die heute den Planeten beherrschen, können sich nur erhalten, indem sie vermehrt zwingende und manipulative Konditionierungsmethoden anwenden, um Verhalten formen, regulieren und kontrollieren zu können.

B. F. Skinner, der Harvard-Behaviorist, hat in seinem Buch Beyond Freedom and Dignity die Lage der politischen Konditionierer klar dargestellt. Sie kann ganz einfach paraphrasiert werden: ‚Da die Menschen, denen es erlaubt ist, sich auf freie Art und Weise zu verhalten, keine Verantwortung für ihr Handeln übernehmen werden, müssen sie psychologisch gezwungen und konditioniert werden, damit sie pflichtbewusst, tugendhaft, verlässlich, pünktlich, effizient, glücklich und gesetzestreu sind. Menschen müssen kontinuierlich mittels Belohnungen und Strafen manipuliert werden, um das Richtige zu tun.'

Es gibt indes zwei Aspekte dieses sozialen Konditionierungs-Regimes, die von Skinner nicht betont wurden. Um sie umzusetzen, müssen die Regierungs-Psychologen totale Kontrolle über die Bürgerschaft ausüben können, und es muss eine totale Geheimhaltung und Zensur herrschen.

Um 1961 kam ein enthusiastischer Skinnerianer zum Center of Personality Research der Universität Harvard, der über die Anwendungen operanten Konditionierens bei Patienten in einer Nervenklinik berichtete. Eine der Verhaltensweisen, die dort gehemmt werden sollten, war halluzinatives Geschwafel. Nun gab es viele unter uns, die der Ansicht waren, dass Halluzinationen eine funktionelle Rolle für die Psyche haben und die das automatische Auslöschen der Halluzinationen als eine gewalttätige Restriktion auffassten, da sie ja offensichtlich eine Bedeutung für die Realität des Patienten hat, und das selbst in dem Fall, dass diese Bedeutung in der Realität des Psychologen nicht verstanden oder als nutzlos aufgefasst wird. Die Technik unmittelbarer Verstärkung nutzend, würden die Skinnerianer beispielsweise unverzüglich eine Zigarette drehen, wenn der Patient eine nicht-halluzinatorische Bemerkung macht, und würden die Zigarette immer dann wieder wegnehmen, wenn der

Patient halluziniert. Wie auch immer, der Forscher verkündete fröhlich, dass die Raten halluzinatorischer Bemerkungen auf einen signifikanten Level abgefallen seien. Und noch eindrucksvollere Verhaltensveränderungen träten im Zusammenhang mit Nahrungsdeprivation auf. Schließlich beschwerte sich der Skinnerianer, dass die Krankenhausregeln leider verhindert hätten, dass dieses Experiment bis zu dem durchaus nützlichen Punkt des Aushungerns fortgeführt werden konnte. „Hätten wir die totale Kontrolle über die Nahrungsvergabe, dann könnten wir ernsthaft Verhalten formen", sagte der operierende Konditionierer, der möglicherweise den milden Kommentar des Belegschaftsmitglied nicht gehört hatte, dass diese Technik von den meisten Diktatoren der Weltgeschichte genutzt worden war.

Um das menschliche Verhalten zu konditionieren, ist es notwendig, die Stimuli in der Kindheit zu kontrollieren und diese Kontrolle während des ganzen Lebens aufrechtzuerhalten. In dieser psychologischen Utopie wäre die Konditionierung von kontinuierlichen psychologischen Tests begleitet, so dass besondere Neigungen und potenzielle Unruheherde frühzeitig identifiziert und spezielle Konditionierungsprogramme aufgestellt werden könnten, die darauf zugeschnitten sind, individuelle Exzentrizitäten zu eliminieren.

Politische Konditionierungen erfordern nicht nur Kontrolle mittels Belohnung und Bestrafung, sondern auch Geheimhaltung.

Ein regimekritischer, freiheitsorientierter Psychologe kann einen psychologischen Faschismus durch öffentliche Bloßstellung vollkommen sprengen. Wenn die Eltern und auch die Kinder vor den Methoden der Konditionierung gewarnt werden, so können sie bewusst entscheiden, ob sie kooperieren oder sich widersetzen, sei es passiv oder aktiv. Psychologische Tests sind zum größten Teil ineffektiv, sofern die Person über den Zweck und den Aufbau der Tests aufgeklärt wurde. Auch dem Nutzen von Drogen bei einer Gehirnwäsche kann eine Person, die die spezifischen Effekte von neurochemischen Stoffen kennt, erfolgreich entgegenwirken.

Psychologische Konditionierungstechniken können in einer Demokratie nicht angewandt werden, wo Minderheitsgruppen dagegen zu Felde ziehen, öffentlich die gebräuchlichen Techniken diskutieren und die Antworten der Eignungstest publizieren können und wo schlussendlich die Bürger das Recht haben, sich den Konditionierern zu entziehen.

Daher können die Vorschläge von B. F. Skinner nicht implementiert werden, außer in einem Staat, wo die Regierung über die totale Kontrolle der Kommunikation verfügt.

Werden diese Kontrollen nicht kontinuierlich verstärkt und kontinuierlich in Erinnerung gerufen (z. B. die omnipräsenten Slogans des Polizeistaates, die omnipräsenten Reklamen des Konsumstaates), so vergessen die Leute einfach ihr trainiertes Verhalten und driften zurück zu ihren Prägungen und zu ihren genetisch-roboterhaften Lebensstilen.

Betrachten wir einen Hund, der eine Rolle vollführt, um einen Knochen zu bekommen. Wird sich der Hund auch in der Abwesenheit seines Meisters rollen? Genau dies war der Alptraum des alternden Mao.

Menschliches Verhalten wird determiniert durch:

genetisch-neurale Schablonen (Zodiak-Typ)

und

Prägungen.

Wenn das Kind zur Schule kommt, ist es längst zu spät, ihr/ihm etwas beizubringen. Sofern ihr/ihm durch sein/ihr Elternhaus oder von Gruppen Gleichrangiger ein geschickter symbolischer Geist geprägt wurde, wird SiEr auch unabhängig von den Lehrern lernen[26].

Eine sehr dünne Politur operant-konditionierter Verhaltensweisen bildet die dünne Fassade der domestizierten Zivilisation.

Die larvale Menschheit befindet sich nun im Angesicht des genetischen Scheidewegs. Einige werden sich entscheiden, die soziale

---

26. Das Wort ‚Geist' (‚Mind' im Original, Anm. d. Ü.) bezieht sich hier auf die basale Orientierung der Muskeln des Larynx und der rechten Hand, die den Stil der Symbolmanipulation determinieren – auf das die soziale Konditionierung ihre Belohnungen und Bestrafungen aufpfropft.

Konditionierung zu verfestigen, indem sie das Milieu des Kindes manipulieren und derart die Prägung selbst domestizieren. Maoismus.

Andere werden sich entscheiden, auf eine höhere Ebene zu mutieren, wo jeder Person beigebracht wird, seine/ihre eigenen Prägungen und Konditionierungen zu handhaben und zu kontrollieren. Wir können erwarten, dass viele unterschiedliche Gruppen längs dieser beiden Richtungen auftreten werden.

Wir haben soeben die genetischen, neuralen und sozialen Limitierungen der Konditionierungen erörtert. Wir sollten nun die befreienden und begrenzenden Implikationen serieller Neu-Prägung untersuchen.

22. Prägungen werden durch das lokale Milieu limitiert.

Lehren, Konditionieren und andere erzieherische oder zwingende Methoden der Verhaltenskontrolle schreiben ihre Botschaft wie in den Sand. Nach der täglichen Flut von Assoziationen, Belohnungen und Bestrafungen müssen die Verknüpfungen verstärkt werden. Die zwingende Natur erlernten Verhaltens wird von den Menschen nicht klar genug erkannt, weil es freiwillig erscheint; tatsächlich wird der konditionierte Roboter in obsessiver Weise stets an seinen Platz in der Sandkiste zurückgeworfen. Die larvale Zivilisation gleicht einer beckettschen Landschaft. Jeden Morgen eilen Millionen von Menschen zu ihren Sandhaufen und rekonstruieren sie.

Die Qualen des Sisyphus waren im Vergleich zur Monotonie der sozialen Konditionierung ein aufregend-heroisches Abenteuer. **Der Roboter, operant auf Symbole konditioniert, ist wie ein Belohnungssüchtiger. Wenn wir das symbolbelohnende Milieu von ihm ausgrenzen, wenn wir nicht mehr den konditionierten Stimulus produzieren, dann wird der humanoide Roboter verrückt, einfach deshalb, weil SiEr nichts zu tun hat.** In ganz akkurater Weise können wir von Stimuli-Junkies sprechen. Gibt es keine Sandkiste und keinen Sand, mit dem man arbeiten kann, bricht eine Panik aus. Soziale Deprivation erzeugt einen verzweifelten Belohnungs-Hunger. Die soziale Realität konditionierter Reaktionen erfordert kontinuierliches Belohnen. Die Gefangenen bauen stets von neuem ihre eingeschränkten Realitätswälle auf, die zerbröckeln, sofern sie nicht andauernd verstärkt werden.

Operante Konditionierungen sind roboterhaft und können nur in einer kontrollierten und durchgeplant zwingenden Gesellschaft auftreten.

Sofern man – um diese grobkörnige Metapher weiter zu verwenden – Konditionierungen mit dem Bauen auf Sand vergleicht, so entspricht das Prägen dem Stanzen von Metallmustern. Der Versuch, eine Prägung mittels Belohnungen und Bestrafungen zu rekonditionieren, ist so, als ob man einige Sandkörner auf geschmiedete Stahlmuster rieseln lässt. Im Verlauf der Jahrzehnte mag der Sand das Muster abschleifen. Senilität kann die Prägungen abnützen. Der alternde Politiker wird faul und der alternde Homosexuelle zu müde, um herumzuschweifen etc.

Um die Gestalt von Metallformen zu verändern, muss man genügend Energie aufwenden, um die Muster der Moleküle neu arrangieren zu können. Man muss das elektromagnetische Feld verändern. Auf dieselbe Weise verhält es sich mit neuralen Prägungen. Wie Hitze in der Metallurgie verwendet wird, so ist es notwendig, massive biochemische Energien aufzuwenden, um die molekularen synaptischen Bindungen aufzulockern. Internale Stimuli – Drogen, Traumata, Krankheit, Deprivation, Schock – können die externen neuralen Signalleinen zurückziehen.

Genau so, wie erhitztes Metall in neuer Gestalt erhärtet, so härtet das neu geprägte Nervensystem neue Schaltkreise und ‚friert' neue Membranformen aus. Wir sprechen hier von einer Art psychedelischer Metallurgie, der seriellen Neu-Prägung, dem neurologischen Handwerk, die sieben Bewusstseine neu zu gestalten und die bioelektrische Verdrahtung neu zu verschalten.

Mit dem gegenwärtigen Repertoire von Neurotransmitterdrogen der sechsten Schaltung ist das Neuprägen offenbar nur einmal in der Woche möglich. Man kann sich nicht jeden Tag neu prägen. Es braucht fünf bis sieben Tage, um eine neue Bewusstseinsform auszuhärten. Die LSD-Forschung hat gezeigt, dass der Aufbau der Struktur eine Rückbildungsperiode von einer Woche beansprucht.

Wenn eine Person eine vollständige LSD-Neuprägungs-Erfahrung einmal pro Woche 40 Jahre lang erleben würde, wären zweitausend Neuprägungen möglich. Das heißt, zweitausend aufeinanderfolgende Inkarnationen könnten erfahren werden. Es wird offensichtlich: Selbst wenn man all die Mythen durchspielen würde, wenn man alle verfügbaren Rollen geprägt und die Neuprägungen auf jedes einzelne Sinnesorgan und deren Kombinationen fokussiert hätte, wäre man ziemlich stark beansprucht, all diese vielen Reinkarnationen auch tatsächlich zu erfahren und auszuleben.

Die düstere Tatsache über gelegentliche LSD-Sitzungen ist die, dass schlecht vorbereitete Personen dazu tendieren, alte konditionierte Strukturen neu zu prägen und damit die gewohnten Muster der alten Insel-Realität mit neuer Energie aufzuladen.

Es ist ein fundamentales Prinzip der Exo-Psychologie, dass sich Konditionierungen um die positiven und negativen Pole der Prägungen zentrieren. Die Prägungsfixierung geschieht unmittelbar. Das Konditionieren nach der Prägung benötigt auf jeden Fall Zeit und Wiederholung. So bauen sich im Verlauf der Jahre rund um die erste Sexualprägung Milliarden von konditionierten Assoziationen auf. Dieser Prozess formt die Struktur der Persönlichkeit.

Während einer Neuprägungs-Sitzung ist es möglich, dass die neue Prägung die alten konditionierten Strukturen mit einschließt. Man prägt sich zum Beispiel neu auf seinen Ehepartner. Dort, wo neue Modelle geprägt werden, ist es notwendig, neue Zyklen konditionierter Reflexe um die neue Prägung herum aufzubauen. Dies erfordert Zeit. Einige frühe LSD-Forscher zogen daraus die Konklusion, dass zwischen den einzelnen LSD-Sitzungen eine sechsmonatige Periode des Wartens stattfinden sollte, um sich, in psychologischen Begriffen, ,durch die neuen Erkenntnisse durchzuarbeiten'. Die exo-psychologische Phrase dafür lautet, ,der neuen Konditionierung zu erlauben, sich in dem Bereich der neuen Prägungen auszubreiten'. Doch das neue, geprägte Modell muss während der Neukonditionierung anwesend sein.

Die Neurologik erfordert daher, dass man die Neuprägungs-Sitzungen sorgfältig durchplant, so dass jene Aspekte der vorangegangenen Realitäten, die auch in der Zukunft existieren sollen, tatsächlich auch für die Prägung bereitstehen, und dass die neuen Modelle, die während der ,sensitiven' Periode geprägt werden, vorhanden bleiben, damit um sie herum neu konditionierte Assoziationen aufgebaut werden können.

Gewöhnlich aber prägt die Person alte, konditionierte Stimuli neu.

Man hört von Leuten, die LSD wiederholt verwendet haben, oft die Beschwerde, dass nach einiger Zeit die ,Trips' dieselben blieben. Solche Bemerkungen offenbaren einen Mangel des Wissen über den Neuprägungs-Prozess. **Wenn die Umgestaltung des Bewusstseins immer und immer wieder in derselben Weise mit demselben Set von Charakteren (gewöhnlich jenen larvalen Egos) geschieht, dann wiederholt sich auch dieselbe neurale Form.** Das ist ungefähr so, als hätte man das präziseste und teuerste fotografische Equipment und fotografierte damit immer wieder auf dieselbe Weise dasselbe Objekt, ohne auch nur irgendwas zu verändern.

Einen durchdachteren Gebrauch der umgestaltenden, reinkarnativen Möglichkeiten des Nervensystems haben zwei Neurologiker gezeigt – ein frisch vermähltes Paar, das zu einer psychedelischen Weltreise aufbrach. Der erste Schritt lag darin, dass sie gewissermaßen ‚Rund um die Welt'-Flugtickets kauften, die innerhalb eines Jahres verwendet werden mussten. Das Paar begriff sich insofern selbst als Satellit des Planeten, der die Umrundung in zwölf Monaten vervollständigen musste.

Die gesamte Prozedur bestand darin, jeweils in ein Land zu fliegen und sich dort nach dem ‚spirituellen' Zentrum der Nation zu erkundigen. In Japan wurde ihnen gesagt, sie sollten nach Kyoto gehen. In Indien nach Binares, in Griechenland nach Eleusis und so weiter. In Kyoto dann fragten sie, wo das spirituelle Zentrum, gewissermaßen die ‚Seele' von Kyoto gefunden werden könne. Ihnen wurden viele Vorschläge gemacht und sie besuchten jedes Zentrum, um die neuro-genetischen Vibrationen aufzunehmen. Sie verbrachten eine Woche damit, sich über die Geschichte, die Politik, Kultur, Kunst und Mythen von Japan und Kyoto zu informieren. Dann gingen sie zu dem ‚heiligsten' Ort und nahmen eine neuro-aktive Chemikalie des sechsten Schaltkreises zu sich, die alte Prägungen aufhob und das Nervensystem für neue Prägungen öffnete…, welche in diesem Fall von der Architektur und den Insignien des kaiserlichen Palastes strukturiert wurden. Für sechs Stunden absorbierten sie die Signale und wurden neurologisch japanisiert.

Dies ist der einzige Weg, die ‚Welt zu sehen'[27] – die Wurzeln der Prägung zurückzuziehen und das ungebundene Nervensystem an einen neuen Schauplatz zu bringen, zu dem sich die neuralen Leitungen ausgedehnt haben (siehe die Diagramme 13-24).

Ohne diese Flexibilität – auch Verletzbarkeit – können wir nichts außerhalb der Membran erfahren, die zum Zeitpunkt der letzten Prägung geformt wurde…, was für die Larvalen die Zeit der Adoleszenz ist oder – bei Frauen – ihre letzte Geburt. Die meisten Weltreisenden bewegen ihre Roboterkörper stumpf von Land zu Land und erfahren lediglich alternative Symbol-Versionen ihrer eigenen Heimat.

---

27. Wir gebrauchen das Wort ‚sehen' in dem Sinne Don Juans, im Gegensatz zu ‚schauen'.

S.M.I².L.E.

Solcherart oben beschriebenes, neurales Reisen stellt kein Ende an sich dar, sondern ein rudimentäres Training für Neurologiker, die erlernen, wie man die einsteinschen Möglichkeiten des Gehirns nutzen kann.

Das Ziel des Neurologikers liegt nicht nur darin, das Bewusstsein, sondern auch die Intelligenz zu vergrößern: *contelligence*. Zu lernen, Realitäten mit Hilfe serieller Neuprägung zu verschieben und zu verändern. **Sofern das Nervensystem mit einsteinscher relativistischer Geschwindigkeit genutzt werden kann, werden die passiven Limitationen des Nervensystems selbst offenbar. Es gibt nämlich basale genetische Dimensionen der Realitäts-Konstruktion,** die nicht durch Neu-Prägung verändert werden können. So, wie operantes Konditionieren im Vergleich zu neuraler Prägung zwecklos ist, so ist das Prägen lediglich oberflächlicher Natur, wenn es mit der basalen genetischen Schablone verglichen wird.

Wir erinnern uns: Prägungen binden das körperlich-neurale Equipment an einen fundamentalen äußerlichen Punkt. Das Milieu (einschließlich des Körpers) prägt das Nervensystem, wie der Film durch die Kamera geprägt wird. Doch wie auch immer, die Kamera wurde von der DNS entworfen und konstruiert. Der Prozess des Filmens ist durch die Struktur der Kamera begrenzt und orientiert.

Die beste Illustration über die Beziehung zwischen Konditionierungen, Prägungen und genetischen Schablonen findet sich in der sexuellen Reaktion.

Zur Zeit der Empfängnis prägt die DNS das Geschlecht und das Modell (den Zodiak-Typus) des Nervensystems aus.

Das Nervensystem prägt dann zur Zeit der Pubertät den Auslöse-Stimulus der sexuellen Maschinerie. Die soziale Konditionierung unterstützt oder handhabt (oftmals grausam) ineffizient das Ergebnis dieses Dreiphasenprogramms, indem sie für die Tugend soziale ,Belohnungen' und für die ,Sünde' Bestrafungen einsetzt.

Die Konflikte, internal oder sozial, die die larvale Menschheit plagen, sind oft auf die fehlende Übereinstimmung zwischen den sozial-neural-genetischen Strukturen zurückzuführen.

Es ist eine einfache Angelegenheit, konditioniertes Verhalten ändern zu können. Bewege dich einfach in einer unterschiedlichen Belohnungs-Bestrafungs-Szenerie.

Es erfordert indes neurologisches Know-how, um Prägungen verändern zu können.

Die genetische Schablone, die mächtigste Determinante des menschlichen Verhaltens, kann – zu diesem Zeitpunkt – nicht verändert werden. Man kann sie verstehen und sich daran anpassen. Wenn die post-larvale Menschheit sich zur Stufe 20 (genetisches Engineering) evolviert hat, dann wird es indes auch möglich sein, genetische Prädispositionen zu verändern.

23. Der intelligenteste Gebrauch des Nervensystems liegt in der Prägung des genetischen Codes.

Die Struktur des Körpers und des Nervensystems ist durch den genetischen Code vorherbestimmt.

Dieser Code ist ein Aminosäuren-Zeitskript, das die Milliarden Jahre überdauernde Sequenz der biologischen Evolution enthält. In der Vergangenheit und der Zukunft.

Die erste Aufgabe des Lebens auf diesem Planeten bestand darin, die Atmosphäre umzuwandeln. Pflanzliches Leben produziert die Sauerstoffatmosphäre, die notwendig für die späteren Phasen des mobilen Tierlebens ist. Dieser Prozess wird Terraforming genannt.

Als der Sauerstoff produziert war, ermöglichte der Code Kiemen, Lungen und andere Sauerstoff-transportierende Systeme im Körper, um die nächste Phase der Evolution einzuleiten.

Die Evolution der Menschen für die kommenden Millionen Jahre könnte jetzt schon in dem genetischen Code vorprogrammiert und lediglich durch chemisch markierte, als Histone verkleidete Barrieren in seinem Ausdruck blockiert sein, jedoch durch Proteine, die nicht Histone sind, ausgelöst werden. [28]

Die Blaupause der DNS hat uns dazu entworfen, den Planeten zu verlassen, Höchstgeschwindigkeiten und zeitrelative Zustände zu erreichen, symbiotische Langlebigkeit umzusetzen, Nuklear-Fusionsenergien zu konstruieren und zu regulieren, welche uns durch die Galaxie transportieren werden und uns eventuell sogar über das materielle Universum, wie wir es wahrnehmen, hinauszuentwickeln.

Eine intelligente Person kann heute genug Beweise sammeln, den allgemeinen Kurs der Evolution vorherzusagen, und, auf der Basis dieser unvermeidlichen Fakten, an der neurologischen Evolution partizipieren. Es ist Zeit, dass wir unseren Kopf nutzen; dass wir sehr schnell sehr intelligent werden.

---

28. Die Zukunft der post-larvalen Menschheit liegt in den ungenutzten Teilen unseres genetischen Codes, ebenso, wie das Potenzial des ‚Schmetterlings' in den Chromosomen der Raupe verborgen liegt.

Jeder, der sich selbst erlaubt, von Konditionierungen oder Prägungen, die in der Kindheit stattfanden, kontrolliert zu werden, akzeptiert seine Roboterhaftigkeit. Um den genetischen Instruktionen zu folgen, ist es notwendig, larvale Prägungen rückgängig zu machen und neue neurale Realitäten zu erzeugen wie auch eine neue Sprache, die auf den einsteinschen Relativitäten basiert. Erzeuge die Zukunft und präge sie!

Neurologik ist die Wissenschaft selektiver Neu-Prägung. Der Gebrauch des Nervensystems als eine Filmkamera. Die bewusste Kreation einer Folge von Realitäten.

Man muss sich daran erinnern, dass die Neurologik ein Werkzeug für die Neurogenetik ist. Es ergibt wenig Sinn, larvale Realitäten oder somatische Realitäten neu prägen zu wollen. Der sechste Schaltkreis ist für die außerirdische Existenz entworfen worden, für das post-menschliche, genetische Bewusstsein. Neurotransmitterdrogen wie LSD haben daher nur eine post-larvale Funktion.

Der DNS-Code enthält die Blaupause für das gesamte Leben – die Geschichte der Vergangenheit und den Blick auf die Zukunft. Der intelligenteste Gebrauch des Hirns liegt in der Prägung des DNS-Codes.

24. Die Evolution verlangt, dass einige unter uns als bewusste Agenten der Zukunft zu arbeiten.

Bis heute waren menschliche Wesen neurologisch unfähig, ein eindeutiges Bild von der Zukunft zu empfangen.

Diese Hemmung (Neo-Phobie) ist genetisch bedingt. Das larvale Nervensystem kreiert erdgebundene Realitäten. Für die Raupe wäre es ein Überlebensrisiko, über das Fliegen ‚nachzudenken'. Natürlich kann die Raupe nicht über das Fliegen ‚nachdenken', denn sie hat keine Flügel. Wir nehmen gewöhnlich an, dass vor-menschliche Lebensformen über keine Bewusstheit der Zeit verfügen sowie auch nicht die Fähigkeit besitzen, in die Zukunft zu schauen; und dass Säugetiere, die mit den zwei unmittelbaren Überlebensschaltkreisen operieren, keine Konzeption von dem evolutionären Plan haben. [29]

Der Schlüssel zur Evolution über die larvalen Formen hinaus liegt in dem Verständnis und der Kontrolle der Zeit.

Das Auftauchen des laryngo-manuellen Schaltkreises, die paläolithische Entfaltung der symbol-manipulierenden und logisch-denkenden linken Hirnhemisphäre erlaubte der Menschheit, vokale, geschriebene und artefaktbezogene Zeit-Signale über die Generationen hinweg zu übermitteln. Operantes Konditionieren und instrumentelles Lernen sichern die Übermittlung der Kultur von der Vergangenheit zur Gegenwart.

Larvale Zeit-Bindungen involvieren sehr kurze Zeitperioden und enge Perspektiven. Der Bauer erwartet die nächste Ernte. Der Politiker schaut auf die nächste Wahl. Der Bürokrat erwartet den Zahltag, das Wochenende und die Sommerferien. Eltern beobachten ihre Kinder.

Larvale Zivilisationen operieren auf der Basis kalkulierten Nichtwissens um die Zukunft. Die vier-hirnige Person will von der Zukunft nichts wissen, denn dieses Wissen bedroht die Stabilität der Realitäts-Prägung. Vier-hirnige Gesellschaften wollen auch nichts über die Gegenwart wissen, denn diese Umsicht würde die Motiva-

---

29. Diese Annahme kann möglicherweise ein weiterer anthropozentrischer Mythos sein. Der Bienenstock, in seiner vollendeten Struktur, kann für die neue Generation von Bienen ein zeitgebundenes kulturelles Signal sein.

tion verringern, blindlings Richtung organisierter Ungewissheit zu arbeiten.

Es besteht ein Tabu über Zukunftsvorhersagen. Das Buch *Future Shock* scheint sich mehr um den Gegenwartsschock zu drehen und beschreibt den Terror und die Verwirrung, die von einer Welt erzeugt wird, die sich von ihrer Vergangenheit abgeschnitten hat, d. h. die sich von der in der Kindheit stattfindenden Realitätsprägung unterscheidet. Die Prophobie ist so intensiv, dass der Zukunft nicht einmal in einem Bestseller ins Antlitz geschaut werden kann.

Selbst die wissenschaftlichen Gruppen, die versuchen, Zukunftsprojektionen vorzunehmen, sind merkwürdigerweise unfähig, evolvierende, neurologisch-mutationsmäßige Veränderungen vorherzusehen. Der Club of Rome, die RAND-Corporation, Herman Kahn – alle präsentieren statistische Erhebungen von vergangenen, auf die Zukunft projizierten materiellen Trends. Auf dieser Basis erzählt man uns, dass die Zukunft eine globale Erweiterung von Los Angeles nach schwedischer Fasson sein wird. All die gegenwärtigen Vorhersagen der ‚Futuristen' prophezeien einen klimatisierten Ameisenhaufen, in dem die persönliche Freiheit und Kreativität von Überbevölkerung, Lebensmittelknappheit und restriktiver sozialer Kontrolle limitiert wird.

Es gibt aber eine Möglichkeit, die gewöhnlich bei den Zukunfts-Projektionen ausgelassen wird: das plötzliche und globale Auftauchen der *contelligence*. Das I^2 von S.M.I^2.L.E.

Die sechziger Jahre zeugten von einer generellen Erweiterung des Bewusstseins, einer massiven ‚Geistes-Kettenreaktion' und einem umfassenden Rückgängigmachen larvaler Prägungen. Doch die neu geprägten Realitäten wurden nicht in reiflicher Überlegung selegiert. Während des ‚drop out' von artefaktbezogenen Symbolen der Elternkultur und des freudig hedonistischen Akzeptierens der Befriedigung der sinnlichen Wahrnehmung (‚Fühl dich gut, bleib high') gab es die unglückliche Tendenz, Technologie und wissenschaftliches Denken abzulehnen. Die Drogen-Kultur der sechziger Jahre irrte umher, 'spaced out' (eine gute Beschreibung) und ‚high', ohne jedoch über ein Ziel zu verfügen, das angestrebt werden konnte. [30] Eine Generation zu früh für die interstellare Migration.

---

30. ‚Stoned' ist ein ebenso schlechter Begriff wie ‚loaded'.

In dieses neurale Vakuum drängten sich dann die ‚Okkultisten‘, abgehalfterte Karma-Dealer, Jesus-Handlungsreisende, ‘Spiritualisten’, Kult-Mitläufer und Astrologen, die okkulte Begriffe und ‚andere Welten‘-Erklärungen für diese neuen transzendentalen Stufen zur Verfügung stellten.

Die Frage der Sechziger war: Nachdem du die Prägungen der materialistischen Kultur entkräftet hast, wohin gehst du jetzt? Die Antworten der Vergangenheit waren: zurück zu Jesus, zurück zu den Chassidim, zurück nach Indien, zurück zu der natürlichen Einfachheit der Pioniere. Das ‚Hier und Jetzt‘ der transzendentalen Meditation. Die ‚Ich‘-Generation.

Der Bewusstseins-Trend wurde zu einem beruhigenden, irdischen ‚turn off‘, welcher den Frieden des Geistes, losgelöste Gemütsruhe, Gesundheits-Ernährungsweisen und ‚Fühl dich gut‘-Supermärkte für unreife Mutanten anbot, die keine Idee hatten, wohin sie gehen sollten. Der Wasserbett-Trend ist ein klassisches Beispiel für die unreife 5. Schaltungs-Mutation, die ein Anhaltspunkt auf die sinnliche Freiheit der Null-Gravitation ist.

Der hedonistische Geist der sechziger Jahre war eine Manifestation der Stufe 13, also der empfängliche, erforschende Gebrauch des neuen neuralen 5. Schaltkreises. Es war dabei ganz natürlich, dass die erste post-larvale Generation einen verwirrten, desorientierten, frivolen und irritiert-vagen Eindruck erzeugt hat. Die Aufgabe der nächsten Generation liegt darin zu lernen, wie man diese neuen Erfahrungen überträgt, wie man seine Intelligenz steigert, die Zeit zu kontrollieren und außerirdisch-theoretische Modelle zu erzeugen, die auf wissenschaftlichen Beweisen beruhen.

Eine Mutation ist für eine larvale Kultur immer verstörend. Niemand möchte, dass das Realitäts-Spiel größer als die eigenen Prägungen der Kindheit wird.

Der genetische Zeitplan hat den Punkt erreicht, wo die Menschheit zu verstehen beginnt, wie das Nervensystem operiert und wie automatische synaptische Reaktionen überwunden werden können. Eine neue Ebene der *contelligence* wurde festgelegt.

25. Eine große Vielfalt von post-irdischen Menschen wird aus dem menschlichen Genpool emporsteigen.

Der evolutionäre Prozess plant die Mutationen mit einer schonungslosen Kontinuität. Jeder lebende Organismus spielt einen Teil in dem evolutionären Entwurf.

Es gibt acht Antworten auf die basale Frage: „Wer bin ich und wohin gehe ich?" In den Begriffen der genetischen Teleologie würde die Frage lauten: „In welche Richtung werde ich mutieren?"

Die genetische Perspektive ist ein Tabu und verängstigend, denn sie treibt uns dahin, gewissen durchaus beunruhigenden Tatsachen ins Auge zu schauen:

1. Die menschliche Spezies ist eine unvollendete Form, die dramatischen Veränderungen unterworfen wird.

Die menschliche Rasse (und, in der Tat, das Leben auf diesem Planeten) befindet sich jetzt erst auf halber Wegstrecke. Innerhalb von drei Milliarden Jahren haben wir uns von einzelligen Organismen fortentwickelt. In den Jahren, die jetzt folgen werden, werden sich Veränderungen manifestieren, die sogar noch dramatischer sind.

2. Die Evolution beschleunigt sich.

Der menschliche Zustand verändert sich in beschleunigender Rate in Bezug auf seine Physis, seine neurologischen Funktionen, Ökologie, Dichte und Vielfalt der Population etc. Betrachten wir nur einmal die menschliche Situation vor 25 Jahren, 50 Jahren, 100 Jahren, 1.000 Jahren und 10.000 Jahren.

Nun nehmen wir an, dass dieselbe Rate der Beschleunigung weiter anhält. Wie werden wir uns in den nächsten 25 Jahren entwickeln? Und in den nächsten tausend Jahren?

3. Der evolutionäre Prozess produziert ein sich vergrößerndes Spektrum von Differenzierungen. Der gegenwärtige menschliche Genpool wird in viele unterschiedliche Richtungen evolvieren. Es

ist möglich, dass sich Hunderte oder Tausende neuer Spezies aus dem gegenwärtigen menschlichen Genbestand entwickeln werden.

Die sozialen Implikationen sind überraschend. Von den nächsten hundert Personen, die Sie treffen, ist es denkbar, dass sich jede in eine neue Spezies entwickeln wird, die sich von Ihnen ähnlich unterscheidet wie ein Hase von der Giraffe. Vor 75 Millionen Jahren bildeten bestimmte insektenfressende Spezies (Lemuren) den Samenquell, aus denen die 193 Primatenarten, den Menschen mit eingeschlossen, entsprangen.

Um sich selbst und die menschliche Situation zu verstehen, ist es nützlich, eine Projektion der Entwicklung des Menschen vorzunehmen.

Viele der Konflikte und Verwirrungen, die das gegenwärtige menschliche Elend charakterisieren, können gemildert und geklärt werden, sofern wir die Tatsache akzeptieren, dass wir genetisch sehr unterschiedlich voneinander sind und dass wir durch die DNS-Schablonen unerbittlich darauf vorprogrammiert sind, uns in viele unterschiedliche Richtungen zu entwickeln.

Die Arbeiten von Genetikern wie Paul, Stein und Kleinsmith legen nahe, dass Histone die Hälfte des DNS-Codes verbergen, der die zukünftigen Entwürfe des Organismus enthält. Wenn es möglich wäre, den Vorhang der Histone zurückzuziehen und die Blaupause unserer eigenen genetischen Zukunft zu sehen, dann würde man die enthüllende Antwort auf die Frage ‚Wer bin ich und wohin gehe ich?' erhalten. Die Frage muss in der ersten Person Einzahl gestellt werden. Der Fehler der genetischen Demokratie führte Gaugin dahin zu fragen: ‚Woher kommen wir und wohin gehen wir?' Die Frage kann aber nur als ‚Wohin gehe ich? Welche genetische Zukunft trage ich in meinen Genen?' gestellt werden.

Jeder Einzelne von uns übermittelt einen vorkodierten Entwurf zukünftiger Organismen, der sehr unterschiedlich zu dem gegenwärtigen menschlichen Genstamm und den meisten anderen Menschen ist.

26. Der Post-Larvale muss in der Kommunikation mit den larvalen Menschen sehr vorsichtig sein.

Die Exo-Psychologie behauptet, dass der menschliche Larvale in einer Realität existiert, die durch die vier Überlebens-Prägungen definiert wird. **Obwohl das Gehirn über 100 Millionen Impulse pro Sekunde empfängt, ist das schlichte, irdische Bewusstsein auf jene Signale begrenzt, welche entsprechend einem der vier geprägten Spielbretter konditioniert wurden.**

Unkonditionierte Sensationen, die rohen Wirbel ungefilterter Realität, existieren als ein Hintergrundrauschen.

In der Kommunikation mit den Larvalen müssen daher die folgenden Punkte berücksichtigt werden:

Der Larvale hat kein Interesse an dir, du existierst sprichwörtlich nicht für ihn, es sei denn, du hakst dich in seine/ihr Re   Ralitäts-Insel ein, sendest und empfängst auf seiner/ihrer beschränkten Geistesfrequenz, bis dein Verhalten für sie/ihn in Form von möglichem Vorteil oder Bedrohung eine Bedeutung erzeugt, und zwar im Rahmen von:

- **zellulärem Wohlbefinden,**

- **emotionell-hierarchischem Status,**

- **Artefakt-Manipulations-Spielen,**

- **sozio-sexueller Sicherheit und domestizierten Bestätigungen.**

Alle larvalen Interaktionen dienen einer der vier Überlebensprogramme. Die Larvalen sind auf bequeme Weise an diese limitierten Vier-Kanal-Kommunikationen angepasst, scannen automatisch die Überlebens-Bedeutung in jedem Stimulus, krabbeln aufeinander wie Ameisen, jeder mit der Intention seiner/ihrer eigenen ‚Realität' – und reagieren automatisch auf die relevanten Stichworte der anderen.

Larvale Kommunikation tritt nur in den vier Systemen auf, von denen einige von der gesamten Spezies verstanden werden und andere nur von denen verstanden werden, die Mitglieder derselben kulturell geprägten Gruppe sind.

Larvale mögen es im Generellen nicht, Informationen zu empfangen, es sei denn, diese Informationen passen zu ihrem dritten Schaltkreis-Realitäts-Netz und belohnen unmittelbar ihren emotionalen Status. Die Demokraten waren erfreut, die Tatsachen über Nixon zu hören, die Republikaner waren indes irritiert und ungläubig.

Larvale beugen sich dem Erlernen neuer Symbole nur unter speziellen motivationellen Umständen, bei denen die neuen Verknüpfungen schon etablierte Wissensnetze weiter ausbauen oder verstärken oder es auch eine Gewähr auf zukünftige emotionelle Belohnungen gibt, für die der jeweilige Lehrer als Modell eingesetzt wird.

Larvale leisten einen leidenschaftlichen Widerstand gegen neue Symbole, die zur Eingliederung einen Wechsel in ihrem Netzwerk von Assoziationen erfordern. Dieser Widerstand gegen das Lernen ist nicht psychologischer, sondern neurologischer und biochemischer Natur. Neue Ideen erfordern eine Veränderung der Verdrahtung der Assoziationen und verursachen sprichwörtlich ,Kopfschmerzen'.

Das Kommunizieren mit einem Larvalen bringt es mit sich, auf dem vorhandenen Netz von Assoziationen aufzubauen. Du musst irgendwie versuchen, jede neue Idee an eine schon existierende neurale Verbindung anzuschließen. Larvale erlernen nach ihrer Kindheit fast keine neuen Symbolsysteme. Sie fügen ihnen einfach neue hinzu oder übersetzen in Symbole, die mit der Prägung eng verknüpft sind. Dies erklärt die Tatsache, dass es mindestens eine Generation dauert, bis eine neue Idee tatsächlich verstanden wird.

Es ist bei der Kommunikation mit Larvalen ganz besonders wichtig zu berücksichtigen, dass derzeit nur sehr wenige Symbole für post-larvale Prozesse existieren.

Du kannst nicht die Sprache des Schmetterlings benutzen, um mit der Raupe zu kommunizieren.

Die Sprache des vierten Schaltkreises involviert domestizierte Moral und soziale Werte. Hier entdecken wir, dass große kulturelle Unterschiede bestehen. Die basalen Sperma-Ei-Verlockungen hin zum Orgasmus sind natürlich global, doch die Semantik der Verdrängungen, Hemmungen und Sublimationen ist sehr subtil. Insofern erfordert die Individualität, Intimität, Besonderheit, Inkonsistenz und Unbeständigkeit von Wertsymbolen die größte Vorsicht auf Seiten der Post-Larvalen, die mit Tölpeln kommunizieren.

Die meisten Larvalen leben in der steten Furcht, als sündhaft oder ‚schlecht' angesehen zu werden. Konstante Bestätigungen sind erforderlich, um das Gefühl, sozial akzeptiert zu werden, aufrechtzuerhalten.

In der Kommunikation mit Larvalen über sexuelle, philosophische oder ethische Belange betritt man ein gefährliches Terrain. Denn es ist fast unmöglich, mit einem Tölpel über die Philosophie zu diskutieren.

Heuchelei, unbewusste Motivationen, irrationale Paradoxien, das Bedürfnis nach Anerkennung und die Furcht vor Scham dominieren jede Diskussion über Philosophie und Religion.

Larvale langweilen sich oft und blenden die Symbole des dritten Schaltkreises aus, die nicht zu ihren Prägungen und ihrem konditionierten Netzwerk passen. Symbole und Verhaltensweisen des vierten Schaltkreises allerdings, die als andersartig empfunden werden, lösen leidenschaftliche und häufig auch gewalttätige Reaktionen aus. Aufgrund dieser philosophischen Empfindlichkeit tendieren die menschlichen Tölpel dazu, philosophische Diskussionen zu vermeiden.

Diese Phobie kann schmerzhafte Reaktionen hervorrufen, wenn ein Post-Larvaler versucht, die Exo-Psychologie mit einem Irdischen zu diskutieren.

Die Gründe für diese philosophische Phobie sind:

1. Die Tölpel wissen nicht, woher das Leben kommt, wohin es geht und wozu es sich entwickelt. Sie sind vor allem wegen ihrer eigenen Sterblichkeit entsetzt. Jeder Larvale hat eine ziemlich schwache Philosophie und das Leben und den Tod akzeptiert, an welche SiEr eigentlich gar nicht richtig glaubt. Daher die Verwirrung und Panik, wenn die basale Heuchelei durch eine wissenschaftliche Diskussion über den Ursprung und die Bestimmung des Lebens bedroht wird.

S.M.I².L.E.

"Die lutherische Kirche basierte immer schon auf der Bibel", erklärte Phil Beck, Produktionsmanager eines lokalen Malerbetriebs und Vorsteher der kirchlichen Sonntagsschule. „Wenn du beginnst, dies zu hinterfragen, wo wirst du dann aufhören? Wenn ich so viel Bildung haben muss, um auf meinem Hosenboden zu sitzen und die Genesis zu verstehen, warum ließ Gott dann zu, dass Luther die Bibel in die Sprache des Volkes übersetzte? An welchem Punkt werfe ich dieses ganze verrückte Durcheinander hinaus?"

Time Magazin

2. Die Tölpel sind Robotersklaven der DNS. Sie arbeiten blind, um die Spezies fortbestehen zu lassen, sich zu vermehren, häusliche Arrangements zur Aufzucht der Jungen zu treffen und kulturelle Überlebensmuster weiterzugeben. Jede Diskussion, dieses Robotertum aufzudecken oder in Frage zu stellen, wird extrem schmerzhaft. Der Larvale kann den Einblick in die schwierigen Gebiete der Unsicherheit nicht tolerieren.

Ausdruck und Hemmung sexuellen Verhaltens sind mit starker Angst beladen, da der Orgasmus und die Sperma/Ei-Übertragung domestiziert werden muss, um eine sichere Aufzucht von Kindern zu ermöglichen.

In der Kommunikation mit Larvalen muss man realisieren, dass Diskussionen über Leben, Tod, philosophische Grenzen, Aufzucht von Kindern und Sexualität höchst individuelle Angelegenheiten sind. Die Reaktionen auf diese Themen sind unvorhersagbar und hängen von der Intimität und Sicherheit der jeweiligen Situation ab.

Heuchelei und gewalttätige Verteidigungen sind endemisch.

Die Post-Irdischen denken natürlich an nichts anderes, außer daran, was geschieht, wenn die larvalen Prägungen verändert worden sind. Sie sind von der Kommunikation mit ihrem Körper, ihrem Gehirn und ihrer DNS fasziniert. Post-Larvale emittieren Vibrationen, die die Tölpel verstören und sie manchmal zu einer temporären Aufgabe ihrer philosophischen Verdrängungen verführen.

Post-Irdische sind für gewöhnlich lustig, erotisch, relativistisch und philosophisch provokativ. Tölpel können unbewusst diese Unterschiede in den Post-Irdischen wahrnehmen. Es ist daher zu empfehlen, zielbewusst und empfindsam zu sein, wenn man mit den Larvalen interagiert.

Man sollte vorsichtig sein, sich nicht verführen zu lassen, dass man dem Tölpel zu viele Wahrheiten verrät.

Während einer philosophischen Diskussion mit Post-Irdischen werden die Larvalen häufig in einer Form temporären Enthusiasmus hinweggetragen, äußern dann Zweifel über ihre Kosmologien, geben ethische Relativitäten zu und akzeptieren fast auch die postlarvale Bestrebung, den Planeten zu verlassen und den Tod zu überwinden.

Der Post-Irdische ist gezwungen, feinfühlig zu handeln, um jede offenkundige oder implizierte Kritik an den Werten der Tölpel zu vermeiden. Man sollte sich daran erinnern, dass für den Larvalen Astronomie und Genetik ethische Streitfragen des vierten Schaltkreises involvieren, welche den Verlust moralischer Anerkennung androhen.

Die Exo-Psychologie mit einem Tölpel zu diskutieren ist so, wie sexuelle Erfahrungen mit einem Vor-Adoleszenten zu diskutieren. SiEr kann einfach nicht die neue Realität verstehen, da seine/ihre neuralen Schaltkreise noch nicht angeregt wurden. Außerdem zeigt SiEr dich dann möglicherweise wegen philosophischer Kindesbelästigung an.

Früher oder später wird der Larvale realisieren, dass SiEr nach der erregenden Flugkonversation auf dem Boden der Tatsachen bleibt. Zu diesem Zeitpunkt wird der Tölpel auf leidenschaftliche Weise moralisierend und beginnt, den Post-Irdischen dafür zu attackieren, elitär, gefühllos gegenüber dem menschlichen Leiden, anti-human, wirklichkeitsflüchtig oder gar diabolisch zu sein.

Unsterbliche müssen sehr vorsichtig sein, die Empfindlichkeiten der Sterblichen nicht zu verletzen.

Im Besonderen muss ein Post-Irdischer in der Diskussion über die zukünftige Evolution der menschlichen Spezies sehr diplomatisch sein. Die larvalen Menschen glauben nämlich, dass die Evolution schon ihre höchste Stufe mit dem Homo sapiens gefunden hat.

Diskussionen auf der Basis des siebten Schaltkreises, die die Perspektiven anregen, dass die Evolution erst zur Hälfte komplettiert ist, dass sich die menschliche Spezies noch im fötalen Zustand befindet und noch gar nicht richtig geboren ist und dass sich viele höhere Spezies aus dem gegenwärtigen Genpool evolvieren werden, verletzen im Besonderen die Hybris der Tölpel.

Science-Fiction-Autoren und Astronomen spekulieren häufig über die Probleme, die in der Kommunikation zwischen Menschen und interstellaren Entitäten auftreten können. Doch dieses Problem ist nicht länger akademischer Natur. Es geschieht, gerade jetzt. Dieses Buch ist ein Beispiel dafür.

27. Der Post-Irdische muss ebenso in der Kommunikation mit den Vor-Post-Larvalen sehr vorsichtig sein.

Einige sagen, dass das post-irdische Zeitalter 1926 inauguriert wurde, als eine Gruppe deutscher Visionäre den ‚Verein für Raumschifffahrt' gründete.

Der V. f. R. veranstaltete Zusammenkünfte, veröffentlichte wissenschaftliche Abhandlungen und führte Raketenversuche durch. Diese Gruppe, die nicht mit der Regierung verbunden war, operierte mit der freien Hingabe einer mittelalterlichen Alchemistenbruderschaft. Sie wurde nach der Machtergreifung Hitlers aufgelöst. Das Ziel der V. f. R. lag darin, gewisse Chemikalien schließlich in der korrekten geometrischen Ordnung so anzuordnen, um so die Fluchtgeschwindigkeit von diesem Planeten zu erzeugen.

Die exo-psychologischen Ziele der V. f. R. wurden von den Nazis übernommen, die die V1- und V2-Raketen jedoch dann für larvale Zwecke benutzten.

Zur selben Zeit suchten Atomphysiker nach der richtigen Anordnung reiner Elemente, um das Atom zu spalten. Der Erfolg des alchemistischen Fermi-Teams in Chicago mag als ein weiterer exopsychologischer Meilenstein betrachtet werden. Die Spaltung des Uranatoms ermöglichte eine Energiequelle, um interstellare, posteinsteinsche Raketen anzutreiben, von denen die primitiven, chemisch angetriebenen newtonschen Raketen von von Braun eine Vorahnung gaben.

Die neurologische Revolution der sechziger Jahre lieferte das biologische Gegenstück zur einsteinschen Weltsicht. Die Prinzipien der Exo-Psychologie wurden zuerst 1963 in dem Arbeitspapier präsentiert, welches mysteriöserweise mit ‚The Religious Experience – Its Production and Interpretation'[31] betitelt war. Dieser Essay, der überall nachgedruckt und in Anthologien aufgenommen wurde, sagte präzise voraus, dass die Sprache und die Perspektiven der Wissenschaft die Theologie, Ontologie und Kosmologie für die Zukunft liefern und systematisch das Fundament für die Exo-Psycho-

---

31. Leary, Timothy, ‚The Seven Tongues of God' aus ‚The Politics of Ecstasy', New York, College Notes & Texts 1965.

logie legen würde, lediglich mit der Ausnahme, dass auf die Unvermeidbarkeit der Migration ins All nicht hingewiesen wurde.

Das Zusammentreffen von Nuklearenergie, Elektronik und Raketenforschung beim Militär blockierte die interstellare Perspektive, und die darauf folgende Desillusionierung der sechziger Jahre betreffs der Wissenschaften ermutigte die vage Handlungsmaxime: 'Schau nach innen'.

Die daraus resultierende Faszination über orientalischen Quietismus, Schamanismus und Pop-Kult-Yoga erzeugte einen systematischen Anti-Intellektualismus, eine kalkulierte zuckrige Stupidität, eine nichts sagende, lächelnd genießerische und dahintreibende Loslösung, die als
'der Hippie' (Stufen 13) und ‚der Yogi' (Stufe 14) personifiziert wurde.

‚Der Hippie' und der ‚Yogi-Körper-Techniker' repräsentieren die ersten beiden der zwölf außerirdischen Stufen. Übergangsstufen ‚flügelloser Schmetterlinge', die über irdische Bindungen evolviert und nicht länger an irdisch-schlichte Symbole gebunden sind. Die Ein-G-Erde und ihre Überlebensroutinen gelten ihnen nicht länger als ‚real'. Der Hippie-Zen-Adept reagiert nicht länger reflexartig auf emotionale Statuszeichen, ist nicht für den handwerklich-geschickten Erfolg motiviert und lässt sich nicht durch die Tugend/Scham-Systeme bewegen, durch die die Gesellschaft ihre Arbeiter domestiziert. Doch er hat sich zu der Meisterschaft der Beherrschung der neu aktivierten Schaltkreise entwickelt. Der wahre Post-Irdische ist scham-los.

Der Ausdruck ‚Hippie' ist ein Oberbegriff für die ersten postlarvalen Stufen und beschreibt diejenigen, die genetisch (Zodiak-Typus), neurologisch (Prägungen) oder historisch (hedonistisch/subkulturell) in den passiv-rezeptiven Stufen des hedonistischen Lebensstils gefangen sind. Transzendentale Masturbation.

Die erste Generation nach Hiroshima hat Millionen von ‚Hippies' hervorgebracht, die sich aus dem Irdischen evolvierten und die dennoch nicht realisiert haben, dass sie selbst außerirdisch sind.

Das Problem ist, zumindest zum Teil, historisch linguistischer Art. Die einzigen Sprachen und einzigen Symbole, die von der primitiven Psychologie für nicht-irdische Erfahrungen bereitgestellt wurden, waren ,larval religiöser' Natur. Die neue Realität des Hippie kann daher nur in vagen und mystischen Begriffen dargestellt werden.

Ein Kommunikations-Vakuum entwickelte sich. Auf der einen Seite realisierte der Hippie, der Yogin und der Tantriker, das SiEr sich irgendwie weiterentwickelt hatten. Auf der anderen Seite taumelten diese fünfhirnigen Leute herum, ungebunden von larvalen Symbolen, und griffen nach jedem transzendentalen Strohhalm, der sich ihnen anbot – Magie, Okkultismus, Chanting, Hexerei, Telepathie, Guru-Gläubigkeit, christliche Mystik, Chassidismus, experimenteller Evangelismus und die endlosen Variationen orientalischer Scharlatanerie.

Die Falle des Körper-Bewusstseins und des rein sinnlichen Konsums hat Federico Fellini gut zusammengefasst:

,Die Leute verlieren ihr Vertrauen in die Zukunft. Unsere [larvale] Erziehung hat uns unglücklicherweise für ein Leben geformt, das auf eine Reihe von Zielen ausgerichtet war: Schule, Militärdienst, eine Karriere und, als ein grande finale, die Begegnung mit dem himmlischen Vater. Doch heute, wo unsere Zukünfte nicht länger in einer optimistischen Perspektive erscheinen, bleiben wir mit Gefühlen der Impotenz und Furcht zurück. Menschen, die nicht länger an eine ,bessere Zukunft' glauben können, tendieren logischerweise dahin, in einer verzweifelten Form von Egotismus zu handeln. Sie sind damit beschäftigt, auf notfalls brutale Weise jene kleinen persönlichen Vorteile, den eigenen kleinen Körper und die kleinen sinnlichen Genüsse zu verteidigen. Für mich stellt dies das gefährlichste Kennzeichen der siebziger Jahre dar.'

Jene fünfhirnigen Leute, die – sporadisch von irdischen Bindungen befreit – herumzappeln, lassen es an einem Vokabular und einer Methodologie für eine außerirdische Bewegung missen, so dass sie häufig auf larvale Konzepte der Transzendenz zurückfallen. Eine Fantasie der Raupe darüber, wie post-larvales Leben wohl sein wird.

Eine Warnung ist notwendig. Viele fünfhirnige Hippies und Yogins sind die vehementesten Gegner der außerirdischen Evolu-

tion. Sie gebrauchen gewöhnlich drei nichts sagende Klischees, um sich praktischen Plänen für die interstellare Migration entgegenzustellen:

- **Schau nach innen.** Astralreisen; die passive Veränderung des Bewusstseins wird uns in das gelobte Land bringen.
- **Zurück zur Natur.** Zurück zum Paläolithikum! Vereinfache; vermeide Technik; „jage den wilden Spargel", baue auf Körperweisheit, organische Reinheit und Sinnesfreuden.
- **Alles ist eins.** Der Kosmos ist ein homogener Nebel geschmackloser Zuckerwatte. Exo-Psychologie und Neurogenetik werden als unnatürliche und elitäre Versuche abgestempelt, die Vanillepudding-Einheit von allzu simplifiziertem Hinduismus, Buddhismus usw. zu differenzieren.

Jede dieser drei okkultistischen Haltungen liegt eine Abscheu gegenüber Wissenschaft, Technik, Evolution und intellektueller Kompetenz zugrunde. Den okkultistischen Theorien ist die Annahme implizit, dass es im Prinzip nicht Neues zu lernen gibt außer dem Auswendiglernen gewisser Hindu-Chants, gewisse zungenfertige, theosophische Dogmen mechanisch zu rezitieren, um den ruhelosen, eigentlich wissbegierigen Geist zu beruhigen.

Die drei Stufen des neuro-somatischen Schaltkreises – 13. Hippie, 14. Yogi, 15. Tantriker – sind körperorientiert und involvieren eine absichtliche Symbol-Stupidität. Es ist verständlich, dass die fünfhirnige Person auf den insektoiden Cyborg-Materialismus larvaler Technik, jene Wissenschaftlichkeit, die den Plastik-Konsumerismus produziert, Militär-Industrialismus, Fließband-Anonymität und die Überbevölkerung mit Widerstand reagiert. Doch die Ablehnung wissenschaftlicher Untersuchungen wird zur nichts wissenden Selbstgefälligkeit. Okkultisten werden zu langhaarigen RedNecks. Die Beweise der Astronomie, Biochemie, Genetik, Nuklearphysik definieren jedoch die wahre Grenze der Philosophie und Religion. Das Magazin *Scientific American* ist eigentlich wesentlich ‚abgefahrener' als jedes Okkultmagazin, wie das Periodensystem der Elemente viel prophetischer ist als das Tarot-Deck. Der Atomkern selbst ist ein

Bereich, der viel mysteriöser und allwissender ist als jede theologische Fantasie. Die Kosmologie eines expandierenden, mit schwarzen Löchern durchsetzten Universums ist viel bizarrer als die Eschatologien von Dante, Homer und Ramayana.

In Anbetracht dieser noblen Ablehnung von allem Artifiziellen ist das Hippie-Yogi-Tanriker-Establishment ein in sich verschanzter, hemmungsloser Block gegen die Evolution – ein Übergangsstadium zur Vorbereitung zur planetaren Migration.

Wir können die Limitationen neuro-somatischer *contelligence* ganz klar in den Lehren des Don Juan betrachten. Castanedas Krieger-Zauberer sind außerordentlich bewundernswert in ihren würdevollen, humorvollen und disziplinierten Versuchen, soziale Prägungen zu verändern. Don Juan selbst hat eine akkurate, metaphorische Neurologik ausgearbeitet. Er definiert präzise die larval-geprägten Insel-Realitäten (tonal) und die direkte Erfahrung des Nagual.

Doch Don Juans Philosophie ist pessimistisch: „Es gibt auf dieser Erde keine Überlebenden." Sie fehlt darin, sich über die Stufe 15 der neuro-somatischen Verknüpfung zu evolvieren: „Und dann war ich allein", ist die trübe Konklusion.

Die erste Generation nach Hiroshima war wirklich eine verlorene Generation. Von den tölpelhaften Prägungen befreit und doch ohne einen Platz, der über die eigene Körper-Geografie hinauslangt. Der Zynismus und die Malaise der siebziger Jahre ist das Ergebnis dieser Desillusionierung.

Aus diesen Gründen muss der Exo-Psychologe sehr vorsichtig sein, wenn er mit den Mitgliedern der ‚Woodstock'-Generation spricht. Sie haben ihren Körper geprägt, sind aber zu alt und zu festgefahren (ab dem Alter von 25-35), um neuro-physikalische Signale für die außerirdische Migration zu empfangen.

S.M.I^2.L.E.

28. Denken Sie sich dieses Buch als einen astro-neurologischen Text.

Die letzten paar Seiten dieser Übermittlung haben uns durch mehrere Millionen Jahre der Evolution gewirbelt, uns in das Konzept der höheren Intelligenz eingeführt, unsere Rolle als paläozoische Pflanzen erklärt, zerrten uns durch die larvalen Stufen der Säugetierkörper-Konstruktion, haben das Robotertum der Symbol-Konditionierung beschrieben, stellten den Schlüssel zur sexuellen Männergruppierung zur Verfügung, instruierten uns in dem Gebrauch des mehrstufigen Neuronenbereichs (ausgestattet mit einem lebenslangen, neuprägungsfähigen Film) und haben uns adäquate Hinweise darauf gegeben, die es uns erlauben, biologische Unsterblichkeit und Zeiterweiterung zu erreichen.

Es ist möglich, dass wir in dieser Einführung schon mehr außerirdische Informationen übermittelt haben, als in all den Büchern enthalten ist, die schon geschrieben wurden.

,Doch vielleicht enthülle ich Dinge, die ich nicht enthüllen solle, Don Juan.'

,Es kommt nicht darauf an, was jemand enthüllt und was einer für sich selbst behält', sagte er. ,Alles, was wir tun, alles was wir sind, beruht auf unserer persönlichen Kraft. Wenn wir genug von ihr haben, kann ein Wort, das zu uns gesprochen wird, ausreichen, den Kurs unseres Lebens zu ändern. Doch wenn wir nicht genug persönliche Kraft haben, kann uns die großartigste Weisheit enthüllt werden und diese Enthüllung wird keinen verdammten Unterschied machen.'

Carlos Castaneda, Der Ring der Kraft

Dieses Buch ist nicht für jeden. Die menschliche Spezies befindet sich nun an einem Punkt genetischer Spaltung. Nehmen wir an, dass sich über 93 % der Spezies an das Leben auf diesem Planeten anpassen. Die Ökologie ist die verführerische Dinosaurier-Wissenschaft, die die meisten post-humanen Spezies dazu bringt, sich an irdische Bedingungen anzupassen und vernünftige, bequeme, passive, roboter-konditionierte Cyborgs zu werden, die durch zentralisierte

Rundfunkanstalten (ABC, NBC, CIA, MAO, CKB) reguliert werden. Für irdische Leser unterstreicht dieses Handbuch die neurologischen Schritte, die notwendig sind, sich harmonisch an die hedonistische, fünfhirnige Cyber-Existenz anzupassen.

Diese Übermittlung lässt ein unterschiedliches Signal für jene sieben Prozent aufleuchten, von denen wir annehmen, das sie über ihre DNS dazu entworfen sind, biologische Unsterblichkeit zu erlangen, den Mutterplaneten zu verlassen, galaktische Bürger zu werden und (sich) mit überlegenen interstellaren Entitäten zu verschmelzen.

Dieses Handbuch ist nicht für die konventionellen Autoren/Leser-Spiele bestimmt. Es ist ein Signal zur Mutation. Ein Intelligenztest. Ein Scan für persönliche Kraft.

Die Pan-Spermia-UFOs landeten vor drei Milliarden Jahren und produzierten ein Signal, dessen deutsche Übersetzung Sie nun in der Hand halten:

$$S.M.I^2.L.E$$

Teil II

Das Periodensystem der Energie definiert vierundzwanzig Stufen der neurologischen Evolution.

(Anmerkung des Autors: Bevor Sie die folgenden Seiten lesen, beachten Sie bitte die Kommentare am Ende des Buches)

Zeitalter	Stufe der Evolution
1.Bio-Überlebens-(Meeres-)Stufen	1. Wirbellose 2. Meeres-Wirbeltiere 3. Amphibien
2. Die irdischen Säuge-tier-Stufen	4. Schwer zu fangende Säugetiere 5. Raubsäuger 6. Jäger-Sammler
3. Die symbolische Werkzeug-Stufe	7. Werkzeugbenutzer, paläolithisch 8. Werkzeugmacher, neolithisch 9. Stämme, Metallzeitalter
4. Industrielle Stufe	10 .Feudal 11. National, schwach industrialisiert 12.Multi-national, stark industrialisiert
5. Cyber - somatische Steuerung sensori-scher Informationen	13. Individueller Konsumenten-Hedonismus 14. Individuell-ästhetisches Können 15. Hedonistisch-ästhetische Verknüpfung
6. Cyber - elektrische Steuerung quanten-elektrischer Informationen	16. Zugriff des individuellen Konsumenten auf (das) Gehirn und Elektronik 17. Individuelle Beherrschung von Gehirn und Elektronik 18. Neuro-elektrische Netzwerke
7. Cyber - genetische Steuerung von DNS-/RNS-Daten	19. Individuelles Gehirn-Management durch Gentechnik 20. Individuelle Beherrschung gentechnologi-scher Informationen 21. Elektronische Netzwerke — Verknüpfung gentechnologischer Information
8. Cyber-nanotechnolo-gische Steuerung ato-mistischer Information	22. Zugriff des individuellen Konsumenten auf Nanotechnologie 23. Individuelle Beherrschung der Nanotech-nologie 24. Nanotechnologische Verknüpfung

Die zwölf larvalen Stufen
der neuralen Evolution

Stufe 1: Bioüberlebens-Empfänglichkeit

Der einzellige Organismus und der neugeborene Säuger treiben passiv dahin, einzig fähig zur Rezeption viszerotonischer[32] Stimuli. Dies ist die erste Stufe der *contelligence*, die mit Aufnahme zu tun hat. Die Haltung ist ventral-dorsal. Die Orientierung verläuft in endomorphischer Weise annähernd/ausweichend.

Die vegetative *contelligence* vermittelt Freude/Schmerz sowie zelluläre Sicherheit/Gefahr.

Stufe 1 ist die basale Saat, die zum Leben strebt. Die erste Bewegung zum Sternenlicht. Neuro-umbilikale[33] Leitungen zu dem Milieu sind noch nicht geknüpft.

Diese Stufe wird in den frühesten prä-neurologischen Symbolismen wie dem Zodiakzeichen Pisces, der Tarotkarte ‚Der Narr' und den olympischen Gestalten Hades-Persephone-Pluto-Proserpine verkörpert.

Selbstdefinition als viszerotonische Wesenheit – eine gierig inkorporierend endomorphische Ego-Identität.

Jedes einzelne menschliche Wesen wiederholt in seinem Leben die 12 irdischen Stufen der organischen Evolution — von dem Einzeller zur zentralisierten Gesellschaftsform.

Gleichzeitig ist jeder Mensch genetisch darauf programmiert, eine der zwölf neuro-genetischen Aufgaben anzunehmen, die notwendig sind, um die menschliche Stammesgruppe als vollständige Überlebenseinheit zu sichern. Das einzelne menschliche Wesen ist ein Element, das dafür geschaffen wurde, sich in ein soziales Gefüge einzupassen. Es gibt 12 irdische Stufen der Evolution, und es ist notwendig für die Primatengruppe, jede erdenkliche Überlebensnische gesichert zu haben. Die drei Bioüberlebens-Zellulär-Taktiken werden dargestellt von Pisces, Aries und Taurus. Die drei säugetierhaftpolitischen Taktiken werden in Form von Gemini, Cancer und Leo personifiziert. Die drei symbolmanipulierenden Funktionen von

---

32. ‚Viszerotonisch', die Eingeweide betreffend; Anm. d. Übersetzer.

33. Als Umbilicus bezeichnet man die physiologischerweise im Bereich des Mittelbauchs imponierende Narbe, die als Relikt des Ansatzes der Nabelschnur verbleibt; Anm. d. Übersetzers.

Virgo, Libra und Scorpio. Die drei domestizierenden Taktiken werden mittels Sagittarius, Capricornus und Aquarius beschrieben.

Stufe 1 vollzieht eine viszeral-zelluläre Funktion für die menschliche Gruppe – auf der Verhaltensebene betrifft dies Gesundheit und Nahrung. Fische sind im Wesentlichen viszerale Organe für die Körper-Politik. Als solche stellen sie vegetative Weisheit zur Verfügung sowie die Verbindung zu dem frühesten einzelligen Bewusstsein der Spezies. Man liest oft über die ‚tiefe' mystische Qualität von Pisces. Dies ist der poetische Einfluss auf die marine Natur dieser ersten und äußerst verschmelzenden Stufen.

Es sollte nicht vergessen werden, dass Pisces eine Amöbe ist – ihrer/seiner DNS sehr nah, sehr auf das genetische Band eingestimmt, sehr weich und feucht.

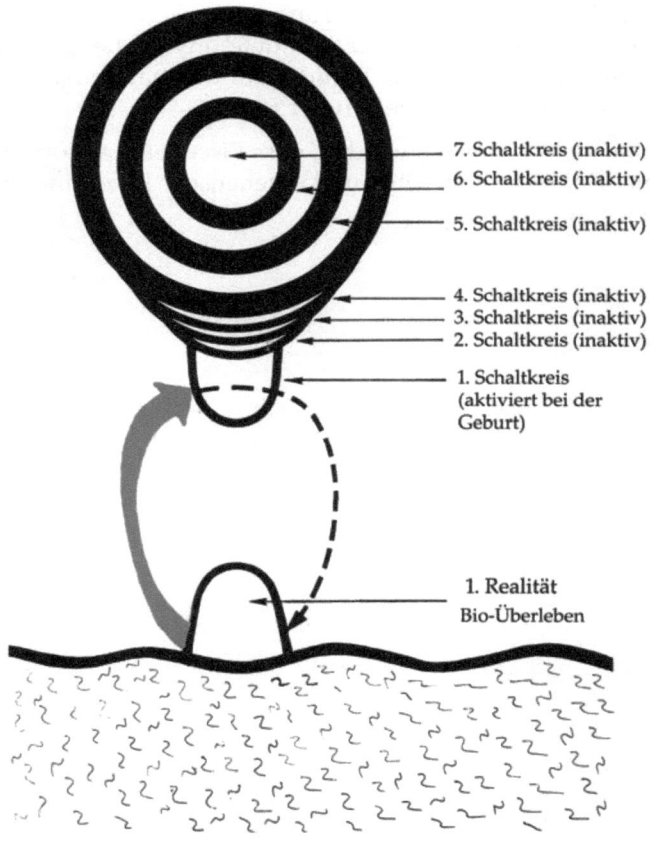

7. Schaltkreis (inaktiv)

6. Schaltkreis (inaktiv)

5. Schaltkreis (inaktiv)

4. Schaltkreis (inaktiv)
3. Schaltkreis (inaktiv)
2. Schaltkreis (inaktiv)

1. Schaltkreis
(aktiviert bei der
Geburt)

1. Realität
Bio-Überleben

Stufe 1 beginnt, wenn das Neugeborene den ersten positiven Stimulus empfängt: Die Brust. Die
Stufen 2 und 3 sind zur Aktivierung bereit. Stufe 1 ist phylogenetisch betrachtet einzellig. Der
Mensch, der genetische dafür ausgerüstet ist, diese Rolle innerhalb der in zwölf Einheiten einge-
teilten Menschheitsgruppen zu übernehmen, wird als Pisces bezeichnet. Während des gesamten
Lebens neigt er dazu, diese Rolle zu betonen.

Stufe 2: Bioüberlebens-Intelligenz

Bei der Evolution der Spezies ist die Stufe 2 der muskuläre, knochige Meeresorganismus, ausgestattet mit einem multi-neuralen Nervensystem, das zur Erinnerung, Integration und Evaluierung von Stimuli sowie zur Angriffs-Annäherung und zur Nahrungs-Annäherung fähig ist.

Im Rahmen individueller Entwicklung ist Stufe 1 das Neugeborene nach der ersten Prägung — und damit fähig, zwischen grundlegender Sicherheit (mütterlich) und grundlegender Gefahr (nicht-mütterlich) zu unterscheiden.

Aries wird klassischerweise als eine junge unreife Zodiakstufe beschreiben. Dies spiegelt die egozentrische, infantile, vorwärtsstrebende Natur der Stufe 2 wider. Wie dem auch sei, der Widder ist nicht das eigentlich korrekte genetische Zeichen. Aries ist in seinen/ihren spielerischen Launen eine Meerjungfrau und in seinen/ihren aggressiven Launen eher ein Hai.

Die Haltung ist ventral-dorsal. Während der Stufe-1-Organismus durch den Gebrauch des amöbenartigen Strömens der Pseudopodien nur empfangen oder fliehen kann, so ist der Stufe-2-Organismus fähig zum selektiv aggressiven Verhalten des Beißens und Stechens, zusätzlich zum Saugen, Sich-Einverleiben, Verdauen etc.

Der Organismus der amöboiden Stufe 1 hat noch keine polare Asymmetrie entwickelt. Der Organismus der Stufe 2 hat sich demgegenüber in eine asymmetrisch polare Struktur entwickelt, gewöhnlich mit einem Kopf (Hypostonata und Tentakel) und mit Füßen (Pedunkel und Grundscheibe). Das Nervensystem ist noch ein einfaches Netz, das am dichtesten in der Kopf-Region ist. Diese Polarität orientiert sich nicht an einer gravitationsbestimmten vertikalen Dimension, sondern an einer Vorwärts/Rückwärts-Dimensionierung. Eine Differenzierung in unterschiedliche Zelltypen hat stattgefunden.

Der menschliche Säugling ist das neurologische Äquivalent zum Meeresorganismus. Der vegetative Schaltkreis des Säuglings prägt die grundlegende Realität, die erste Bindung des Organismus an das Milieu. Diese Stufe wird im Zodiak durch Aries personifiziert, im Tarot als der ‚Magier' und in den olympischen Formen als Neptun-Amphitrite.

S.M.I^2.L.E.

Stufe 2 Aries
Bio-Überlebens Intelligenz
neugeborenes Kind - physisch begieriges Ego

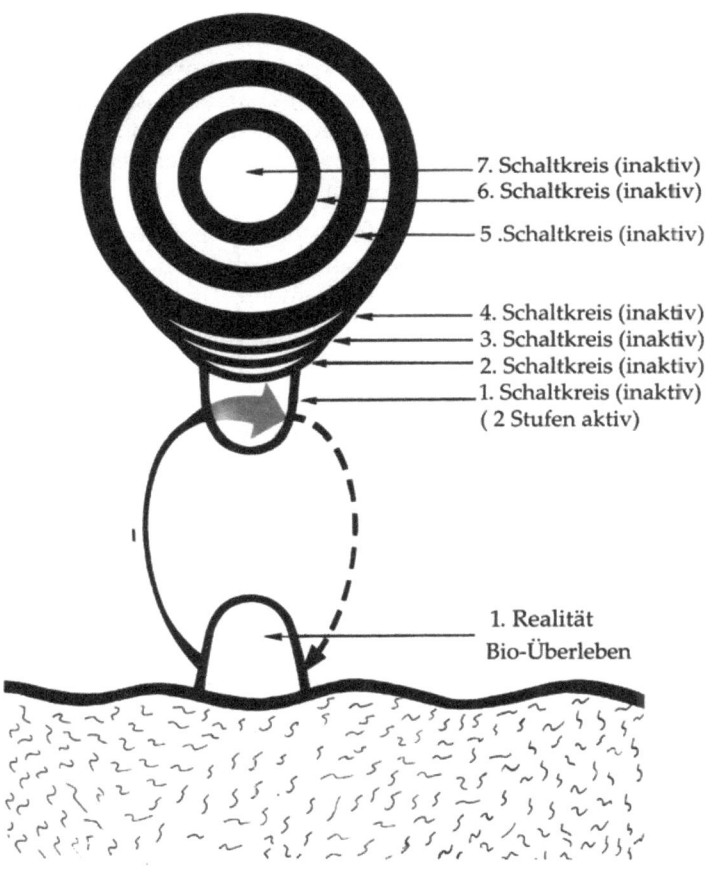

7. Schaltkreis (inaktiv)
6. Schaltkreis (inaktiv)

5 .Schaltkreis (inaktiv)

4. Schaltkreis (inaktiv)
3. Schaltkreis (inaktiv)
2. Schaltkreis (inaktiv)
1. Schaltkreis (inaktiv)
(2 Stufen aktiv)

1. Realität
Bio-Überleben

Stufe 2 beginnt kurz nach der Geburt, wenn der Säugling beginnt, sich vom biologischen Überlebensverhalten zu unterscheiden, es zu erinnern, zu selegieren und zu integrieren. Man beachte, dass Stufe 1 aktiviert ist, Stufe 3 jedoch noch nicht (gestrichelte Linie). Diese Stufe ist phylogenetisch betrachtet mariner Natur. Der Mensch, dessen Verdrahtung so eingestellt ist, diese Rolle zu favorisieren, wird als Aries bezeichnet. Während des gesamten Lebens tendiert er dazu, diese Rolle zu betonen und das haihafte Verhalten dieser Stufe weiter auszuformen.

Stufe 3: Bioüberlebens-Verschmelzung

In der Entwicklung der Spezies entspricht die Stufe 3 den Amphibien.

In der Entwicklung des Einzelnen entspricht indes Stufe 3 dem neurologisch mit der Mutter verknüpften Säugling. Diese Stufe ermöglicht die erste unmittelbare soziale Verbindung zweier Organismen: mütterlich/kindlich. Der synergetische Vorteil aus dieser viszerotonischen Verschmelzung ist unschätzbar. Anstatt sich zu verschlingen oder zu bekämpfen, verbinden sich neurologisch zum ersten Mal zwei Organismen, und zwar um des beidseitigen Überlebens willen. Die Kommunikation ist viszerotonisch, zellulär.

Im Menschen ist diese Stufe die endomorphe, fleischliche Verbindung, personifiziert durch Taurus im Zodiak, die ‚Kaiserin' im Tarot und in den olympischen Gestalten Demeter-Ceres und Dionysos.

Taurus wird häufig als Bulle symbolisiert. Dies ist unzutreffend und repräsentiert den männlichen Chauvinismus, der die meisten okkulten und astrologischen Systeme plagt. Taurus kann besser als die Kuh/Kalb-Verbindung beschrieben werden, obwohl auch die Seekuh, der Frosch und der Oktopus geeignetere Totems sind. Taurus ist ein infantiles Zeichen: gierig, sinnlich, sich nicht entfaltend. Die Tatsache, dass erwachsene Stiere gierig auf mehr komplexere Dinge sind, soll uns nicht darüber hinwegtäuschen, dass sie gleichzeitig sehr mütterlich und sehr abhängig sind.

Stufe 3 Taurus

Viszerotonische Bio-Überlebens-Fusion (synergetisch)
(Verbinung Säugling-Mutter, somatisch-politisch)

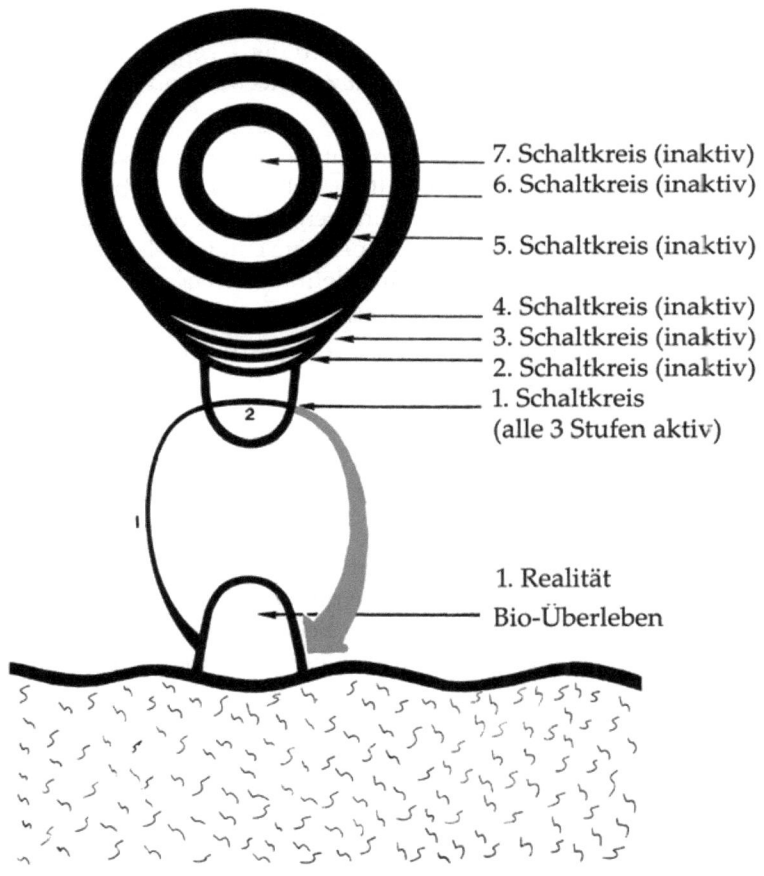

7. Schaltkreis (inaktiv)
6. Schaltkreis (inaktiv)

5. Schaltkreis (inaktiv)

4. Schaltkreis (inaktiv)
3. Schaltkreis (inaktiv)
2. Schaltkreis (inaktiv)
1. Schaltkreis
(alle 3 Stufen aktiv)

1. Realität
Bio-Überleben

Stufe 3 beginnt, sobald der Säugling eine Verbindung mit der mütterlichen, lebensspendenden Person eingeht. Diese Stufe ist phylogenetisch betrachtet wirbellos. Der Mensch, dessen Verdrahtung so eingestellt ist, diese Rolle zu favorisieren, wird als Taurus bezeichnet. Während des Ganzen Lebens tendiert er dazu, besonderen Wert auf materielle Bequemlichkeit und vegetative Befriedigung zu legen.

Stufe 4: Emotions-/Bewegungs-Empfänglichkeit

Der zweite Schaltkreis entstand, als lebendige Organismen das Wasser verließen, das Rückgrat entwickelten, mit der Schwerkraft lernten umzugehen, als sie begannen, Territorien zu kontrollieren und dominante Hierarchien zu entwickeln.

In der Entwicklung des Einzelnen wird der zweite Schaltkreis aktiviert, sobald das Kleinkind beginnt zu kriechen und herumzutapsen.

Stufe 4 ist die erforschende, egozentrische Periode, während der das Kind beginnt, den Umgang mit der Schwerkraft zu meistern, die Fortbewegungsmuskeln zu koordinieren, sich der Schwerkraft zum Trotz aufzurichten, doch bevor kooperative emotionelle Unterscheidungen gemacht wurden. Das Kind definiert ein neues Selbst, muskulotonisch und damit fähig, sich agil auf dem Boden zu bewegen.

Phylogenetisch produziert dieses Stadium tierische Formen, die als ‚emotional Einsame' operieren und die damit ohne Gruppenkooperation überleben.

Diese Stufe wird charakterisiert in der frühen Psychologie als Gemini, die ‚Hohepriesterin' und als Hermes-Merkur (weiblich: Merkuria, Hermia).

Das zodiakale Zeichen für diese Stufe ist Zwilling – ein vieldeutiges und verwirrendes Zeichen. Gemini kann besser beschrieben werden durch solche Tiere wie Otter, Schakale, Füchse, Nagetiere – Kreaturen, die mit Hilfe von List, Geschwindigkeit und Agilität überleben.

Stufe 4 Gemini
Neuro-muskuläre Empfänglichkeit
(Das Kind lernt zu laufen)

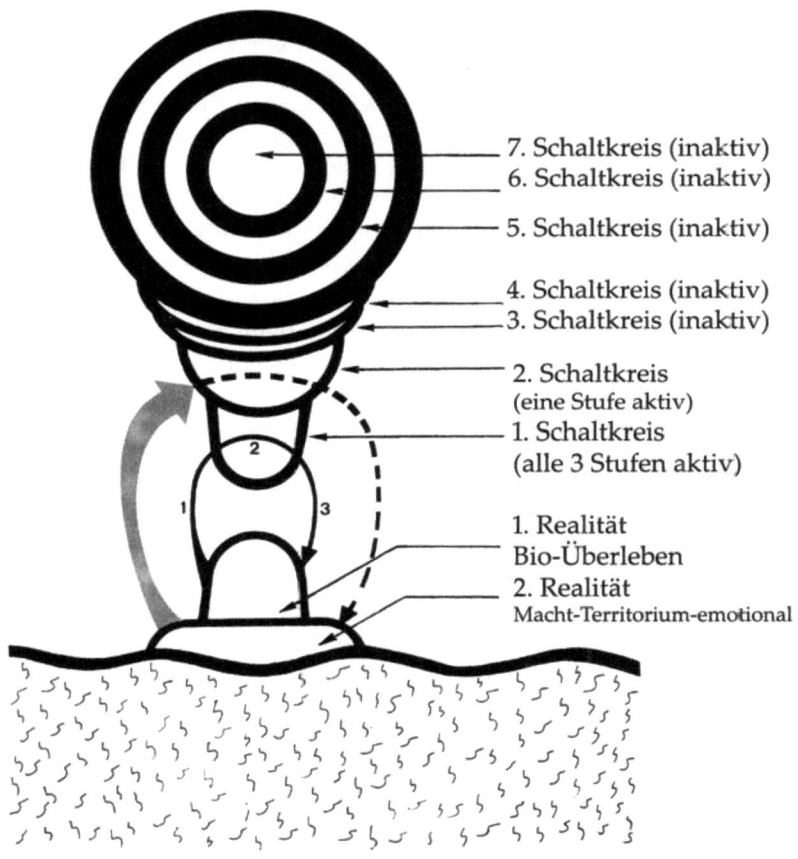

7. Schaltkreis (inaktiv)
6. Schaltkreis (inaktiv)

5. Schaltkreis (inaktiv)

4. Schaltkreis (inaktiv)
3. Schaltkreis (inaktiv)

2. Schaltkreis
(eine Stufe aktiv)
1. Schaltkreis
(alle 3 Stufen aktiv)

1. Realität
Bio-Überleben
2. Realität
Macht-Territorium-emotional

Stufe 4 beginnt, wenn das Kind zu krabbeln und laufen anfängt. Die neurale Vernetzung des muskulären Schaltkreises ist angeregt. Die rezeptive Stufe des 2. Schaltkreises involviert Mobilität und Ausweichen-können. Diese Stufe ist säugetierhaft. Der Mensch, der so vernetzt ist, diese Rolle zu favorisieren, wird Gemini genannt und tendiert sein ganzes Lebnen zu verborgener und agiler Mobilität.

Stufe 5: Emotionelle Intelligenz

Der muskulotonische zweite Schaltkreis ist aufwärts gerichtet und beweglich, dazu programmiert, Hilflosigkeit zu vermeiden, das Territorium zu beherrschen und Autonomie zu erlangen.

Gravitation und Territorium sind die der Evolution des Lebens zugrunde liegenden Faktoren. Ein neuer neuraler Schaltkreis wird aktiviert, um den Übergang von der See auf das Festland zu erleichtern. Das Überleben auf dem Festland erfordert die Kontrolle über das neue Territorium wie auch die Stärke und das Geschick, das Territorium für Nahrung und Brutstätten sichern zu können. Komplexe Strategien wurden durch die verschiedensten Säugetierarten entwickelt – muskuläre Kraft, Geschwindigkeit, Tarnung, Ausweichen – alles dazu bestimmt, sich nicht bezwingen zu lassen.

Sobald ein menschliches Kind beginnt zu gehen, beginnt es auch, das komplexe Netz der emotionalen Hierarchie zu spüren, aus der diese zweite Realität der Säugetierpolitik besteht. Die Selektion der angemessenen emotional-politischen Erwiderung wird festgelegt durch die zweite Prägung. Es gibt Zeiten, um sich zu nähern, auszuweichen, anzugreifen, zu dominieren, zu unterwerfen, zu geben oder zu nehmen. Diese komplexen Nuancen der Hackordnung, der Dominanz-Hierarchie und des territorialen Status zu erlernen, sind für das Säugetier und für das junge Kind überlebenswichtig. Motorisch-muskuläre Erwiderungen sind nicht länger automatisch ablaufende Annäherungs- oder Vermeidungstaktiken. Eingehende Signale werden von dem unruhigen, nervösen zweiten Hirn geprüft, abgeschätzt und interpretiert; sodann wird die angemessene emotionale Reaktion selegiert.

Diese Stufe wird personifiziert durch das Zodiakzeichen Cancer, dem ‚Kaiser' im Tarot, und die olympische Hestia.

Das Zodiaksymbol für diese Stufe ist der Krebs. Ein besseres neuro-genetisches Totem für diese Stufe ist ein Zentaur mit dem Gesicht von Leonid Breschnew oder besser noch: ein zigarrenrauchender Dinosaurier.

Stufe 5 Cancer
Neuro-muskuläre Intelligenz
(Das Kind lernt, Gravitation und Territorium zu kontrollieren)
(Säugetiergehirn)

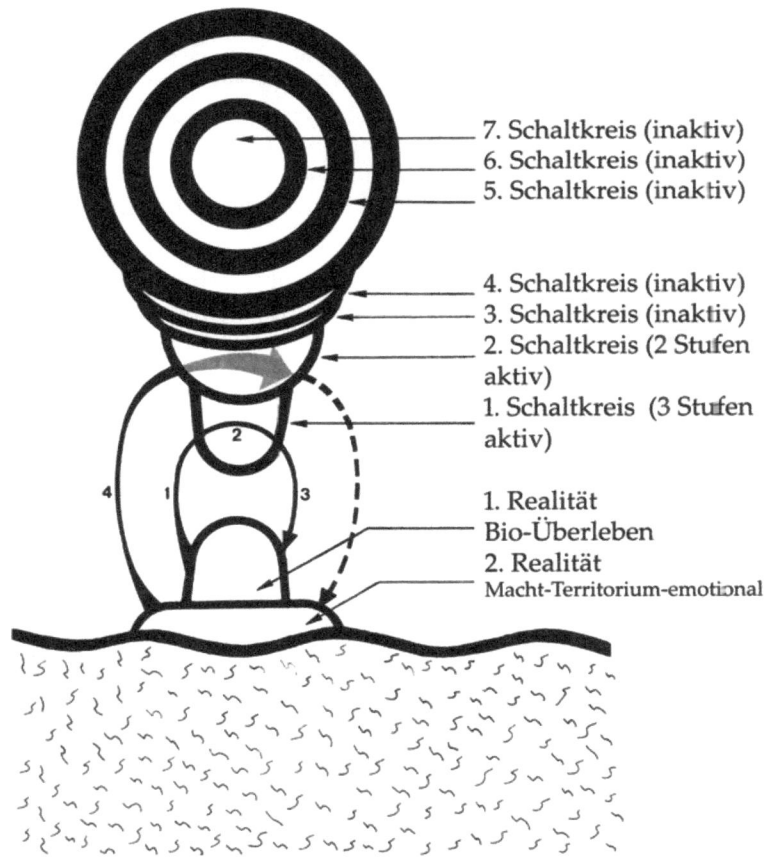

7. Schaltkreis (inaktiv)
6. Schaltkreis (inaktiv)
5. Schaltkreis (inaktiv)

4. Schaltkreis (inaktiv)
3. Schaltkreis (inaktiv)
2. Schaltkreis (2 Stufen aktiv)
1. Schaltkreis (3 Stufen aktiv)

1. Realität
Bio-Überleben
2. Realität
Macht-Territorium-emotional

Stufe 5 beginnt, sobald das gehende Kind, Mobilität und muskuläre Aktionen in Form von Kontrolle, Status und Freiheit zu verstehen und evaluieren beginnt. Diese Stufe ist säugetierhaft. Der Mensch, der (genetisch) vernetzt ist, dieses Rolle zu favorisieren, wird Cancer genannt und tendiert sein ganzes Leben dazu, Besitz, Kontrolle und eine Zentralität der Stellung hervorzuheben.

Stufe 6: Emotionelle Verschmelzung

Die nächste Stufe der neuromuskulären Adaption umfasst Gruppenkommunikation und Kooperation unter den Mitgliedern der Insektenkolonie, der Primatenhorde, der Biberkolonie, der Herde und der Menschengruppe.

Ein verwickeltes soziales Gefüge entsteht. Das Überleben des Einzelnen hängt von der Diskriminierung sozialer Differenzen sowie von der Einordnung in das soziale Gefüge ab. Der Organismus hemmt die eigene Autonomie, um sich der Gruppe anzupassen. Die Aufteilung in emotionale Rollen und soziale Verschmelzungen erscheint in der menschlichen Evolution, sobald die prä-humanoiden Primaten Jagdrudel und hierarchische soziale Einheiten ausformten.

Die Prägung des zweiten Schaltkreises determiniert den emotionalen Stil, das interpersonale Ego, das bis ins Erwachsenenalter bestehen bleibt.

Diese Stufe wird personifiziert durch Leo, den ,Hohepriester', Apollo/Amazonia. Der säugetierhafte Politiker.

Das neuro-genetische Totem ist Löwe/Löwin. Der 5.-Stufe-Krebs packt und hält. Der 6.-Stufe-Löwe leitet – er dominiert mittels politischer Verbindungen.

Stufe 6 Leo
Neuro-muskuläre Verknüpfung
(Das Kind prägt eine Dominanz-Rolle)
(Säugetier Politiker)

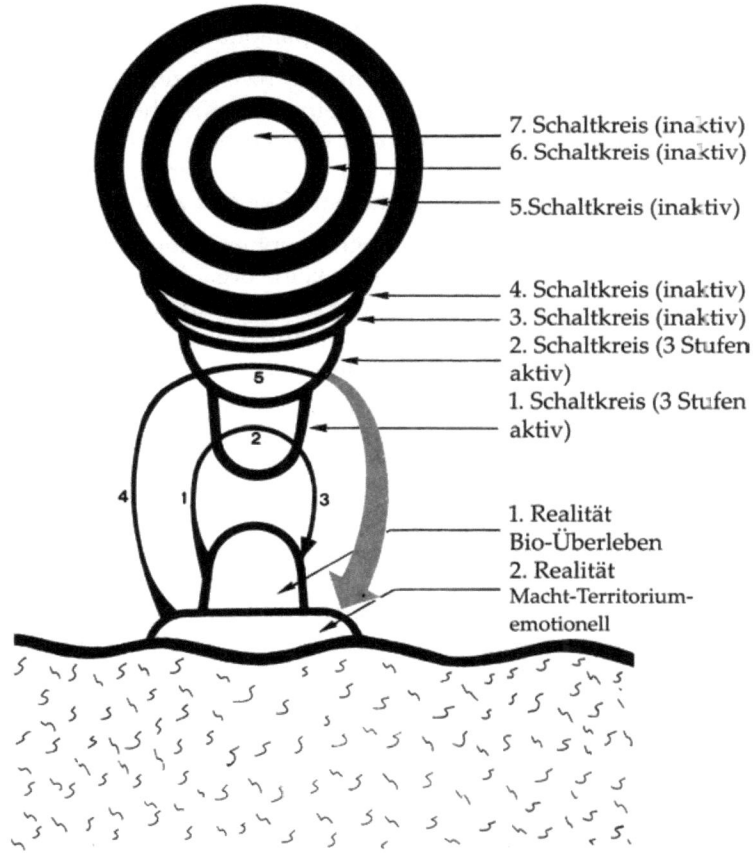

7. Schaltkreis (inaktiv)
6. Schaltkreis (inaktiv)

5.Schaltkreis (inaktiv)

4. Schaltkreis (inaktiv)
3. Schaltkreis (inaktiv)
2. Schaltkreis (3 Stufen aktiv)
1. Schaltkreis (3 Stufen aktiv)

1. Realität
Bio-Überleben
2. Realität
Macht-Territorium-
emotionell

Stufe 6 wird aktiviert, wenn das Kind seine/ihre Methoden der Herrschaft etabliert und die Gruppen/Herden-Verknüpfung für den Erhalt des Territoriums vornimmt. Diese Stufe ist - phylogenetisch betrachtet - die des Sozial-Tieres, der säugetierhafte Politiker. Der Mensch, der genetisch so vernetzt ist, diese Rolle zu spielen, wird Leo genannt; und über sein ganzes Leben hinweg betont er soziale Dominanz.

Stufe 7: Empfänglichkeit für laryngo-manuelle Symbole

Der dritte Schaltkreis entstand phylogenetisch, als die linke Hemisphäre des Kortex die besonderen und vermittelnden Funktionen von Geschick, der Manipulation von Artefakten sowie den Umgang mit den neun Muskeln des Larynx – die die symbolische Sprache ermöglichen - zu entwickeln begann. Der paläolithische Hominid.

Die erste Stufe der symbolhaften Intelligenz ist rezeptorisch, nachahmend, selbstbezogen. Der Altsteinzeitler, der Knochen und Steine entdeckt. Das Kind, das die von den Erwachsenen gezeigten Symbole akzeptiert und nachahmt. Der Erwachsene, der die Symbole irrational als magische und wiederholbare Zeichen verwendet.

Auf dieser ersten symbolischen Stufe gibt es keinen Erfindungsreichtum, kein konzeptuelles Denken, keine organisierte Manipulation. Wiederholung ist der Modus des Denkens und der Handlung. Befriedigung entsteht durch das Aufnehmen des gegebenen Symbols. Eine rein mechanische Durchführung.

Primitive menschliche soziale Gruppen entwickeln sich nicht über dieses Stadium symbolischer Passivität hinaus. Gewisse Individuen überschreiten jedoch diese geistige Stufe aufgrund eines genetischen Musters oder einer Prägung.

Die Stufe-7-artige Wiederholung von Symbolen wird häufig von Intellektuellen und Philosophen sehr extravagant ausgeübt, die gelernt haben, wie man Wörter reproduziert und mit Geschick wiederholt – eine simple Leistung muskulärer Manipulation, die sowohl sie selbst als auch andere immer sehr stark beeindruckt.

Stufe 7 wird dargestellt durch Virgo, die ‚Liebenden' des Tarot, und Diana/Minerva/Narziss/Hyazinthus/Echo des Olymp.

Stufe 7 Virgo
Laryngo-manuelle Empfänglichkeit
(Das Kind lernt, zu sprechen und mit seinen Händen zu manipulieren)
(Paläolithische Imitation)

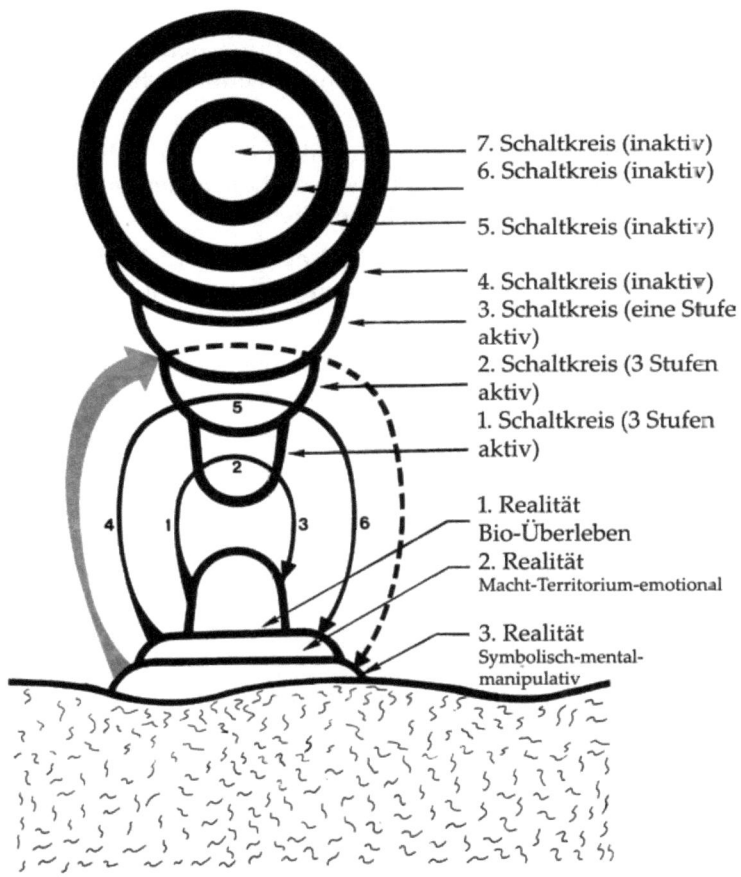

7. Schaltkreis (inaktiv)
6. Schaltkreis (inaktiv)

5. Schaltkreis (inaktiv)

4. Schaltkreis (inaktiv)
3. Schaltkreis (eine Stufe aktiv)
2. Schaltkreis (3 Stufen aktiv)
1. Schaltkreis (3 Stufen aktiv)

1. Realität
Bio-Überleben
2. Realität
Macht-Territorium-emotional

3. Realität
Symbolisch-mental-manipulativ

Stufe 7 wird aktiviert, wenn das Kind beginnt, zu sprechen und Artefakte zu manipulieren. Bemerke, dass die Stufen 8 und 9 bereit sind, aktiviert zu werden. Diese Stufe ist - phylogenetisch betrachtet - der frühe Primat. Der Mensch, der genetisch dazu vernetzt ist, diese Rolle zu spielen, wird Virgo genannt.

Stufe 8: Laryngo-manuelle symbolische Intelligenz

Sobald der dritte Schaltkreis entsteht, lernt das Kind schnell, die Welt durch Manipulationen des Kehlkopfknorpels und der manuellen Muskeln zu erfassen.

Die Realität des Säuglings wird definiert durch den ersten vegetativen Schaltkreis.

Die präverbale Realität des Kindes wird durch den zweiten Schaltkreis definiert – die großen Muskelgruppen ermöglichen Fort- und Aufwärtsbewegungen.

Der dritte Schaltkreis wird in der linken Hirnhemisphäre lokalisiert, die die neun Muskeln des Larynx und die feinen Muskeln, die die Geschicklichkeit regulieren, kontrollieren.

Die rezeptive Stufe dieses Schaltkreises (Stufe 7) schließt die passive Wiederholung laryngualer und manueller Abfolgen mit ein. Wortmagie. Abergläubische Symbolismen.

Stufe 8 – das dritte Hirn – integriert Symbol-Signale, relationiert, evaluiert und koordiniert die Symbolismen.

Die Bedeutung und Allgegenwart der laryngual-manuellen und zerebrotonischen Realität wird von den Psychologen nicht richtig gewürdigt. Der technologisierte Mensch ist fast vollständig umgeben von Artefakten. Würde man ihn nackt in der Wildnis ohne Artefakte aussetzen, würde SiEr nur dann existieren, sofern SiEr unmittelbar eine neue Realität von Artefakten erzeugt.

Die Operationen des laryngualen Bewusstseins[34] werden von den Philosophen indes noch mehr ignoriert. Geistige Gesundheit und Überleben hängen von der erlernten Fähigkeit ab, die Stimmbänder mit adäquater Geschicklichkeit einzusetzen. Jede Form des Denkens und fast jedes geistige Bewusstsein wird durch stille Bewegungen der larygualen Muskeln hervorgebracht.

Die achte Stufe der Evolution der Arten und des Individuums bezieht sich auf die ausführende Beherrschung dieser zwei spezifischen Muskelsysteme - Larynx und Hand –, die durch die linke Hemisphäre des Gehirns ermöglicht werden.

---

34. Im Original ‚mind' ; Anm. des Übersetzers.

$S.M.I^2.L.E.$

Diese Stufe wird durch Libra, die olympischen Formen von Psyche/Mnemosyne/Prometheus und die Tarotkarte ,Der Wagen' dargestellt.

Stufe 8 Libra
Laryngo-manuelle Symbol-Intelligenz
(Das Kind lernt, symbolisch zu denken;
frühe wissenschaftlich-symbolische Kultur)

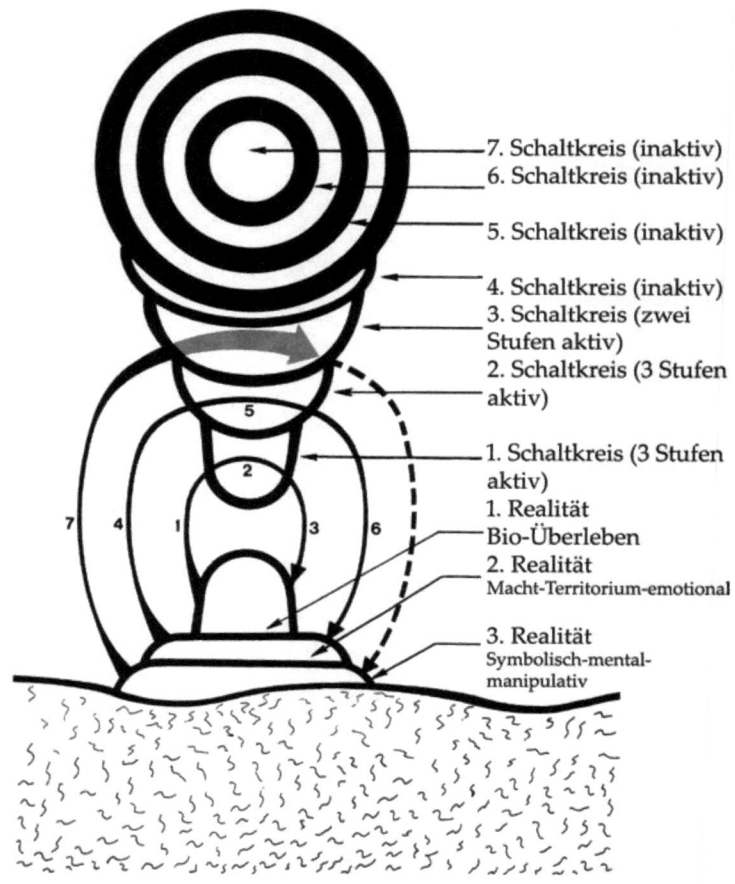

7. Schaltkreis (inaktiv)
6. Schaltkreis (inaktiv)

5. Schaltkreis (inaktiv)

4. Schaltkreis (inaktiv)
3. Schaltkreis (zwei Stufen aktiv)
2. Schaltkreis (3 Stufen aktiv)

1. Schaltkreis (3 Stufen aktiv)
1. Realität
Bio-Überleben
2. Realität
Macht-Territorium-emotional

3. Realität
Symbolisch-mental-manipulativ

Stufe 8 wird aktiviert, sobald das Kind beginnt, Symbole zu relationieren, zu 'denken'. Diese Stufe ist phylogenetisch betrachtet der Primat. Der Mensch, der genetisch darauf angelegt ist, diese Rolle zu spielen, wird Libra genannt.

S.M.I².L.E.

Stufe 9: Symbol-Manipulation

Die Entwicklung der L.M.-Intelligenz involviert Kommunikation von Symbolen – Symbol-Einfallsreichtum und Kreativität. Das Aufbrechen routinierter Symbol-Sequenzen und das Erzeugen von neuen Symbolen und Symbolverbindungen. Der Hominid der Bronzezeit gilt als der entsprechende Prototyp. Hacken, Bergbau, Schmelzen sind die natürlichen Arbeitsformen. Der kreative Gebrauch von Feuer. Kreatives Handwerk.

In gewissen Epochen der Geschichte haben sich soziale Gruppen und Einzelwesen darauf spezialisiert, statische und eingefahrene Symbolsequenzen aufzubrechen und neue Verbindungen zu erzeugen. Jedes Individuum entwickelt während der prä-adoleszenten Stufen seinen/ihren eigenen Stil der Kommunikation. Während einige genetisch darauf vorprogrammiert sind, die Rolle des Symbolerneuerers in der larvalen Gemeinschaft zu spielen, durchläuft jedes einzelne Individuum diese Stufe im Zyklus seiner eigenen Evolution. Diese Stufe wird personifiziert durch Scorpio, ,Lust' des Tarot und die griechisch-römischen Gestalten von Minerva, Athene, Vulkan und Theseus.

Stufe 9 Scorpio
Laryngo-manuelle Symbol-Manipulation
(Erfinderische und kreative Manipulation von Symbolen)

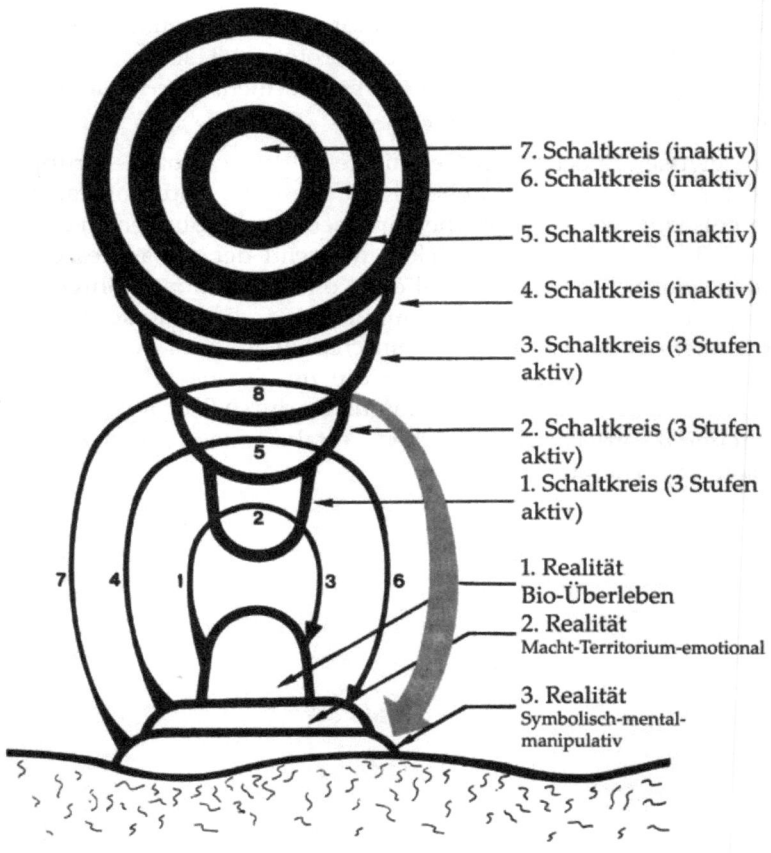

7. Schaltkreis (inaktiv)
6. Schaltkreis (inaktiv)

5. Schaltkreis (inaktiv)

4. Schaltkreis (inaktiv)

3. Schaltkreis (3 Stufen aktiv)

2. Schaltkreis (3 Stufen aktiv)
1. Schaltkreis (3 Stufen aktiv)

1. Realität
Bio-Überleben
2. Realität
Macht-Territorium-emotional

3. Realität
Symbolisch-mental-
manipulativ

Stufe 9 wird aktiviert, sobald der Primat beginnt, Symbole zu erfinden und neue Verbindungen zu erzeugen. Diese Stufe wird phylogenetisch gesehen gewöhnlich dem primitiven, vorzivilisierten Menschen zugerechnet. Der Mensch, der genetisch darauf angelegt ist, diese Rolle innerhalb der zwölf EInheiten umfassenden Menschheitsgruppe zu spielen, wird Libra genannt.

S.M.I^2.L.E.

Stufe 10: Sexuell-häusliche Empfänglichkeit [35]

Der vierte Schaltkreis des Nervensystems wird in der Pubertät aktiviert, wenn die Anatomie des Körpers den Zustand der Zeugungsreife erlangt. Die neue generotonische neurale Verdrahtung vermittelt eine komplexere Stufe der *contelligence* und erzeugt eine neue Realität, die durch die Sperma/Ei-Dringlichkeit und die domestizierte Sublimation der Sexualität beherrscht wird.

In der Evolution der Spezies entsteht Stufe 10, sobald die Technologie des Eisenzeitalters die Beweglichkeit bewaffneter Gruppen ermöglicht (Reisen mittels Schiffen, die durch Metallwerkzeuge gebaut wurden), die den protoimperialen plünderischen Staat initiiert: männerorientiert, Macho, freibeuterisch, kriegsähnlich, gesetzlos, habgierig. Dieses homerisch-phylogenetische Stadium wiederholt sich natürlich in der Adoleszenz des Menschen. Frauen sind auf dieser Stufe Sexobjekte, hübsche Besitztümer, Playboy-Pin-ups und Venus-Aphroditen.

Die erste adoleszente Stufe der Neurosexualität ist erforschend, empfangend, egozentrisch, selbstbestimmt, orgasmusorientiert und narzisstisch undomestiziert.

Während dieser Stufe wird die sexuelle Ausprägung bestimmt, die vierte Realität definiert und eine Rolle des sexuellen Auftretens gewählt. Experimente mit der Geschlechtsrolle werden leidenschaftlich durchgeführt. Die contelligence ist besessen von Werbungsritualen, Imponiergehabe und sexueller Entdeckung. Oder, sofern die genetische Muster neutral sind und/oder der sexuellen Prägung zuwiderläuft, die Energie wird auf intensive Hingabe und nicht-genitale soziale Rollen gelenkt, auf adoleszente Idealisierungen, obsessive Anti-Sexualität und Formen romantischen Ersatzes. Ein verwirrender Aspekt der prä-fortpflanzenden sexuellen Stufe ist, dass sozialer Druck Verhalten stimulieren kann, für das das Nervensystem eigentlich nicht ausgerüstet ist und das zu leidenschaftslos kopulierenden Rollen-Spielen bei denen führt, die genetisch neutral sind, sowie zu höchst aggressivem Asketentum bei jenen, deren Sexualität sozial unterdrückt wird.

---

35. Der Individualist; von den Sowjets als Rowdy bezeichnet

Der vierte Schaltkreis definiert Soz-Sex-Rollen, die untereinander so stark differieren wie die unterschiedlichen Kasten einer Insektenkolonie. Ein großer Prozentsatz der Menschen ist nicht für Fortpflanzung und Elternschaft bestimmt und dennoch neuro-genetisch darauf eingestellt, andere domestizierte Rollen zu spielen. Phylogenetisch entstand der vierte Schaltkreis, als sich der Homo sapiens aus den späten sozialen Gruppen des Bronzezeitalters entwickelte, in dem es keine Rollendifferenzierung unter den Männchen und den Weibchen gab (abgesehen vom Macht-Status), und (sich) die komplexe soziale Struktur der urbanen Zivilisation entwickelte.

Stufe 10 wird durch Sagittarius, den ‚Eremiten‘, und Mars/Venus/Ares/Aphrodite personifiziert.

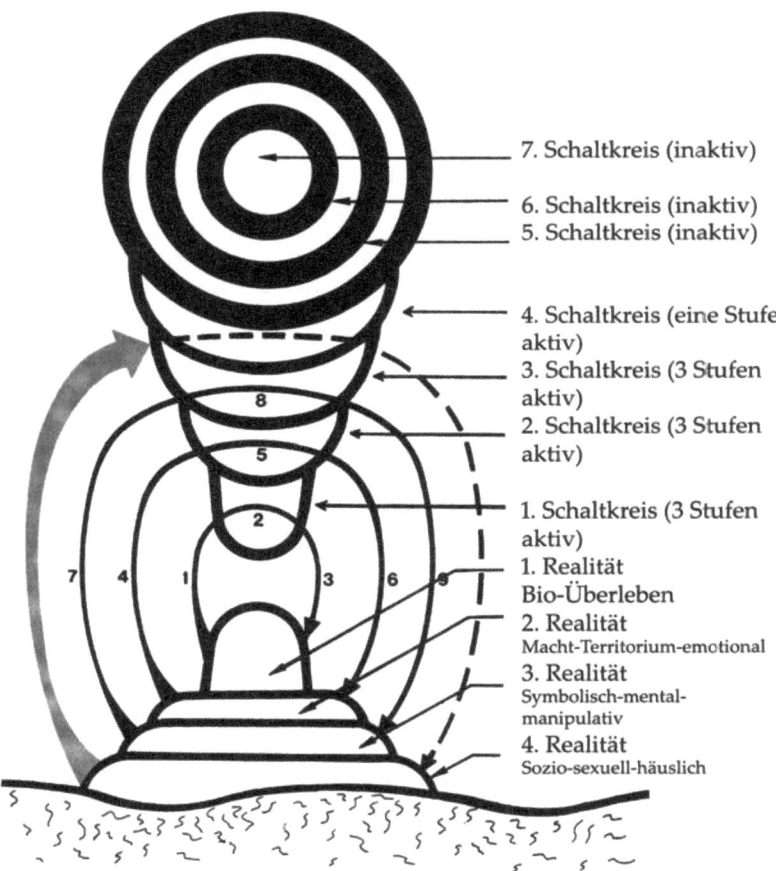

7. Schaltkreis (inaktiv)

6. Schaltkreis (inaktiv)
5. Schaltkreis (inaktiv)

4. Schaltkreis (eine Stufe aktiv)

3. Schaltkreis (3 Stufen aktiv)

2. Schaltkreis (3 Stufen aktiv)

1. Schaltkreis (3 Stufen aktiv)

1. Realität
Bio-Überleben

2. Realität
Macht-Territorium-emotional

3. Realität
Symbolisch-mental-manipulativ

4. Realität
Sozio-sexuell-häuslich

Stufe 10 beginnt zur Adoleszens, wenn die sexuelle Maschinerie angeregt und der 4. Schaltkreis aktiviert ist. Zu dieser Zeit findet die sexuelle Prägung statt; eine Geschlechts-Rolle wird entwickelt. Phylogenetisch gesehen definiert dieser Schaltkreis den homerischen Affen, den zivilisiertemn Larvalen. Der Mensch, der genetisch darauf angelegt ist, diese Rolle zu spielen, wird Sagittarius genannt.

Stufe 11: Sexuelle Domestikation, Elternschaft[36]

Der vierte Schaltkreis erzeugt die eltern- und familienorientierte soziale Realität.

Wenn dieser Schaltkreis aktiviert wird, registriert die Soz-Sex-Prägung blindlings das Objekt des Milieus, das gleichzeitig Auslöser und Ziel des sexuell-häuslichen Impulses wird.

Eine komplexe genetische Vorprogrammierung definiert die Art und den Umfang der Soz-Sex-Typen, die zur Erhaltung der vergrößerten Familie notwendig sind. Auf dieselbe Weise, wie das ,DNA-Gehirn' einer Insektenkolonie die angemessene Anzahl der Arbeiter, Drohnen und Krieger bestimmt, produziert das ,Spezies-Gehirn' des Homo sapiens die Fortpflanzungs-Typen der Menschen.

Larvale Menschen sind sich gleichermaßen ihrer Funktion als ,Saat-Träger' wie auch der genetischen Rolle, die sie programmiert sind zu spielen, nicht richtig bewusst. Manche sind geschlechtlich neutral, andere geschaffen für die Elternschaft. Es ist eine einfache Sache, die Soz-Sex-Rolle der Menschen zu identifizieren, selbst zu einem so frühen Zeitpunkt wie dem Beginn der Pubertät.

Die Vielfalt unterschiedlicher genetisch-neuraler menschlicher Typen erzeugt verständlicherweise Verwirrung und soziale Konflikte. Gesetze, ethische Codes und Erziehungsmethoden legen eine Homogenität nahe, die aber gar nicht existiert. Die menschliche Gesellschaft ist ein darwinscher Dschungel, der durch ein breites evolutionäres Spektrum bewohnt wird. Die vierte Prägung kanalisiert und verbirgt diese genetischen Unterschiede, indem sie das Nervensystem an standardisierte soziale Modelle ankoppelt. Der Mensch wird via Prägung domestiziert, darauf in konventionellen familiären Mustern zu reagieren – einschließlich Tanten, Onkeln, Großeltern etc. Zur Zeit der Schwängerung finden dann mächtige biochemische und neurologische Veränderungen statt, die nestbezogene und kinderbeschützende Reaktionen bewirken. Selbst jene, die keine Eltern sind, sind darauf programmiert, das Wohlergehen der Kinder wertzuschätzen und zu moralisieren.

---

36. Der bourgeoise Mensch

Die elfte Stufe der neuralen Evolution (elterliche Domestizierung) wird durch Capricornus, ,Glück' und Juno – Hera – Jupiter – Zeus personifiziert.

Während die elfte Stufe völlig häuslich verläuft – einschließlich all der elterlichen Rollen der Großfamilie –, ist die Nische grundsätzlich weiblicher Art. Historisch betrachtet ersetzte die familienorientierte Gesellschaft den vom Mann dominierten Raubtierstaat durch den sanfteren Umgang des Handels und das Familienmodell der Gesellschaft.

In diesem Zusammenhang ist es nützlich sich zu erinnern, dass jede neuro-genetische Nische grundsätzlich entweder männlich oder weiblich ist. Während jeder sich entwickelnde Mensch diese Stufen durchläuft – effektiv oder neuro-genetisch –, besteht da ein grundlegend rhythmischer Wechsel zwischen männlichen und weiblichen Stufen.

Die neuro-genetische Evolution schließt eine interessante spiralförmige Entfaltung wechselseitiger Geschlechtsrollen mit ein

Der männliche Fisch ist die männliche Version der weiblichen Stufe. Ein weiblicher Leo ist die feminine, amazonenhafte Version der männlichen Stufe.

Bemerkenswert ist die Schwierigkeit, griechisch-römische Gottheiten für das männliche Gegenstück von Pisces – Persephone, Taurus – Demeter, Cancer – Laren und Penaten, Virgo – Diana und Scorpio – Athene zu finden. Und dasselbe Problem findet sich in dem Bestimmen des weiblichen Gegenstücks von Aries – Neptun, Gemini – Merkur, Leo – Apollo und Libra – Prometheus.

Stufe 11 Capricornus
Sozio-sexuelle Häuslichkeit

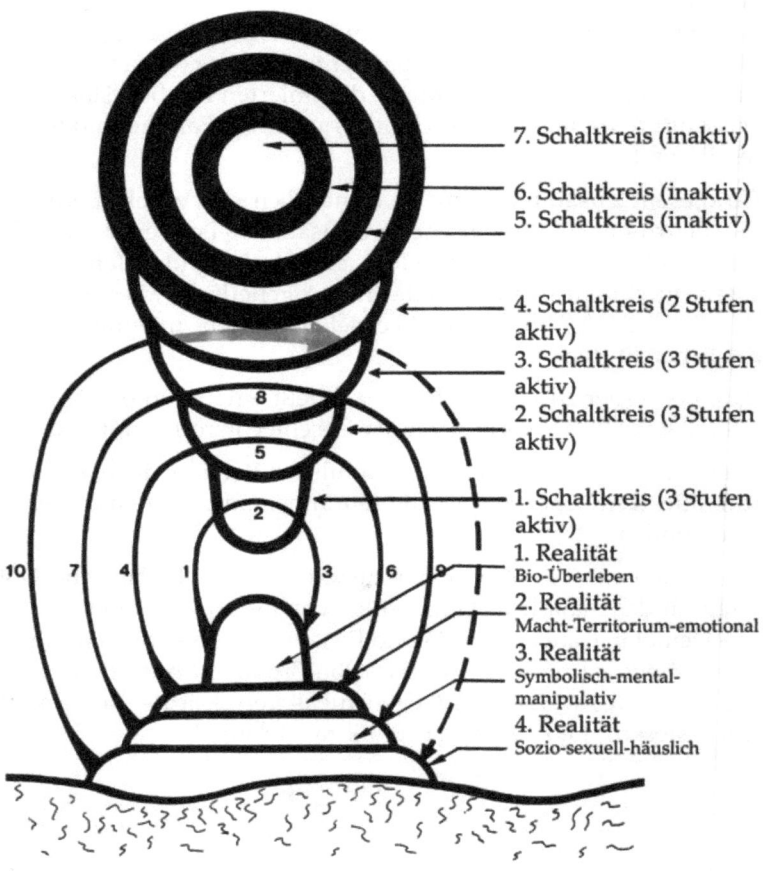

7. Schaltkreis (inaktiv)

6. Schaltkreis (inaktiv)
5. Schaltkreis (inaktiv)

4. Schaltkreis (2 Stufen aktiv)

3. Schaltkreis (3 Stufen aktiv)

2. Schaltkreis (3 Stufen aktiv)

1. Schaltkreis (3 Stufen aktiv)

1. Realität
Bio-Überleben

2. Realität
Macht-Territorium-emotional

3. Realität
Symbolisch-mental-manipulativ

4. Realität
Sozio-sexuell-häuslich

Stufe 11 wird aktiviert, wenn das Nervensystem eine sexuelle Sperma-Ei Verkörperung prägt. Phylogenetisch gesehen definiert diese Stufe die Familienorientierte Zivilisation, die dem kollektivistischem Staat vorrausgeht. Der Mensch, der genetisch darauf angelegt ist, diese Rolle zu spielen, wird Capricornus genannt.

Stufe 12: Kollektive Sozialisation (Insektoid)

Kollektive Sozialisierung ist offensichtlich die effektivste Überlebensstrategie.

Zweihirnige Säugetiere ziehen ihre Nachkömmlinge bis zur Reife auf, worauf diese zu unabhängigen Rivalen werden. Dreihirnige Primaten leben in einem Rudel oder einer Gruppe mit rudimentärer sozialer Organisation und sexueller Rollendifferenzierung. Insekten und der Homo sapiens haben einen unbesiegbaren anpassungsfähigen Mechanismus entwickelt – die zentralisierte Gesellschaft, in der das Schicksal des Individuums dem Wohlergehen des Kollektivs untergeordnet ist. Sowohl das menschliche Individuum als auch die Spezies entwickeln sich aus der Stufe 10 – vor-elterlich, genießerisch, undomestizierte Raubtiersexualität – über Stufe 11 – elterliche Verantwortlichkeit der familienorientierten Gesellschaft – zur Stufe 12, in welcher der sexuell-energetisierte domestizierte Instinkt erweitert wird und von der Familie bis hin zu der insektoiden Gesellschaft als Ganzem sublimiert wird.

Sexualität der Stufe 10 ist selbstorientiert und wurde historisch betrachtet in den mediterranen Kulturen entwickelt – hellenistisch, arabisch, katholisch-feudal, aristokratisch –, in der das Männchen seine Macht zur sexuellen Befriedigung nutzt und Frauen Besitz darstellen. Diese 'adoleszente' Stufe der sexuellen Sozialisation ist sowohl üppig ausschweifend und unerbittlich moralisch. Es ist kein Zufall, dass die Mittelmeerkulturen gleichermaßen die arabische Sinnlichkeit und die islamische Prüderie, den hellenistischen Hedonismus und die vorchristliche Askese, das katholische Mönchtum und die lateinische Sexualität hervorgebracht haben. Der lasterhafte König und die entsagende Priesterschaft. Frauen als Huren oder Heilige.

Die sexuelle Domestikation der Stufe 11 basiert auf der Familie und entwickelte sich historisch in den Mittelklasse-Bündnissen der Bruderschaften. Inzest-Tabus hemmen die freie Sexualität unter Geschwistern.

Wie attraktiv diese evolutionäre Periode mit ihrer Demokratie, ihrem freien Unternehmenswettbewerb, Parlamentarismus, der Konsumorientierung und dem Besitzrecht auch sein mag, so ist sie offenkundig eine weniger effiziente und erfolgreiche Form sozialen Überlebens als insektoider Kollektivismus der Stufe 12.

Diejenigen, die auf die mediterrane oder Mittelklasse-Demokratie geprägt sind, sind unfähig, die Macht der kollektiven Prägung zu verstehen. Die tiefverwurzelte Selbstachtung, wie sie der mediterrane Mensch empfindet, sowie die für die Familie bestimmte Häuslichkeit der Stufe 11 werden auf Stufe 12 durch Ergebenheit gegenüber dem Staat ersetzt.

In der kollektiven Gesellschaft gelten Individualismus (von den Russen als ‚Hooligan-ismus' bezeichnet), romantische Liebe und familiäre Loyalität (von den Russen ‚bourgeois' genannt) als böse und verräterisch. Das Kind, dessen Nervensystem sich in sozialistischen Kollektiven entwickelt, gibt dem Staat jene sublimierte Sexualität zurück, die in vorsozialistischen Gesellschaften in individuelle und familiäre Verbindungen aufgeteilt ist. Dies bedeutet, dass das Werbungsverhalten – Kleidung, Brautwerbung, ritualisierte Ausdrücke von Leidenschaft, Musik und romantische Symbolismen –, die ursprünglich dazu generiert wurden, einen gegengeschlechtlichen Partner anzuziehen, nun darauf gerichtet werden, die Anerkennung des Staates zu erlangen. Tugend findet sich nicht im elterlichen Begriff, sondern in der Pflicht dem Kollektiv gegenüber.

Sozialistische und kommunistische Staaten sind aus bedeutenden neurologischen Gründen sehr prüde und hemmend in Bezug auf die Sexualität von Jungs und Mädchen. Die Paarungs- und Häuslichkeitsinstinkte werden durch den Staat mitbestimmt. Das Nestverhalten, die beschützenden und ehebezüglichen Reflexe sorgen, füttern, unterstützen und verteidigen nun den Staat.

Die sozialistisch-idealistische Sublimation der sexuellen Energien der Stufe 12 ist die finale Kulmination der larvalen Evolution. Sämtliche Slogans sind wahr. Das organisierte Duckmäusertum wird die Erde erben. Die Massen werden den Planeten beherrschen. Der insektoide Sozialismus wird dominieren.

Stufe 12 wird im Zodiak personifiziert durch Aquarius, im Tarot ‚Ausgleich', und Themis – Nemesis.

Die *contelligence* der Stufe 12 schließt die Loslösung von zahlreichen instinktiv-neuralen Reflexen mit ein, die den sich entwickelnden Larvalen Sicherheit verschafft haben. Die sozialistische Prägung erfordert, dass das Individuum und die Familie die Kontrollen und Freiheiten, welche das Überleben des Individuums in der Vergangenheit gesichert hatten, dem Staat überlassen. Die Tier-Prägung ‚Heim-Grund-Territorium' des zweiten Schaltkreises ist aufgehoben. Kein eigener Besitz. Das gesamte Land gehört dem Staat. In korporativ-kapitalistischen Gesellschaften gehören die Reihenhäuser der Bank, und das Individuum wird häufig durch die Firma an andere Orte versetzt, damit die Verbindung zum eigenen Territorium schwer gemacht wird. Die L.M.-Symbole des dritten Schaltkreises sind standardisiert. Das sozialistische Kind kann im Kontext einer großen Vielfalt laryngo-manueller Muskelsysteme seinen/ihren Geist nicht frei entwickeln. Der erfinderische und kreative Geist verschwindet. Kultureller Lifestyle, Geschlechtsrolle, private und sublimierte Ausdrucksweise, die dem domestizierten Larvalen die Illusion der Einzigartigkeit vermittelt, wird zur Sowjet- oder Fernseheinförmigkeit homogenisiert (schönes Wort).

Obwohl dieser insektoide Mono-Kultismus in seiner Unterordnung früherer menschlicher Werte (individueller und familiärer Art) erschreckend ist, ist die Stufe 12 tatsächlich ein unvermeidlicher evolutionärer Schritt. Jeder neue Schaltkreis des Nervensystems führt zu einer höheren Stufe der Einheits-Verknüpfung:

1. Einzellige Formen ballen sich zu mehrzelligen Organismen.

2. Organismen ballen sich in territorialen Herden und Gruppen.

3. Werkzeug-erschaffende Hominide ballen sich in Handwerksgilden, Handels-Unionen und symbolteilenden Kollektiven.

4. Familien erweitern sich zu großen zentralisierten Staaten.

Die insektoiden Staatskollektive sind ein notwendiger Schritt in der larvalen Evolution. Nur der zentralisierte Staat kann die Technologie nutzbar machen, um den nächsten evolutionären Schritt möglich zu machen — die Migration von dem Planeten. Es ist notwendig, sich zu diesem Zwecke von den roboterhaften Säugetierverbindungen zu dem eigenen Territorium, zu lokalen Symbolfetischen, zu persönlichen Geschlechtsrollen und zu Familienverpflichtungen zu lösen und frei für die Mutation zu werden.

Der Vogel muss seine Nest-Prägung rückgängig machen, um nach Süden ziehen zu können.

Die vier larvalen Prägungen können als Lande-Kokons, als neurale Erweiterungen des plazentalen Planeten, als neuro-umbilikale Stränge zur Sicherung fötalen Überlebens betrachtet werden. Die genetische Organisation ist einfach zu verstehen. Die DNS landet bei der Geburt in dem neuen Planeten eines Säuglingskörpers und sendet nacheinander vier lebensunterstützende Systeme aus:

- **ventral-dorsal,**

- **muskulär,**

- **manipulierend (laryngo-manuell, muskulär),**

- **sexuell-zugehörig.**

Wenn sich der vier-hirnige Larvale bis zu jener Ebene der *contelligence* entwickelt hat, die Technik organisieren zu können, die notwendig ist, um die Metamorphose zum Migrationsflug zu bewerkstelligen, so ist es offenkundig notwendig, die vier neuro-umbilikalen Stränge von dem Milieu der Erde zurückzuziehen. Larvale Prägungen müssen verändert werden. Roboter-Reaktionen gegenüber dem Milieu der Erde müssen internalisiert werden. Dieser Prozess kann als dropping out bezeichnet werden.

Hier liegt das Paradox des technischen Mystizismus. Um zu den Sternen zu gelangen, muss man in sich hineingehen und seinen eigenen Körper, sein eigenes Gehirn und seine eigene DNS beherrschen.

Um den Gebärmutter-Planeten zu verlassen, muss man die Bindungen an äußere Stimuli aufgeben. Das mystische Bestreben, materialistisches Verlangen zu überwinden und die weltlichen Ambitionen zu durchtrennen, kann nun neuro-genetisch wiederaufgenommen werden.

Die Direktive lautet: Erlange Bewusstseins-Kontrolle über die vier neuen neuralen Prozesse, die bis dahin durch die vier geprägten Bindungen blockiert worden sind.

Die vier post-irdischen Schaltkreise sind Folge-Versionen der vier larvalen Prägungen.

Die vier larvalen Schaltkreise vermitteln muskuläre Kontrolle des Raum-Territoriums.

Die vier post-irdischen Schaltkreise vermitteln neurologische Kontrolle des ‚Zeit-Territoriums'.

Der erste larvale Schaltkreis prägt blindlings den vegetativen Körper auf äußerliche, endomorphe Nahrung. Der fünfte (neuro-somatische) Schaltkreis — der erste post-larvale — befreit den Körper von seiner Milieu-Prägung. Um im außerirdischen, gravitationsfreien Weltraum zu existieren, muss der Körper als ein von Erdbindungen unabhängiges Zeitschiff erfahren und beherrscht werden können.

Das kindliche Dahintreiben der Stufe 1 wiederholt sich in Stufe 13, der neuro-somatischen, passiven Empfänglichkeit. Der angetörnte Hippie ist der außerirdisch ‚Neugeborene'.

Stufe 2 – die biovegetative Intelligenz – wird auf Stufe 14 wiederholt, neuro-somatische Intelligenz.

Stufe 3 – Bioüberlebensverknüpfung – wird in Stufe 15 wiederholt, neuro-somatische Fusion.

Das Buch Eight Calibre Brain spezifiziert, wie die muskuläre Territoriums-Beherrschung des zweiten Schaltkreises durch neurologische Geschwindigkeit, Mobilität, einsteinsche Agilität und Macht ersetzt wird. Der Kampf um territoriale Macht des zweiten Schaltkreises entspricht der Realitätskontrolle von Schaltkreis 6. Und die Erfindung und Erschaffung (von L.M.-Symbolen) des dritten Schaltkreises wird durch den ‚Genius' der Genetik ersetzt. Schaltkreis 3 wird Schaltkreis 7. Leben ist ein sich entwickelndes System von Aminosäuren-Symbolen; das Alphabet der DNS, durch atomare Intelligenz komponiert.

Die erschreckende Homogenität des Massenkultes der Stufe 12 befreit das larvale Nervensystem zum Zwecke der Migration. Nur die organisierte Ameisenkolonie konnte Almagordo, V-2, Sputnik und Apollo 13 produzieren. Der Horror des vereinigten sozialistischen Staates ist nicht der Kollektivismus per se, sondern die Tatsache, dass die Ziele und Endeffekte, auf die er hinführt, larval-materialistischer Art sind.

Die chinesisch-russischen und amerikanischen Massenkulte sind letztendlich deshalb abstoßend, weil deren Ideale chauvinistisch, konkurrenzbezogen, imperialistisch und territorial sind. Die Demoralisation und das Elend der großen technologischen Imperien sind dem zwecklosen Materialismus anzulasten. Was daraus folgt, ist die Langeweile und Frustration insektenhaft larvaler Kultur-Überbevölkerung: keine Grenze zu erforschen, nichts zu tun, außer von der Krise zum Skandal zu taumeln und Streitereien entlang der sino-sowjetischen Grenze oder den Golan-Höhen zu provozieren.

Der Homo sapiens ist an der Schwelle der Entdeckung, dass die sich entwickelnde *contelligence* das Ziel der Reise darstellt; dass Freude nicht im äußerlichen Materialismus, sondern in der Zeithülle des Körpers liegt; dass Kraft nicht in den Muskeln oder in muskelersetzenden Maschinen, sondern im Gehirn liegt; dass die evolutionäre Blaupause in den genetischen Schriften und dass höhere Intelligenz in der Galaxie gefunden werden kann.

Innerhalb eines Jahrzehnts werden die ersten Männer und Frauen ins All auswandern. Der neuropolitische Einschlag dieser häuslichen Migration wird profund sein. Die Menschen von heute können in den Himmel schauen und wissen, dass amerikanische Krieger-Astronauten auf dem Mond spazieren waren und dass Pioniersonden den Jupiter umkreist haben. Doch die Effekte waren nicht inspirierend. Die Astronauten waren Roboter, mit denen sich die Menschen nicht identifizieren konnten.

Doch wenn die Menschen in den Himmel schauen und realisieren, dass die Saat ausgesandt wurde, dass Männer und Frauen den Planeten für immer verlassen haben und dort leben, lieben, kochen und Kinder kriegen, nach neuen Formen der Existenz im außerirdischen Raum suchend, dann wird die Metamorphose zur neurologischen Realität. Die große Mutation wird begonnen haben.

Das Ziel des Massenkultes der 12. Stufe wird das Erforschen neuer Welten sein, nicht nach Gold, sondern nach der nächsten Ebene der *contelligence* strebend.

Der erste Schritt in Richtung einer post-larvalen Existenz ist die neuro-somatische *contelligence* – die Wiederauferstehung des Körpers, die Beherrschung des Körpers als eines von larvalen Prägungen unabhängigen Zeitschiffes. Schaltkreis 5.

Stufe 12 Aquarius
Sozio-sexuelle Kollektivität

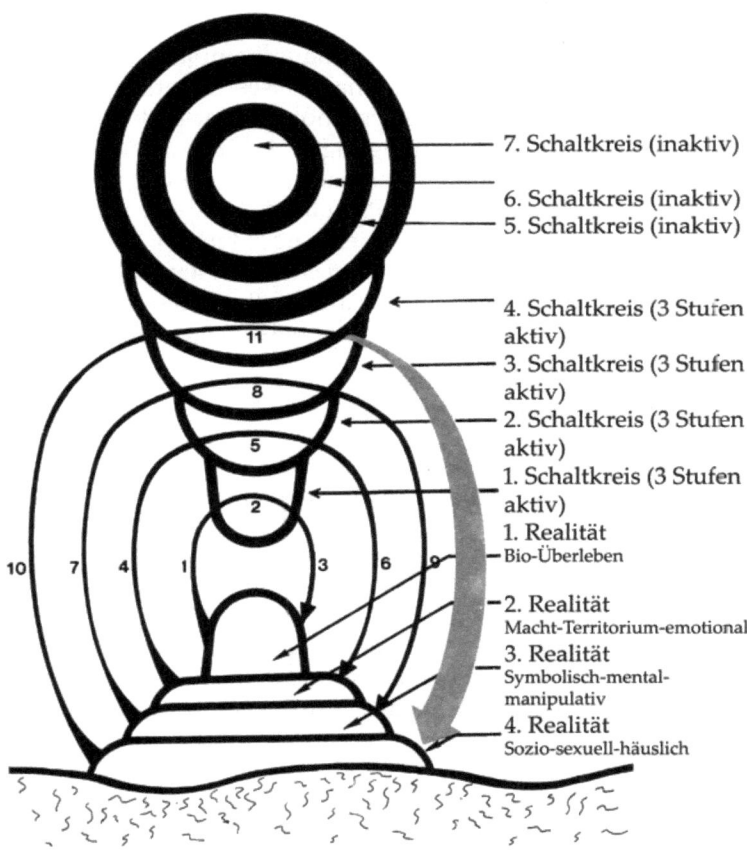

7. Schaltkreis (inaktiv)

6. Schaltkreis (inaktiv)
5. Schaltkreis (inaktiv)

4. Schaltkreis (3 Stufen aktiv)
3. Schaltkreis (3 Stufen aktiv)
2. Schaltkreis (3 Stufen aktiv)
1. Schaltkreis (3 Stufen aktiv)
1. Realität
Bio-Überleben

2. Realität
Macht-Territorium-emotional
3. Realität
Symbolisch-mental-manipulativ
4. Realität
Sozio-sexuell-häuslich

Stufe 12 wird aktiviert, wenn das Nervensystem die Gesellschaft als eine sozio-sexuelle Verbindung prägt. Phylogenetisch gesehen definiert diese Stufe den kollektivistischem Sozialismus, den sozialistischen Staat. Der Mensch, der genetisch darauf angelegt ist, diese Rolle zu spielen wird Aquarius genannt.

Die zwölf außerirdischen Stufen der Evolution

Wie wir gesehen haben, bedeutet die erste Stufe jedes neuen evolutionären Zyklus die Befreiung von der vorhergehenden Verknüpfung. Jede dritte Stufe jedes neu in Erscheinung tretenden neuralen Schaltkreises involviert eine neue, weitaus komplexere Verknüpfung. Die Aktivierung des fünften Schaltkreises, des ersten post-larvalen, ist ein Ereignis von großer psychologischer Bedeutung und Offenbarung. Die umbilikalen Prägungen wurden verändert, eine neue Realität wird erfahren – eine erweiterte Perspektive, in der bisher geprägte Überlebensrealitäten als Roboterfragmente verstanden werden können, die nun weder limitieren noch binden. Diese Erfahrung wurde von Mystikern, Poeten, psychedelischen Adepten, Okkultisten und Drogennutzern in unzähligen Berichten in der Sprache der larvalen Kulturen notwendigerweise vage und subjektiv beschrieben.

Die basalen Tatsachen sind jedoch:

1. dass es andere Ebenen der Realität neben der sozial konditionierten gibt,

2. dass diese Erfahrungen messbare und vorhersagbare neurologische Ereignisse sind und

3. dass sie am besten in Begriffen der Neurotransmitter-Biochemie verstanden und klassifiziert werden können, die diese Erfahrungen und die von ihnen aktivierten Schaltkreise des Nervensystems induziert haben.

Obwohl es viele Systeme zur Klassifikation der Vielfalt transzendentaler Erfahrungen gibt, definiert Exo-Psychologie drei post-larvale Ebenen der *contelligence*, die anhand ihrer atomaren Struktur bestimmt werden (Schaltkreis 8 ist metaphysiologisch).

S.M.I².L.E.

5. Neuro-somatische *contelligence*: Körper-Realität. Der Empfang, die Integration und Übertragung von sensorisch-somatischen Signalen.

6. Neuro-physische *contelligence*: befindet sich im zerebralen Kortex und vermittelt die Realität des Gehirns, elektromagnetische Signale.

7. Neuro-genetische *contelligence*: Senden und Empfangen von DNS via RNS.

Diese drei Schaltkreise können nicht nur durch Begriffe der Neuro-Anatomie und den phänomenologischen Gehalt der erfahrenen Signaleinheiten definiert werden, sondern auch durch die Neurotransmitter-Substanzen, die sie aktivieren.

Die larvale Psychologie ist nicht dazu imstande, die Natur oder den Zweck der drei exo-psychologischen Ebenen der *contelligence* zu erklären, weil sie für die irdische Existenz irrelevant, verwirrend und überlebensgefährdend sind. Sie werden daher in Begriffen der Halluzination, Täuschungen und in Form von psychotischen Zuständen und Traumzuständen beschrieben – was nicht mehr bedeutet, als dass sie gegenüber der normalen domestizierten Tunnelrealität fremdartig sind. Die Verwirrung und Furcht, die durch diese transzendentalen Stufen des Bewusstseins generiert werden, stammen möglicherweise daher, dass sie eben für die post-irdische Existenz geschaffen wurden.

Neuro-somatische Chemikalien (z. B. Cannabis) und neuro-elektrische Chemikalien (psychedelische Indole und Alkaloide) wurden in der Vergangenheit durch die Schamanen und Alchemisten genutzt, die infolgedessen über mystische und prophetische Alternativwelt-Erfahrungen berichtet haben. Einige Wissenschaftler behaupten, dass alle kosmologischen Religionen auf visionären Erfahrungen beruhen, die durch sakramentale Neurotransmitter-Substanzen produziert wurden. Die Gegner psychoaktiver Drogen beklagen indes auch richtigerweise, dass diese Substanzen eben ‚Alternativwelt-Erfahrungen' verursachen, die irrelevant oder gar gefährlich für das irdische Überleben sind.

Der Gebrauch dieser Neuro-Chemikalien wurde von der larvalen Gesellschaft sehr konsequent unterdrückt, da sie den Menschen – durch das Aufheben larvaler Prägungen – von den konventionellen Insel-Realitäten entbinden und neuro-somatische, neuro-physische und neuro-genetische Perspektiven produzieren, die fremd und beunruhigend erscheinen. In der Vergangenheit wurde der Gebrauch von Neuro-Chemikalien teilweise auf intellektuelle Eliten und mystische Geheimkulte begrenzt.

Es wäre anzunehmen, dass eine Raupengesellschaft durch das Einführen von Substanzen ziemlich beunruhigt wäre, die bei diesen erdgebundenen Kreaturen vorzeitig eine Schmetterlings-*contelligence* stimulieren und aktivieren würde. Der geregelte Ablauf der Metamorphose würde gestört und das Überleben der Spezies bedroht werden, sofern ein beachtenswerter Prozentsatz der Raupen allerorts prophetische Visionen einer geflügelten Existenz herumerzählen würde.

Seit 1945 wurde das Nervensystem und die DNS des Menschen drei mächtigen mutationsverursachenden Stimuli ausgesetzt, die neu für die Spezies sind:

- Radioaktivität aufgrund von Röntgenstrahlung und nuklearer Explosionen,

- elektromagnetische und elektronische Strahlung, die durch Technik erzeugt wird,

- neuro-somatische und neuro-physikalische Drogen, Zusätze und synthetische Stoffe in der Nahrung und chemische Verunreinigungen in der Atmosphäre.

Die Exo-Psychologie nimmt an, dass sobald der Mensch diesen mächtigen elektrochemischen Energien ausgesetzt ist, ein erwarteter Mutationsprozess in Gang gesetzt wird und dass die DNS als Reaktion darauf dem Nervensystem derjenigen, die nach 1945 geboren wurden, signalisiert hat, dass die Zeit zur Mutation gekommen ist. Es ist Zeit, mit der Migration von diesem Planeten zu beginnen.

Es besteht kein Grund anzunehmen, dass Fernsehen, atomare Spaltung und Verschmelzung, neuro-somatische und neuro-elektrische Drogen und Ähnliches nicht von der DNS erwartet wurden oder für diesen Planeten ungewöhnlich sind. Man nimmt an, dass die Erschaffung einer sauerstoffhaltigen Atmosphäre durch die ursprüngliche Vegetation – welche die von der DNS vorprogrammierten Konstruktion von Kiemen und Lungen auslöste – als Standardsequenz der Evolution eines jeden bewohnten Planeten gilt. Ferner wird angenommen, dass Elektronik, nukleare Spaltung, synthetische Chemikalien und neuro-aktive Drogen von der DNS erwartete Energietransformationen sind, die als Auslösemechanismus der nächsten Mutation dienen. Millionen ähnlicher Planeten haben ein Hiroshima durchlitten, Jugend-Drogen-Kulte und Prime-Time-Fernsehen. Die Metamorphose ist für das Individuum, das sie erlebt, überraschend, jedoch nicht für die DNS.

Die Egozentrik larvaler Philosophen führt unweigerlich zu Frustration und Schuld. Menschen, die denken, dass sie die Natur kontrollieren und dominieren können, fühlen sich verantwortlich und reumütig, wenn sich Ereignisse als nachteilig herausstellen. Überbevölkerung und Umweltverschmutzung werden in einer neuen larvalen Überlebensmoral zum Beispiel zu ‚Sünden'.

Die Neurogenetik und die Exo-Psychologie lehrt auf der anderen Seite ein bescheidenes, optimistisches Vertrauen in die Intelligenz der DNS. Der genetische Code weiß, was SiEr tut. Neuro-aktive Drogen treten genau dann in Erscheinung, wenn sie von der RNS benötigt werden. Der viele Millionen Jahre währende interstellare Plan der DNS wird sich durch den Smog von Los Angeles, Acid-Rock, malthusionische Inflation oder radioaktiven Fall-out weder überraschen noch blockieren lassen.

Untergangsszenarien und spenglersche Schriften sind transformierte larvale Ängste vor der eigenen Sterblichkeit. Eschatologische Fantasien sind die derjenigen, die sich in den Wechseljahren befinden. Wir erinnern uns daran, dass ‚jeder' dachte, die Welt würde im Jahr 1000 n. Chr. untergehen. Wie anmaßend der Mensch, sich darum zu sorgen, dass ‚er' irgendetwas – im Guten oder Schlechten – tun und sich in einen viele Millionen Jahre alten evolutionären Prozess einmischen kann, der sich in exakt derselben Weise auf Millionen ähnlicher Planeten in dieser Galaxie entfaltet[37].

Jede neue Ebene der Energie, die durch den ‚Mensch' entdeckt worden ist – chemisch, elektrisch, nuklear –, ist überraschend, erschreckend und verwirrend für den geprägten Geist. Doch für die DNS ist das Auftreten neuer Chemikalien oder elektromagnetischer Stimuli lediglich ein Signal dafür, dass eine fortgeschrittene Phase der Evolution dabei ist zu beginnen.

Der weit verbreitete Gebrauch von neuro-aktiven Drogen mag ein Zeichen sein, dass eine neue Ebene der *contelligence* in Erscheinung tritt. Neuro-somatische Drogen lockern die synaptischen Verbindungen auf, die die larvale Realität definieren, und erweitern und intensivieren dramatisch die sensorisch-somatische Bewusstheit. Cannabis verringert emotionale, mentale und soziale Verpflichtungen und produziert einen losgelöst-amüsierten Hedonismus und eine erhöhte Sensivität gegenüber roher, direkter Sinnlichkeit.

Cannabis ist ein neuro-somatischer Auslöser, der einen neuen neuralen Schaltkreis aktiviert. Es ist kein Zufall, dass Cannabis ein Kultur-Symbol der ersten Generation der massentechnologischen Gesellschaft wurde.

Die Entdeckung des Körpers, die Erforschung des Körpers und die Ästhetisierung des Körpers ist der erste Schritt der Befreiung des Nervensystems von den erdgebundenen larvalen Signalleinen – und die Vorbereitung auf die Null-Gravitation.

---

37. Zu genau diesem Moment sind auf anderen Planeten unzweifelhaft mehrere Tausend Philosophen wegen vielfältiger Ideen inhaftiert und schreiben exo-psychologische Texte; und Millionen von Lesern wie Sie fragen sich unsicher, ob es Millionen von Leser wie sie selbst auf anderen Planeten gibt; ein bisschen verstört von der Möglichkeit, dass Evolution auf genau dieselbe Weise innerhalb der Galaxie operiert und dass 'Heute' schon millionenfach passiert ist.

S.M.I².L.E.

Stufe 13: Neuro-somatische Empfänglichkeit

Die erste post-larvale Stufe; der von neuro-umbilikalen Prägungen befreite Körper, bereit für die Null-Gravitations-Existenz. Dies ist eine Wiederholung der Stufe 1, wo das Neugeborene unmittelbar nach der Geburt noch ohne neurale Verknüpfungen zu der Umwelt verbleibt.

Auf der Stufe 13 ist der Körper temporär von externen Prägungsverknüpfungen gelöst und wird ein Instrument der Null-Gravitation. Dieser Zustand wird auch ‚high' genannt. Die ersten Reaktionen auf einen neuen neuralen Schaltkreis sind erforschender Natur. Aufnahme. Passive Empfänglichkeit gegenüber den neuen Signalen. Der Körper wird eine Quelle der Freude. Selbst-Identifikation als ein hedonistischer Konsument.

Die Haltung ist dahinfließende Selbstsüchtigkeit. Warum für externale materielle Belohnungen (emotional, mental, sozial) kämpfen, die nur plumpe, artifizielle und symbolische Auslöser für die sensorisch-somatische-endokrine Erfahrung sind? Die externen Belohnungs-Auslöser können durch die Aufnahme von Neuro-Chemikalien suspendiert werden. Nachdem der Erwachsene die vier larvalen Überlebensverknüpfungen[38] beherrscht, kann die roboterhafte Sucht nach der materiellen Welt aufgegeben werden. Der ‚angetörnte' Körper ist naturgegeben. Die ‚normale' Symbolrealität wird als larvale Krücke betrachtet.

Es gibt vier antimaterialistisch-neuro-somatische Offenbarungen, die der intelligente Drogennutzer erfahren kann – vegetativ, emotional, mental und sozial:

1. Warum auf materialistische Stimuli für das Gefühl des vegetativen Wohlbefindens angewiesen sein, wenn eine Droge zelluläre Befriedigung auslösen und Schmerz eliminieren kann?

2. Warum für jene materiall-muskulären Belohnungen schwitzen und kämpfen, die emotionelle Befriedigung geben – wie der Cadillac, der Titel, das Haus auf dem Berg –, wenn eine Droge das neurale

---

38. ‚survival-dials' im Original; Anm. d. Übersetzer

Stadium des Friedens aktivieren kann? Einsteinsche Mobilität ersetzt newtonsches Drängen.

3. Warum mit der Wiederholung von Symbol-Sequenzen oder den Prozessen der Artefakt-Herstellung fortfahren, warum mit stereotyp-roboterhaften Mental-Routinen weitermachen, wenn eine Droge den Geist befreien kann, um neue Verbindungen und frische, kreative Problemlösungen zu erzeugen. Warum wie ein maschinenähnliches Fließband-Kraftwerk sein, wenn der freie, entspannte und fließende Geist Symbole im Rhythmus und in der Sequenz des Natürlichen biegen, krümmen und gleiten lassen kann? Warum arbeiten, wenn das Universum ein verspieltes Energiefeld ist?

4. Und warum, der kurzen Freuden des genitalen Orgasmus willen, sich selbst auf ein Leben in der domestizierten Sklaverei festlegen, wenn eine neuro-somatische Droge eine direkte, nackte Sensation produzieren kann, bei der jede Berührung, jeder Geschmack, Geruch, Bewegung, Anblick und Klang in einem somatischen Entzücken explodiert?

Neuro-aktive Drogen wurden seit dem Anfang der Geschichte von denen genutzt, die in die internen Freuden des Sensorisch-Somatischen ,ausbrechen' wollten.

Was ist es, dem die Cannabis-Nutzer entkommen wollen? Die moralistische Antwort darauf lautet: sozialer Verantwortung. Die neurologische Antwort ist: Von der Tunnel-Realität der vier artifiziellen Prägungen.

Die erste post-larvale Stufe (13) ist infantil genießerisch und eine neue Ego-Identität etablierend. Die Hippie-Bewegung. Der passive Hedonist. Moralisten beklagen sich, dass die Jugendkultur infantil sei. Exakt! Genauso ziellos und unproduktiv wie ein Baby. Die erste post-larvale Generation (jene, die zwischen 1945 und 1970 geboren wurden) muss natürlich die ganze Wucht der Mutationsverwirrung austragen. Wir können uns vorstellen, dass die erste Generation von Amphibien ähnlich missverstanden wurde – als verrückte, faule, durcheinander geratene Kinder, die am Strand herumlagen, sich passiv des hellen Sonnenscheins erfreuten und Sauerstoff einatmeten.

Den späteren post-larvalen Generationen wird durch die Erfahrung und das Mitgefühl jener geholfen, die vor ihnen kamen. [39]

---

39. Zeitprojektionen, vorwärts oder zurück, sind immer faszinierend. Wenn wir es damals gewusst hätten..., hätte Hiroshima verhindert werden können? Wenn dieses Buch und die neuro-genetischen Prinzipien, die es präsentiert, in den 60er Jahren erhältlich gewesen wäre, hätte viel Verwirrung vermieden werden können. Müßige Spekulation. Die **DNS** erwartet, dass die erste Reaktion auf eine neue Energie selbstsüchtig und verwirrend ist.

Stufe 13 Pisces II
Neurosomatische Empfänglichkeit ('high'-sein)

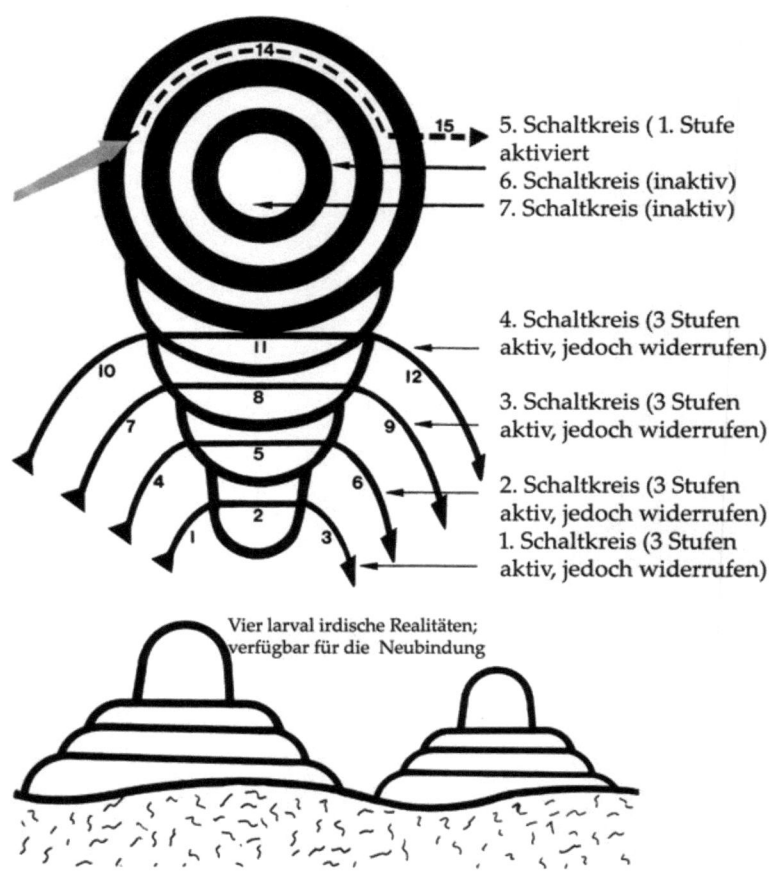

15

5. Schaltkreis (1. Stufe aktiviert
6. Schaltkreis (inaktiv)
7. Schaltkreis (inaktiv)

4. Schaltkreis (3 Stufen aktiv, jedoch widerrufen)

3. Schaltkreis (3 Stufen aktiv, jedoch widerrufen)

2. Schaltkreis (3 Stufen aktiv, jedoch widerrufen)
1. Schaltkreis (3 Stufen aktiv, jedoch widerrufen)

Vier larval irdische Realitäten; verfügbar für die Neubindung

Stufe 13 wird aktiviert, wenn eine Mutation vom Larval-Irdischen zur außerirdischen Neurologie geschieht. Die vier larvalen Prägungensfasern werden widerrufen und der Körper operiert als poly-sensorisches Zeit-Schiff. Während jeder Post-Larvale diese Stufe durchläuft, wird der Mensch, der genetisch darauf angelegt ist, diese Rolle zu spielen, Pisces II genannt, der hedonistische Konsument.

Stufe 14: Neuro-somatische Intelligenz

Der rezeptiven Stufe eines Mutationsfortschritts folgt eine integrative Stufe. So, wie der endomorphischen Bioüberlebens-Prägung (Stufe 1) eine viszerotonische Konditionierung folgt – diskriminierend und selektiv (Stufe 2) –, so organisiert und kontrolliert Stufe 14 die neuro-somatischen Signale der Stufe 13.

Auf Stufe 13 sind die neuralen Leitungen zu dem umbilikal Externen zurückgenommen. Die sensorisch-somatischen Signale werden empfangen. Sensorischer Konsumismus tritt in Erscheinung.

Das Körper-Gehirn beginnt dann zu selegieren, zu erinnern, zu relationieren und die somatisch-sensorischen Funktionen zu kontrollieren; Stufe 14.

Die vorhergehende Stufe (13) wird durch den passiven, dahin treibenden Hippie personifiziert. Stufe 14 indes wird durch den disziplinierten Yogin, Gesundheitskostexperten und Körper-Zauberer verkörpert, der präzise somatische Kontrolle erlangt und lernt, den Körper als ein Zeitschiff zu gebrauchen.

Die erste post-larvale Generation war naiv genug zu glauben, dass das turning on den Endpunkt darstellte. Fühl-dich-gut-Konsumismus. Ein kleiner Prozentsatz, aber war aufgeklärt genug, das Management der Sinnlichkeit zu erlernen und zu beherrschen sowie die unendliche interne Geografie der Neuro-Physiologie zu erfassen und in ihr zu navigieren.

Das vage theosophische Klischee ‚Beobachte dich selbst' bekommt nun eine spezifische anatomische Bedeutung. Sich selbst zu beobachten meint: Beobachte den Körper. Die Kontrolle des autonomen Nervensystems und der somatischen Reaktionen, die für den Larvalen unwillkürlich und unbewusst ablaufen.

Stufe 14 Aries II
Neurosomatische Intelligenz

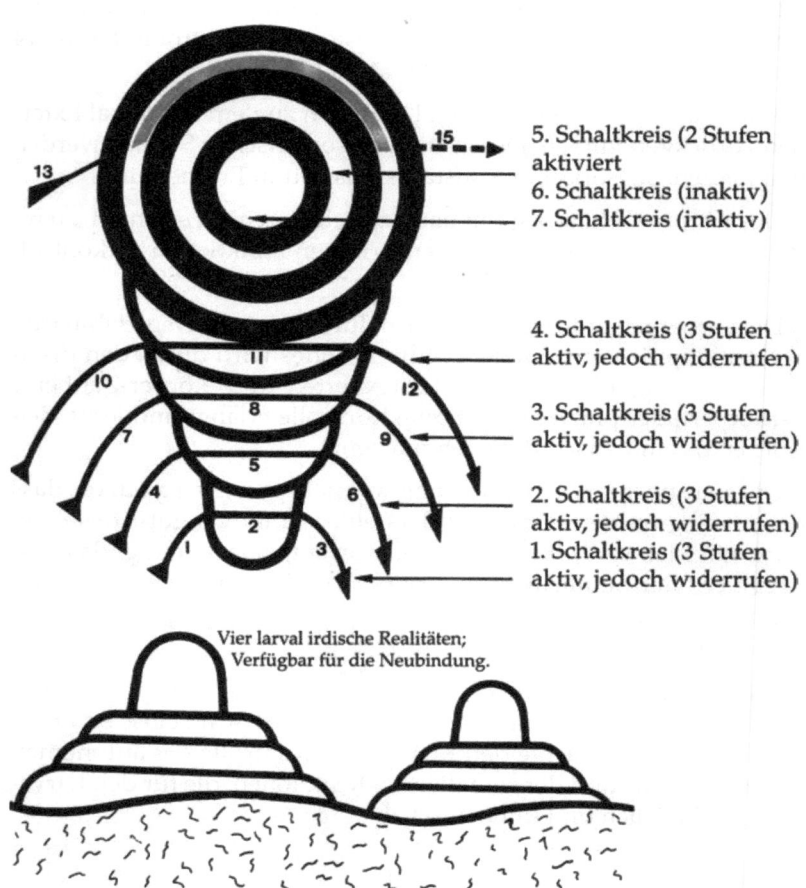

5. Schaltkreis (2 Stufen aktiviert
6. Schaltkreis (inaktiv)
7. Schaltkreis (inaktiv)

4. Schaltkreis (3 Stufen aktiv, jedoch widerrufen)

3. Schaltkreis (3 Stufen aktiv, jedoch widerrufen)

2. Schaltkreis (3 Stufen aktiv, jedoch widerrufen)
1. Schaltkreis (3 Stufen aktiv, jedoch widerrufen)

Vier larval irdische Realitäten;
Verfügbar für die Neubindung.

Stufe 14 wird aktiviert, wenn das Fünfte Gehirn lernt, neurosomatische Signale zu kontrollieren, integrieren, organisieren und zu erinnern und den poly-sensorischen, gravitationsfreien Körper zu manipulieren. Phylogenetisch repräsentiert diese Stufe das Fünfte Gehirn. Während jeder Post-Larvale diese Stufe durchläuft, wird jeder Mensch, der genetisch darauf angelegt ist, diese Rolle zu spielen, Aries II genannt; Der Yogi, Körperbewußtheit.

Stufe 15: Neuro-somatische Verschmelzung

Nach der Rezeption und der Integration folgt die Verschmelzung der neuen Energie mit Anderen, um eine soziale Verknüpfung zu formen. Synergie.

Neurale Schaltkreise sind dafür geschaffen, um zu übermitteln, zu kommunizieren und anzuschließen. Die Verknüpfung – poetisch häufig als Einheit oder Liebe bezeichnet – ist keine zufällige Entwicklung. Sie ist in das Design der DNS eingebaut. Verschmelzung und wechselseitiger Austausch produziert eine Struktur, die es ermöglicht, *contelligence* zu erhöhen. Zwei Köpfe sind besser als einer – sofern sie auf derselben Frequenz senden und übermitteln.

Unsere Sprache verfügt über keinen spezifischen Begriff für diese Art von Kommunikation, bei der zwei oder mehr Personen mittels neuro-somatischer Kanäle operieren und die frei sind von symbolisch-materiellen Prägungen. Es wurde schon ‚Außer Sinnliche Wahrnehmung' (ASW) genannt. Die spirituelle Gemeinschaft. Agape. Tantra.

Das neurologische Erwachen der sechziger Jahre resultierte in einer weit verbreiteten Faszination für das persönliche Wachstum und die eigene Weiter-Entwicklung und wurde allgemein die ‚Bewusstseins-Bewegung' genannt. Die generelle Rückzugstendenz gegenüber blinden Verpflichtungen politischer Karriereaktivitäten, der Skeptizismus, die Herausforderung von Klischeedogmen und die neue Betonung von persönlichen Werten – im Gegensatz zu öffentlichen Werten – hat einige Sozialkritiker wie Thomas Wolf dahin gebracht zu hinterfragen, ob die ‚Ich'-Generation eine Rückkehr zu jener Eisenhower-Apathie der fünfziger Jahre darstellt.

Die Theorie der Mutationsstufen, die in diesem Buch präsentiert werden, legt nahe, dass es keine ‚Rückkehr' in der Natur gibt, sondern eher Zyklen der:

Rezeption,

Integration und

Übermittlungs-Verknüpfung

auf höheren Ebenen der Energie.

Stufe 13 (hedonistischer Konsument) führt zu Stufe 14 (hedonistischer Selbstverwirklicher). Und Stufe 14 führt gleichermaßen zu Stufe 15 – die Bildung von neuro-somatischen Gruppen. Die vielen Kulte, Sekten, Bewusstseins-Bewegungen, die in den siebziger Jahren blühten, sind Beispiele der Verknüpfung der Stufe 15.

Die ‚Apathie' der Generation, die den sechziger Jahren folgte, ist irreführend. Die Jugend von heute engagiert sich stark in intern-somatische Experimente und ist andererseits viel weniger enthusiastisch darin, sich den alten politischen, sozialen und religiösen Doktrinen gegenüber zu verpflichten. Einer der interessantesten (und vorhersagbarsten) Aspekte der gegenwärtigen (1976) Neurosoziologie ist die elektrisierende Akzeptanz von S.M.I2.L.E. Konzepten durch jene, die ein gewisses Maß an ‚Selbst-Verwirklichung und sensorische Meisterschaft' erlangt haben und die darauf warten, sich an Kollektive anzuschließen, was den nächsten evolutionären Schritt erst möglich macht.

Stufe 15 Taurus II
Neurosomatische Fusion

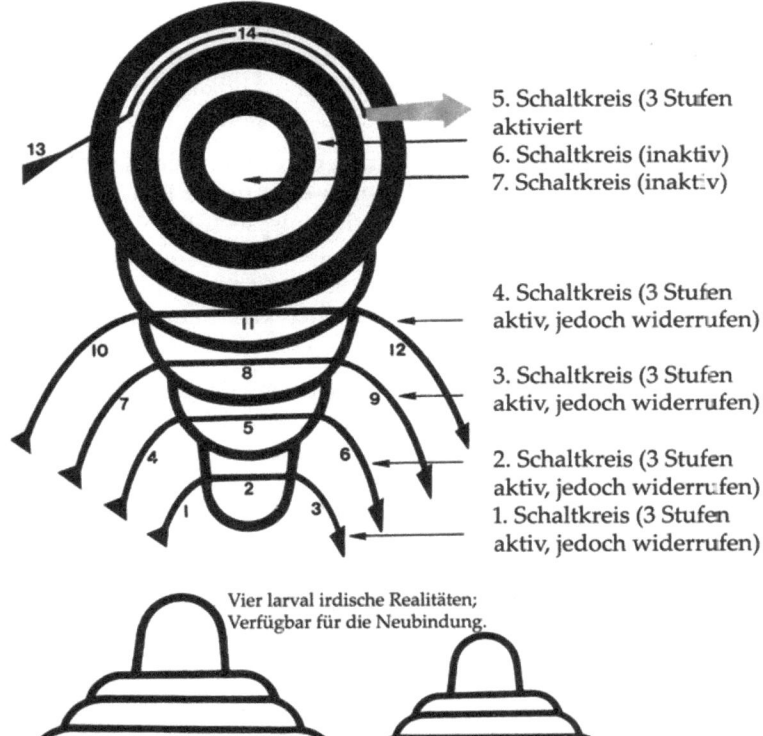

5. Schaltkreis (3 Stufen aktiviert
6. Schaltkreis (inaktiv)
7. Schaltkreis (inaktiv)

4. Schaltkreis (3 Stufen aktiv, jedoch widerrufen)

3. Schaltkreis (3 Stufen aktiv, jedoch widerrufen)

2. Schaltkreis (3 Stufen aktiv, jedoch widerrufen)
1. Schaltkreis (3 Stufen aktiv, jedoch widerrufen)

Vier larval irdische Realitäten;
Verfügbar für die Neubindung.

Stufe 15 wird aktiviert, wenn sich das Fünfte Gehirn an andere poly-sensorische Zeit-Schiffe bindet und eine neurosomatische Fusion erzeugt. Phylogenetisch repräsentiert diese Stufe die erste direkte Energie-Kommunikation zwischen Menschen. Während jeder Post-Larvale diese Stufe durchläuft wird jeder Mensch, der genetisch darauf angelegt ist, diese Rolle dauerhaft zu spielen, Taurus II genannt; Die tantrische Fusion.

Stufe 16: Neuro-elektrische Empfänglichkeit

Der sechste Schaltkreis entsteht, sobald das Nervensystem sein eigenes Funktionieren als bio-elektrischer Transceiver zu verstehen und kontrollieren beginnt.

Wenn – als Vergleich – der fünfte Schaltkreis aktiviert wird, beginnt das Nervensystem sein somatisches Vehikel zu verstehen und zu kontrollieren und strömt ungebunden im Lokalen des fixiert Irdischen.

Wenn der sechste Schaltkreis aktiviert ist, realisiert das Nervensystem, dass es ein Transceiver für bio-elektrische Frequenzen ist. Wir sprechen hier von dem, was poetisch als ,sechster Sinn' bezeichnet wird: Die durch gewisse frühreife Larvale manifestierte Fähigkeit, Informationen anhand von etwas zu erzeugen, das über die Reichweite des audio-visuell Chemischen des neuro-somatischen Schaltkreises hinausgeht.

Die telepathische Fähigkeit ist nicht ungewöhnlich. Ein überraschend hoher Prozentsatz von Larvalen würde in vertraulichen Gesprächen berichten, dass sie in Präkognition und Entfernungs-Wahrnehmungen Erfahrungen haben. Diese Episoden sind nichtsdestotrotz für den Larvalen recht unheimlich und daher von Tabus verhüllt. Die katholische Kirche betrachtet solche ,übersinnlichen' Phänomene als sündhaft und diabolisch. Angesehene Wissenschaftler vermeiden prüde alle Diskussionen oder Untersuchungen des umfassenden Beweismaterials für die Existenz des ,sechsten Sinns'.

Es ist gut bekannt, dass niedere Spezies elektromagnetische und schwerkraftbezogene Signale senden und empfangen können. Die Nist- und Wanderfähigkeiten der Vögel hängen von der akkuraten Wahrnehmung der Elektrogravitationsenergien ab. Die Bio-Rhythmen aller Spezies scheinen durch elektromagnetische Daten aktiviert zu werden. Obwohl es offensichtlich ist, dass alle Nervensysteme als elektromagnetische Transceiver operieren, wurden die Implikationen für die menschliche Psychologie ignoriert.

Dieses abergläubische Meiden einer mächtigen menschlichen Fähigkeit ist genetisch begründet. Die meisten menschlichen Tabus und bizarren Moralcodes begründen sich in neurologischer oder genetischer Weitsicht. Geradeso wie neuro-somatische (hedonistische) und damit prägungsverändernde Drogen auf eine larvale Gesellschaft beunruhigend sind, so sind auch neuro-physische Erfahrungen verstörend und überlebensbezogen verwirrend. Der vier-hirnige soziale Roboter ist dazu geschaffen, seine/ihre Perspektive auf die unmittelbare Umgebung zu beschränken. Das Insekt, das die Pfade des Ameisenhügels verlässt, um davonzuziehen, und versucht, mit Menschen zu kommunizieren, wird als eine Gefahr für den Schwarm wahrgenommen.

Ein Gebrauch des *contelligence* des neuro-physischen Schaltkreises musste die Entwicklung von elektronischer und atomarer Technologie abwarten, um die entsprechende Sprache und Modelle zur Verfügung stellen zu können. Das Nervensystem hat, seit dem Beginn der biologischen Evolution, als ein Transceiver für elektro-magnetische gravitationsbezogene Signale gedient. Doch erst mit dem Beginn der Atomtechnologie als Vorbereitung für die Migration ins All wird der sechste Schaltkreis für bewusste Kommunikation verfügbar. Die Roboter beginnen zu erlernen, mit ihren eigenen Schaltkreisen zu operieren.

Stufe 16 ist die passive, forschende Phase der neuro-elektrischen Erfahrung. Genießerische Empfänglichkeit. Es sollte angemerkt werden, dass es in den meisten Fällen die so genannten ‚Sensitiven‘ sind, die ‚übersinnliche‘ Phänomene empfangen. Es gibt weniger Fälle von Personen, die Sender von neuro-physikalischen Signalen sind. Dies illustriert die kindhafte Qualität der empfänglichen Stufe eines neuen Schaltkreises.

Ein weiteres Beispiel neuro-physikalischer Empfänglichkeit stammt von der Radioastronomie. Große ‚Schüsseln‘ suchen den Himmel ab und empfangen dabei elektromagnetische Signale. Weniger Energie wird dazu genutzt, Botschaften in den Weltraum in der Intention der bewussten Kommunikation zu senden. Dies reflektiert die instinktive Bewusstheit darüber, dass die Menschheit selbst noch eine unreife Spezies ist – lediglich passiv darauf wartend, kontaktiert zu werden. Dasselbe gilt für das UFO-Phänomen. Meinungsumfragen enthüllen, dass mehr als 50 % der amerikanischen Bevölkerung an die Existenz außerirdischer Besucher glauben. Sehr wenige dieser Gläubigen berücksichtigen überhaupt, dass sie selbst Teil einer außerirdischen Expedition (Stufe 18) sein könnten, die in der Zukunft der Menschheit liegt.

Schaltkreis 6 kann durch neuro-elektrische Drogen aktiviert werden. Gewisse organische Chemikalien, die von dem Mutterkorn, Kaktus und Pilzen gewonnen werden, erlauben dem Nervensystem, sich seiner Rolle als Transceiver physikalischer Energien bewusst zu werden. Wir müssen bezüglich der Zusammenhänge präzise sein. Die Drogen stimulieren nicht die neuro-elektrische Aktivität. Das Gehirn ist ein bio-elektrisches Netzwerk und hat diese Signale seit über 2 Milliarden Jahren gesendet und empfangen. Die Drogen lösen aber offenbar synaptische Barrieren auf, die den larvalen Geist davor bewahren, sich der molekularen Transaktionen und bio-elektrischen Signale, die Von-Moment-zu-Moment-Handlungen des Gehirns sind, bewusst zu werden.

Die Unzahl somatischer und psychologischer Ereignisse wird bewusst, sobald sich der neuro-somatische Schaltkreis öffnet. Neuro-somatische Chemikalien verringern lediglich die synaptische Schwelle, die den symbolischen Geist des dritten Schaltkreises davor bewahrt, sich der unfreiwilligen Aktivität bewusst zu werden.

Auf Stufe 16 wird sich das post-larvale menschliche Wesen der bio-elektrischen Natur der Gehirn-Aktivität bewusst. Es ist wie das Entfernen des Gehäuses, das den Computer beschützt und wodurch die detaillierten Operationen der Schaltkreise offen gelegt werden – eine Entdeckung, die den Piloten eines computerkontrollierten Flugzeuges ziemlich verwirren würde. Der Pilot benötigt lediglich die richtungsanweisenden Anzeigen; und der Larvale will bestimmt nicht wissen, dass sein Essen aus Atomen besteht, die ihrerseits nur kleine Teilchen sind, die im Raum umherwirbeln. Er will festes Fleisch auf einem festen Teller.

Wie auch immer, die Realität interstellarer Existenz ist sehr unterschiedlich. Elektromagnetisch-gravitationsbezogene Prozesse sind das Fleisch und die Kartoffeln des galaktischen Lebens. Die vibrierende Transceiver-Natur des Gehirns ist, obwohl nutzlos für den Larvalen, für den Weltraum sehr wichtig. Telepathie. Gehirn-Computer-Vernetzungen. Gehirn-Radio-Vernetzungen. Cyborg-Symbiosen.

Außerirdische Ereignisse werden in Begriffen der Lichtgeschwindigkeit gemessen. Außerirdische Kommunikation involviert nicht laryngual-manuelle Symbole auf Papier oder Wörter, die mittels

S.M.I^2.L.E.

Schallwellenfrequenzen vokalisiert werden, sondern das weite Spektrum elektronischer Signale.

Die Karikatur der Persönlichkeit der Stufe 16 ist der Acid-Head, der, während er mit unfokussierten Augen umherirrt, ausruft: "Wow! Es ist alles Schwingung!" Wir erinnern uns an das Klischee jenes Acid-Heads, der auf seinen Schreibtisch starrt und sagt: „Wow! Ein Stift!" Es ist einfach, sich über einen solchen gefährdeten und verletzlichen Mutanten lustig zu machen und verächtlich die Nase über LSD-Verwirrungen zu rümpfen. Doch tatsächlich vollführt der unglückliche Acid-Head eine gewaltige epistemologische Großtat, für die er ziemlich unvorbereitet ist und für die seine larvale Kultur nur dumm-ablehnend ist. Wenn er sagt: "Wow! Ein Stift!", so identifiziert er einen wirbelnden Schwarm von Elektronen mit dem korrekten deutschen Namen! Er vollzieht eine intellektuelle Aufgabe einsteinschen Formats..

Die überwältigende spirituelle Brutalität und unwissende Vulgarität der Nixon-Ära machte es salonfähig und einfach, LSD-Nutzer herumzuschubsen, die – schlecht vorbereitet und ohne Führung – eine leichtsinnige und tapfere genetische Funktion ausüben. Sie sind die ersten Menschen, die absichtlich das Gehirn als Radio-Transceiver gebrauchen und die die basale elektronische Natur des Gehirns und des Universums erfahren.

Erfahrene Stufe-16-Psychedeliker fallen häufig auf die vorwissenschaftliche Ontologie des Hinduismus zurück: "Alles ist Maya (Illusion)" oder ,Alles ist Lila' (Spiel der Energien). Der Hinduismus ist eine passiv-rezeptive Philosophie, in ihrer Ontologie und neuro-genetischen Kosmologie weitestgehend korrekt, jedoch anti-intellektuell und vorwissenschaftlich.

Der Buddhismus, eine elegantere und quietistischere Doktrin, akzeptiert ebenso die vibrierende Natur der Realität, unterstützt jedoch eine ästhetische Hier-und-Jetzt-Passivität und -Indifferenz. Die Bücher von Carlos Castaneda präsentieren eine ,Peyote-Kult'-Version der neuro-elektrischen Erfahrung: ,alternative Realitäten'. Da sich der ungeschulte Yaqui-Indianer Don Juan nicht mit Atomphysik auskennt, benutzt er ein Vokabular der Magie und Kraft, um Erfahrungen zu beschreiben, die unmissverständlich neuro-elektrischer Art sind.

Stufe 16 ist, wie alle rezeptiven Stufen, erforschend und auf kindliche Art und Weise passiv. Der glotzäugige Acid-Head ist eine vorübergehende evolutionäre Form. Neuro-elektrische Drogen wie LSD sind nicht für das irdische Leben geschaffen und werden richtigerweise von den larvalen Moralisten als gefährlich eingestuft. Der sechste Schaltkreis ist für außerirdisches Leben geschaffen – und seine gegenwärtige Aktivierung durch Drogen ist eine Vorbereitung für die Migration. Neuro-physikalische Drogen können von Neurologen genutzt werden, um ineffektive kindliche Prägungen zu ‚heilen'. LSD-ähnliche Drogen, die zur Behandlung oder für ein vorbereitendes Training für interstellare Flüge genutzt werden, sollten durch sachverständige Experten geleitet werden, die die Prinzipien der Neuprägung verstehen und die über in Experimenten erlangte Kontrolle über ihr eigenes Nervensystem verfügen. Der hedonistische ‚Party'-Gebrauch von LSD ist ein gefährliches Geschäft. Es ist wahr, dass die Ekstasen der direkt erfahrenen, vibrierenden Realität intensiv sind und weit über die Entzückungen larvaler Belohnungen und materieller Befriedigungen hinausgehen. Es ist ebenso wahr, dass es diese ontologischen Enthüllungen erlauben, elementare einsteinsche Realitäten zu erfahren (von denen Prägungen nur statische und verblasste Kopien sind). Aber wie auch immer, die physikalische Realität ist eine zu explosive Erfahrung für eine irdische Auseinandersetzung. Das Gehirn ist ein außerirdisches Organ. Das Gehirn ist eine ‚Alien'-Intelligenz. Das Gehirn hat für die irdischen Angelegenheiten keine weitere Bedeutung als der kultivierte sympathische Reisende für das Eingeborenendorf, in dem SiEr die Nacht verbringt.

Die Entdeckung, dass das Gehirn, das man naiverweise als ein persönliches Egowerkzeug betrachtet hat, tatsächlich eine ‚Alien'-Präsenz darstellt (die den von ihr bewohnten Körper etwa nach Art eines eleganten Aristokraten beurteilt, der sein ästhetisches Auge auf einen unwissenden, groben, unerzogenen, starrsinnigen und jähzornigen ländlichen Gastwirt wirft), ist für den unvorbereiteten LSD-Nutzer schockierend und kann zu Rasereien der Scham und Demütigung führen. Der so genannte ‚schlechte Trip' ist oftmals nichts anderes als das ‚Ego', das sich selbst durch die klare Linse der eigenen höheren Intelligenz beobachtet.

Es gibt da einen weiteren LSD-Mythos, der im Lichte der Neuro-Logik verstanden werden kann. Dies ist unsinnige Legende, dass der Gebrauch von neuro-physischen Drogen dazu führen kann, dass Leute aus dem Fenster springen. Wir sind uns natürlich im Klaren darüber, dass dieser Mythos eine selbsterfüllende Prophezeiung ist. Ist das Gerücht einmal in Umlauf gesetzt, so kann die Verwundbarkeit des von Prägungen befreiten Zustandes dem Mythos aber zur Realität verhelfen. ‚Ich bin jetzt frei, um eine neue Realität zu erschaffen. Was tut man noch im Zustand des Nirwana? Ach ja, ich erinnere mich. Finde ein Fenster und spring raus. Das ist es, was ‚Reader's Digest' empfohlen hat.'

Hinter der suggestiven Kraft dieser Legende finden wir indes eine evolutionäre Bedeutung. LSD aktiviert die post-irdische *contelligence*. Die Heimat der Menschheit ist der Weltraum. Die natürliche Atmosphäre der Menschheit ist die Null-Gravitation. Wir sind geschaffen, um dahinzutreiben, uns zum Flug zu evolvieren und in der Null-G-Freiheit herumzuschwimmen.

Der neuro-physische Hedonismus der Stufe 16 ist eine natürliche, jugendliche Reaktion auf die neu gemachte Erfahrung. Während seiner larvalen Existenz hat sich das Gehirn vor der elektromagnetisch vibrierenden Realität abgeschlossen. Die Artefakte und Maschinen verrohen und verderben die Erfahrungen. Die schweren und langsamen somatischen Funktionen des fünften Schaltkreises sind Belastungen. Neuro-somatische Erfahrungen werden durch die langsamen, flüssigen Transaktionen der Zellorgane gefiltert.

Das Bewusstsein des sechsten Schaltkreises ist kristallklar, glänzend, elektrisch reibungslos und von materiellen Trägheiten unbelastet. Es ist verständlich, dass eine genießerische Periode des Spielens mit roher, direkter und leicht in Schwung bringender Energie auftreten muss.

Auf Stufe 16 spielt das neuro-elektrische Kind mit elektromagnetischen Signalen. Der nächste Schritt ist die intelligente Integration und Rekonstruktion der neuen Energieformen.

Stufe 16 Gemini II
Neuroelektrische Empfänglichkeit

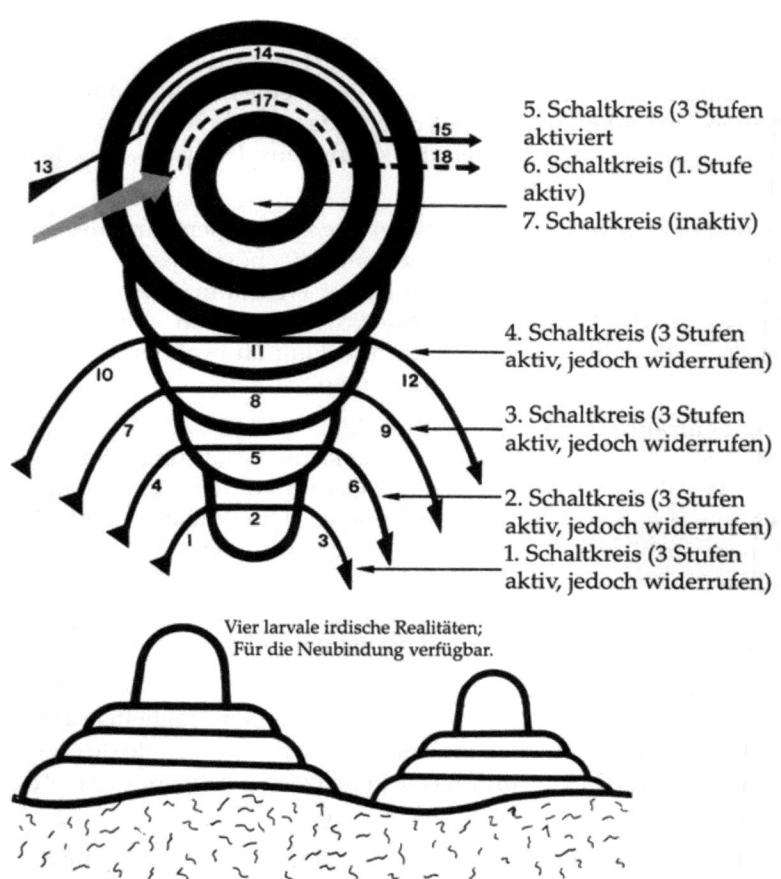

5. Schaltkreis (3 Stufen aktiviert
6. Schaltkreis (1. Stufe aktiv)
7. Schaltkreis (inaktiv)

4. Schaltkreis (3 Stufen aktiv, jedoch widerrufen)

3. Schaltkreis (3 Stufen aktiv, jedoch widerrufen)

2. Schaltkreis (3 Stufen aktiv, jedoch widerrufen)
1. Schaltkreis (3 Stufen aktiv, jedoch widerrufen)

Vier larvale irdische Realitäten;
Für die Neubindung verfügbar.

Stufe 16 ist die erste, erforschende Stufe des neuroelektrischen Schaltkreises. Das Gehirn, befreit vom Körper und den vier irdischen Prägungen, operiert als ein Neuro-Computer. Neuroelektrische Passivität. Einsteinsches Bewusstsein. Selbstdefinition als bioelektrischer Computer, genießerischer Gebrauch von Elektronik Während jeder Post-Larvale diese Stufe durchläuft wird jeder Mensch, der genetisch darauf angelegt ist, diese Rolle dauerhaft zu spielen, Gemini II genannt.

S.M.I^2.L.E.

Stufe 17: Neuro-elektrische Intelligenz

Das Passiv-Sein der rezeptiven Stufe, die darauf wartet, das ‚Aufgetischte' aufzunehmen, wird verwirrend und frustrierend. Möglicherweise wird man neugierig auf den Mechanismus und die gesetzmäßigen Bedeutungen des Phänomens. Die neuro-elektrische Intelligenz wird selektiv, experimentierend und sich erinnernd. Man lernt aus den passiven Erinnerungen, lernt, die involvierten Energien zu kontrollieren und zu leiten.

Dieses Buch, und dieser Teil des Buches im Besonderen, ist eine grobe Symbolisierung von neuro-elektrischen Ereignissen. Ein Handbuch für den Gebrauch jenes elektronischen Transceivers, den wir Gehirn nennen.

Unsere gegenwärtige Fähigkeit, über neuro-physikalische Energien ‚nachzudenken' (d. h. L.M.-Symbole mit atomaren Ereignissen in Verbindung zu bringen), passt zu zwei wissenschaftlichen Fortschritten der jüngeren Vergangenheit: den theoretischen Modellen und Formeln der Atomphysik und den Erfahrungsberichten jener, deren sechster Schaltkreis durch Neurotransmitterdrogen aktiviert wurde.

Wir bemerken, dass jeder neu entstehende Schaltkreis des Nervensystems den vorhergehenden integriert und sich mit ihm verbindet. Der sechste Schaltkreis ist der zentrale Biocomputer. Er empfängt Signale von den anderen fünf Schaltkreisen (und, wie wir sehen werden, auch von der RNS/DNS). Diese Signale erreichen, unabhängig von ihrer ursprünglichen sensorischen Lokalisierung, das Gehirn als elektrochemischen ‚Klick'. Das Gehirn des sechsten Schaltkreises empfängt aber ebenso Signale von den molekularen Datenbanken innerhalb der Neuronen – also in Form von ‚An-Aus'-Klicks.

Während der larvalen Existenz ist der sechste Schaltkreis hauptsächlich damit beschäftigt, den irdischen Überlebens-Traffic der vier umbilikalen Schaltkreise zu vermitteln.

Wenn das sechste Gehirn aktiviert ist, ist ein langes, komplexes und diszipliniertes Training erforderlich, um darüber auch eine bewusste und integrative Kontrolle zu erlangen.

Die Menschheit beginnt gerade erst zu verstehen, dass das Gehirn ein Transceiver ist, das genutzt werden kann, um in elektronischen Geschwindigkeiten und Frequenzen zu kommunizieren. Das sechste Gehirn kann nicht genutzt werden, um in larvalen Milieus zu operieren, kann nicht auf die newtonsche Geschwindigkeit des emotional-muskulären, des manuell-mentalen oder des häuslich sozialen Verkehrs der ‚Insel-Realitäten' verlangsamt werden.

Die Kapazität des sechsten Schaltkreises des Gehirns operiert am besten in einem beschützten Milieu, das auf einsteinsche Geschwindigkeiten und Relativitäten anspricht – oder wo die Anderen zumindest davon absehen, der Transzeption larvale Signale aufzuzwingen

Stufe 17 Cancer II
Neuroelektrische Intelligenz

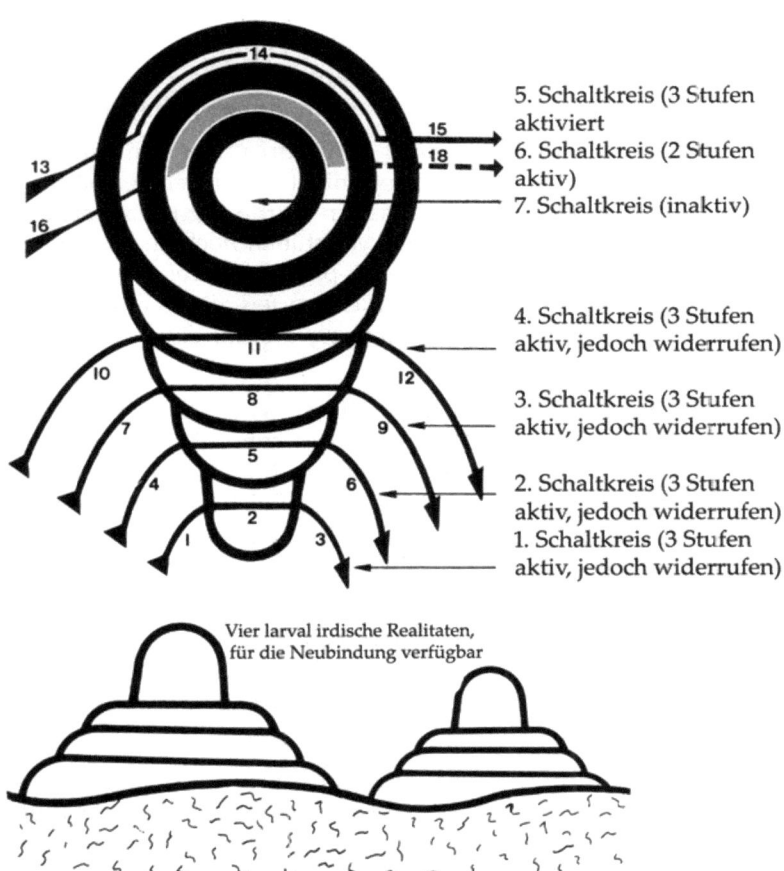

5. Schaltkreis (3 Stufen aktiviert
6. Schaltkreis (2 Stufen aktiv)
7. Schaltkreis (inaktiv)

4. Schaltkreis (3 Stufen aktiv, jedoch widerrufen)

3. Schaltkreis (3 Stufen aktiv, jedoch widerrufen)

2. Schaltkreis (3 Stufen aktiv, jedoch widerrufen)
1. Schaltkreis (3 Stufen aktiv, jedoch widerrufen)

Vier larval irdische Realitaten, für die Neubindung verfügbar

Stufe 17 wird aktiviert, wenn das Sechste Gehirn lernt, neuroelektrische Signale zu kontrollieren, integrieren und organisieren und die Neuroelektrizität des Hirns zu manipulieren - unbelastet durch die Limitationen der somatischen oder larval-überlebensbezogenen Prägungen. Während jeder Post-Larvale diese Stufe durchläuft wird der Mensch, der genetisch darauf angelegt ist, diese Rolle dauerhaft zu spielen, Cancer II genannt.

Stufe 18: Neuro-elektrische Verschmelzung

Neuro-elektrische Verschmelzung: die synergetische Kommunikation zwischen zwei oder mehr *contelligences*, die auf dem sechsten Schaltkreis operieren. Telepathie.

Die höchste, schnellste, komplexeste Form der menschlichen Kommunikation – zwei oder mehr Nervensysteme, die auf elektromagnetischen Geschwindigkeiten senden und empfangen.

Die Fähigkeiten des menschlichen Gehirns, elektromagnetische Signale auszutauschen, wurden noch nicht hinreichend erforscht. Es ist möglich, dass das Gehirn geschaffen wurde, Signale zu dekodieren, für die unsere elektronischen Maschinen noch zu unempfindlich sind. Die Entwicklung der neuro-physischen *contelligence* kann es möglich machen, Transceiver zu entwerfen, die es erlauben, die komplexen Mitteilungen zu empfangen, die nur einem Bio-Instrument entstammen können.

Die Menschen haben Maschinen, die die Muskelkraft verstärken, konstruiert. Auf dieselbe Weise kann es cyborgähnliches, neuro-elektrisches Equipment möglich machen, Botschaften der *contelligence* über große Distanzen zu übertragen. Solche neuro-physischen Signale würden nicht in Form von L.M.-Symbolen auftreten, sondern in Einheiten direkter neuraler Energie.

Es muss klargestellt werden, dass der sechste (neuro-elektrische) Schaltkreis des Gehirns kein irdisches Überlebensorgan darstellt. Die Fähigkeit, auf neuro-elektrischen Intensitäten und Geschwindigkeiten zu senden und zu empfangen, ist für die post-irdische Existenz konzipiert.

Es ist wahr, dass es in jeder Generation, die historisch festgehalten wurde, frühreife evolutionäre Fallbeispiele gibt, die über die *contelligence* des sechsten Schaltkreises verfügen. Man nehme die Übersinnlichen, die Hellseher, die Medien, die Offenbarungspropheten, die großen mystischen Philosophen – ebenso wie die idiot-savants und die seltsamen exzentrischen Genies, die für Jahrhunderte in Irrenhäuser gesteckt worden sind, weil sie zu früh zu viel gesehen haben. Weniger zivilisierte Stämme haben oft instinktiv verstanden, dass seltsame mentale Wahrnehmungen Zeichen für eine hellseherische Begabung sein können, und haben daher sozial akzeptierte Rollen für diese Frühzeitigen des sechsten Schaltkreises definiert.

Während es kein Zweifel darüber gibt, dass außergewöhnliche neurale Fähigkeiten in bestimmten Menschen auftreten – Telepathie, ASW, Psychokinese, merkwürdige mathematische und symbolische Fertigkeiten –, ist es doch ebenso wahr, dass solche Leute keinen Platz in der larvalen Gesellschaft finden. Es ist zum Beispiel möglich, dass ASW eine post-irdische Eigenschaft darstellt. Jene, die mit dieser Fähigkeit ausgestattet sind, sind wohl in der Position eines Fisches mit Stimmbändern oder eines Säugetiers mit symbolischen Fähigkeiten. Die Telepathie hier auf dem Grund eines viertausend Meilen tiefen Sumpfes zu erlernen, ist so, als würde man versuchen, eine verbale Kommunikation unter Wasser zu führen. Das Gejapse und die Blasen würden die Tatsache verbergen, dass nach Verlassen des Wassers eine neue Form der symbolischen Kommunikation zur Verfügung steht. Es ist möglich, dass der telepathische (neuro-elektrische) Modus der Kommunikation allgemeingültig sein wird, sobald wir von diesem Planeten ausgewandert sind.

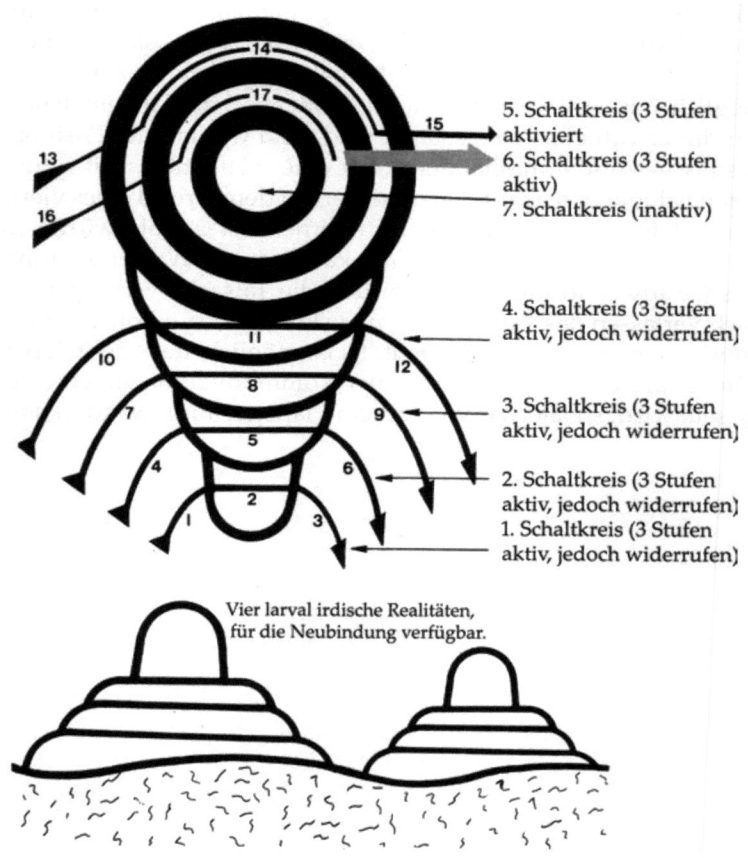

5. Schaltkreis (3 Stufen aktiviert
6. Schaltkreis (3 Stufen aktiv)
7. Schaltkreis (inaktiv)

4. Schaltkreis (3 Stufen aktiv, jedoch widerrufen)

3. Schaltkreis (3 Stufen aktiv, jedoch widerrufen)

2. Schaltkreis (3 Stufen aktiv, jedoch widerrufen)
1. Schaltkreis (3 Stufen aktiv, jedoch widerrufen)

Vier larval irdische Realitäten, für die Neubindung verfügbar.

Stufe 18 wird aktiviert, wenn sich das Sechste Gehirn an andere sechshirnige Entitäten bindet und mit neuroelektrischen Geschwindigkeiten kommuniziert. Während jeder Post-Larvale diese Stufe durchläuft wird jeder Mensch, der genetisch darauf angelegt ist, diese Rolle dauerhaft zu spielen, Leo II genannt. Die Telepathische Verbindung.

Stufe 19: Neuro-genetische Empfänglichkeit

Der siebte Schaltkreis. Das Nervensystem empfängt Signale von der DNS.

Die DNS entwirft und konstruiert Nervensysteme und bewahrt eine überwachende und wiederaufbauende Kommunikation mit somatischen Zellen und Neuronen über die RNS.

Das Nervensystem empfängt kontinuierlich Signale der DNS und RNS. Im Innern des Nukleus jedes Neurons ‚lebt' ein DNS-Hauptplan, der eine Kette von körperlichen Re-Inkarnationen, die bis zum Ursprung des Lebens auf diesem Planeten zurückreicht, gespeichert hält.

Genetiker lernen derzeit, diese Konversationen zwischen der DNS mit dem Körper und der DNS mit dem Nervensystem zu entziffern.

Wenn der siebte Schaltkreis des Nervensystems aktiviert ist, werden die Signale der DNS bewusst. Diese Erfahrung ist chaotisch und für die unvorbereitete Person höchst verwirrend – Tausende von genetischen Erinnerungen blitzen auf und damit auch das molekulare Familien-Fotoalbum der Spezies und der Evolution. Diese Erfahrung vermittelt kurze Einblicke und Beispiele des breiten Designs des viele Millionen Jahre alten genetischen Panoramas.

Das neuro-genetische Bewusstsein beschränkt sich nicht auf vergangene Perspektiven. Der Umriss der zukünftigen DNS-Blaupause ist ebenso verfügbar – erhebende und ängstigende Psy-Phy-Visionen und Vorhersagen der kommenden Per-Mutationen.

Wir haben gesehen, dass die erste Stufe jeder neuen Ebene der *con-telligence* empfangend und passiv-beobachtend verläuft. Neurales Entertainment und Entdeckung ist damit die Funktion der sich entwickelnden Stufe 19.

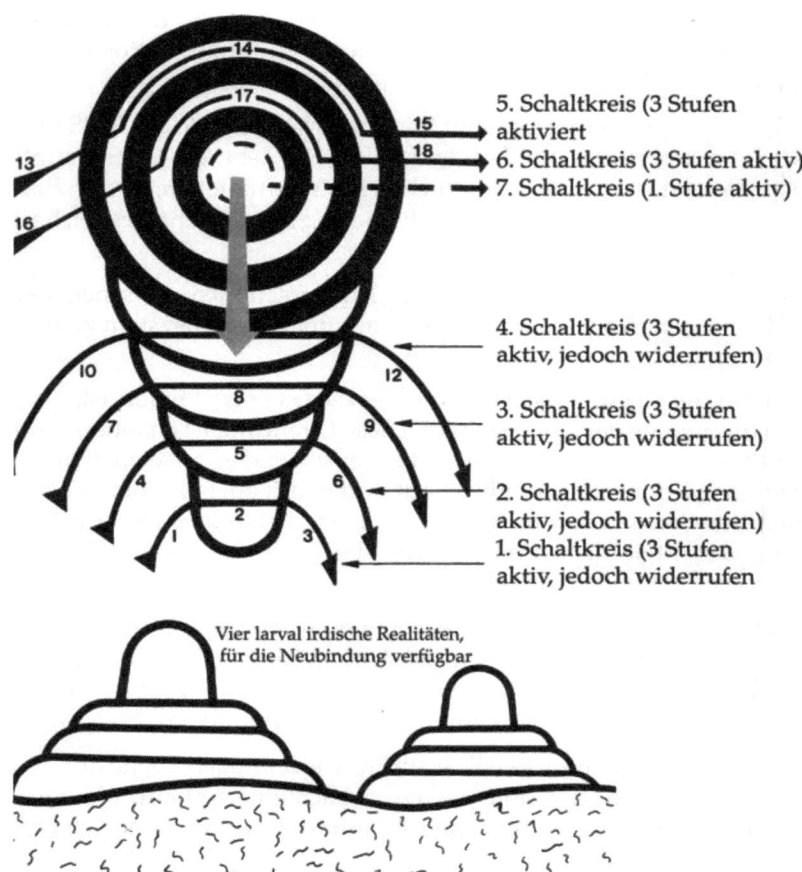

5. Schaltkreis (3 Stufen aktiviert
6. Schaltkreis (3 Stufen aktiv)
7. Schaltkreis (1. Stufe aktiv)

4. Schaltkreis (3 Stufen aktiv, jedoch widerrufen)

3. Schaltkreis (3 Stufen aktiv, jedoch widerrufen)

2. Schaltkreis (3 Stufen aktiv, jedoch widerrufen)
1. Schaltkreis (3 Stufen aktiv, jedoch widerrufen

Vier larval irdische Realitäten, für die Neubindung verfügbar

Stufe 19 wird aktiviert, wenn Mutationen aufgrund von neurogenetischen Singalen stattfindet. Das Nervensystem prägt die DNA und sendet/empfängt RNA/DNA-Signale auf molekularer Ebene. Während jeder Post-Larvale diese Stufe durchläuft wird jeder Mensch, der genetisch darauf angelegt ist, diese Rolle dauerhaft zu spielen, Virgo II genannt.

Stufe 20: Neuro-genetische Intelligenz

Die Selektion, Diskriminierung, Organisation und Evaluierung von genetischen Signalen.

Der neuro-genetische Schaltkreis beginnt zu lernen, wie die DNS zu denken, und erlernt das Vokabular der RNS. Er beginnt, sich mit der genetischen Intelligenz zu identifizieren, die die gesamte Spannweite der Spezies handhabt und das viele Millionen Jahre während Netzwerk des Lebens umfasst.

Es gibt keine Sprache für die larvale Intelligenz, die die Komplexität und Vielfalt des DNS-Designs beschreiben könnte, doch wir können das Auftauchen von genetischen Zauberern vorhersagen – von DNS-Technikern –, die das Alphabet der DNS verstehen und die Aminosäuren-Schrift – also das Buch, das in dem Vokabular von Guanin, Adenin, Cytosin und Thymin geschrieben ist – entschlüsseln, schreiben und überarbeiten können.

Die Funktion der neuro-genetischen Intelligenz liegt natürlich darin, den programmierten Alterungsprozess stoppen zu können.

Das basale Ziel des Lebens ist die Unsterblichkeit. Gesteigerte Intelligenz (neurale Kontrolle) und Migration ins All sind lediglich Werkzeuge, um den Lebenserweiterungs-Prozess zu unterstützen.

Unsterblichkeit wird durch die Kontrolle der DNS – Stufe 20 – erlangt.

Um den genetischen Code kontrollieren zu können, ist es notwendig, DNS-RNS-Signale zu empfangen und sich experimentell mit ihnen zu identifizieren und zu resonieren.

Alan Harrington hat die externe Seite des neuro-genetischen Zauberers präsentiert: „... Rettung liegt in der medizinischen Technik und nirgendwo sonst; ...Das Schicksal der Menschheit hängt zuerst von dem angemessenen Management seiner technischen Fähigkeiten ab; unsere Messiasse werden weiße Kittel tragen, nicht im Asyl, sondern in chemischen und biologischen Laboren." [40]

Was Harringtons brillante Analyse versäumt herauszuheben, ist, dass die genetischen Ingenieure der Stufe 20 als ihr basales Instru-

---

40. Harrington, Alan, *The Immortalist*, Random Hause [nicht 'House'?], 1969

ment lediglich ihr eigenes Gehirn verwenden werden, offen für und sich bewusst über die neuro-genetischen Signale. Nur die DNS-Neuron-Verkettung kann die Unsterblichkeit und die symbiotische Verknüpfung mit anderen Spezies produzieren – die selbst nur unterschiedliche Buchstabenkombinationen des genetischen Alphabets sind.

Stufe 20 Libra II
Neurogenetische Intelligenz

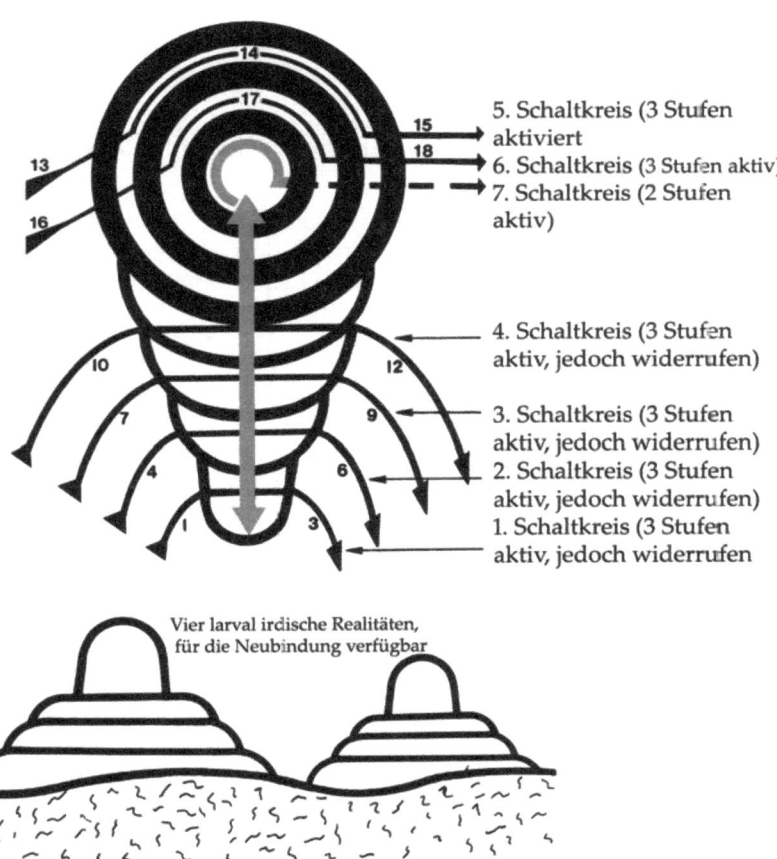

5. Schaltkreis (3 Stufen aktiviert

6. Schaltkreis (3 Stufen aktiv)

7. Schaltkreis (2 Stufen aktiv)

4. Schaltkreis (3 Stufen aktiv, jedoch widerrufen)

3. Schaltkreis (3 Stufen aktiv, jedoch widerrufen)

2. Schaltkreis (3 Stufen aktiv, jedoch widerrufen)

1. Schaltkreis (3 Stufen aktiv, jedoch widerrufen

Vier larval irdische Realitäten, für die Neubindung verfügbar

Stufe 20 wird aktiviert, wenn das Siebte Gehirn lernt, neurogenetische Signale zu kontrollieren, integrieren und organisieren und Chromosome zu manipulieren. Während jeder Post-Larvale diese Stufe durchläuft wird jeder Mensch, der genetisch darauf angelegt ist, diese Rolle dauerhaft zu spielen, Libra II genannt.

Stufe 21: Neuro-genetische Verschmelzung

Neuro-genetische Verschmelzung: Kommunikation mit anderen genetischen Intelligenzen. Symbiose zwischen den Spezies. Zusammenschließen von Organismen auf der DNS-Ebene der Energie.

Fortpflanzung zwischen den einzelnen Spezies – bewusst und geplant.

Die Formierung von interstellaren Gruppen von Spezies. Saat-Kooperation. Befruchtungs-Konversationen zwischen Spezies-Intelligenzen.

Es ist offenkundig, dass, sobald die neuro-genetischen Zauberer der Stufe 20 fähig zur DNS-RNS-Konversation werden, sie sodann realisieren werden, dass alles organische Leben ein einziges Sprachsystem ist.

Alan Harrington ist einer der ersten post-einsteinschen Philosophen, der den Zweck des Lebens verstanden hat: „Der Mensch...ist der Weg der DNS, sich selbst zu verstehen." Die Menschheit spielt eine kritische und vorübergehende Rolle, um alles Leben von dem – dem Untergang geweihten – Mutterplaneten hinwegzuhelfen. Die Menschheit ist der DNS-Techniker – arbeitend für alle Spezies, in der Vergangenheit und Zukunft. Nach der Migration ins All wird sich aus dem Homo sapiens eine unsterbliche, neurologisch bewanderte Spezies entwickeln.

Der Schlüssel zu höherer Intelligenz ist die direkte und neurale DNS-RNS-Kommunikation unter den Spezies. Wenn die genetischen Ingenieure (Stufe 20) beginnen, Gene mit denen anderer Spezies zu vermengen, so wird sich die bewusste Symbiose zwischen den Spezies einstellen. Die bedeutungsvollste genetische Verschmelzung wird bei Spezies vorkommen, die weitaus entwickelter sind als wir – d. h. wir selbst in der Zukunft.

Stufe 21 Scorpio II
Neurogenetische Fusion
(Symbiosen unter verschiedeenen Spezies)

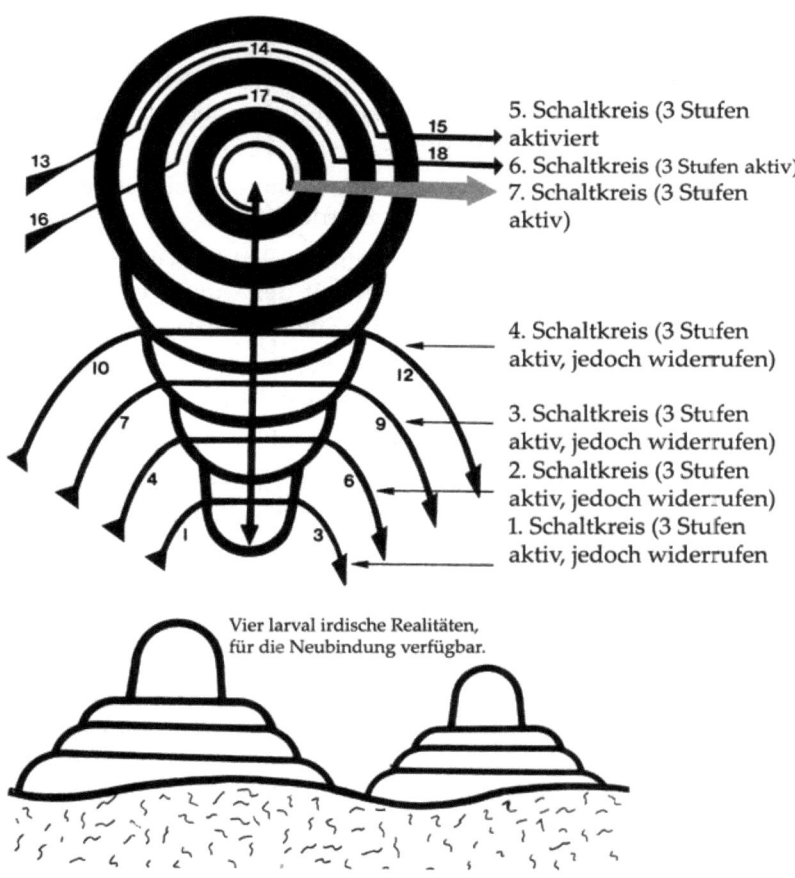

5. Schaltkreis (3 Stufen aktiviert

6. Schaltkreis (3 Stufen aktiv)

7. Schaltkreis (3 Stufen aktiv)

4. Schaltkreis (3 Stufen aktiv, jedoch widerrufen)

3. Schaltkreis (3 Stufen aktiv, jedoch widerrufen)

2. Schaltkreis (3 Stufen aktiv, jedoch widerrufen)

1. Schaltkreis (3 Stufen aktiv, jedoch widerrufen

Vier larval irdische Realitäten, für die Neubindung verfügbar.

Stufe 21 wird aktiviert, wenn sich das Siebte Gehirn an andere neurogenetische Entitäten bindet. Symbiosen unter verschiedenen Spezies. Kommunikation zwischen neurogenetischen Entitäten mittels Aminosäuren-Signalen. Während jeder Post-Larvale diese Stufe durchläuft wird jeder Mensch, der genetisch darauf angelegt ist, diese Rolle dauerhaft zu spielen, Scorpio II genannt.

Stufe 22: Metaphysiologische Empfänglichkeit

Der Leser wird sich jetzt bewusst sein, dass die Exo-Psychologie eine Hierarchie der *contelligence* voraussetzt, die im galaktischen Ausmaß operiert.

Nachdem man Erd-Prägungen verändert hat, zentriert sich die menschliche *contelligence* im Körper (Schaltkreis 5).

Die sechste Periode der Evolution beginnt, wenn sich diese Intelligenz vom Körper zurückzieht und das Nervensystem als einen elektromagnetischen Transceiver prägt.

Die siebte Periode der Evolution beginnt dann, sobald sich die *contelligence* in der RNS-DNS-Struktur zentriert.

Die achte Periode der Evolution beginnt, sobald das neuro-genetische Bewusstsein Kontakt aufnimmt mit der - und geprägt wird durch - die subatomare(n), quantenmechanische(n) *contelligence*.

Das Paradox ist konsistent. Je größer der Bereich der Energie – in der Raum/Zeit – umso kleiner das Gehirnzentrum.

Der Körper wird durch das Gehirn kontrolliert und geführt.

Das Gehirn wird durch genetische Intelligenz entworfen, konstruiert und kontrolliert, die, im Nukleus der Zelle, die Blaupausen-Entwürfe der Evolution für Millionen von Jahren enthält.

Die logische Extrapolation dieses Prozesses liegt darin, den Hauptplan ausfindig zu machen, der die Moleküle – inklusive DNS – im Nukleus des Atoms entwirft und konstruiert.

Eine höhere Intelligenz im atomaren Nukleus zu lokalisieren, ist teleologisch und spekulativ. Es ist eine einfache und heuristische Antwort auf die ultimativ herausfordernde Frage, die, obwohl von allen anderen vermieden, von dem Philosophen nicht vermieden werden darf. Es ist das Berufsrisiko der philosophischen Profession, mit der folgenden, kontinuierlich gestellten Frage konfrontiert zu werden:

„Nun gut, Sie sagen, dass die genetische Intelligenz die unsterbliche, unsichtbare Seele ist, die den Körper überlebt. Doch woher kommt die DNS?", oder

„Sie sagen, dass das Leben auf diesem Planeten durch fortge-schrittene Formen genetischer Intelligenz ausgesät wurde. Wer er-zeugte indes die DNS?"

Auf der heutigen Basis wissenschaftlichen Beweismaterials stammt die beste Antwort auf die Frage nach dem Schöpfer höherer Intelligenz aus den Grenzbereichen der Nuklearphysik und der Quantenmechanik. Die basalen Energien, die metaphysiologische *contelligence*, sind möglicherweise im Nukleus des Atoms lokalisiert.

In den exo-psychologischen Handbüchern ‚The Periodic Table of Energy' und 'The Game of Life' wird angenommen, dass das Perio-densystem der Elemente ein basaler Code ist, der das evolutionäre Design übermittelt. Jedes chemische Element wird als ein Buchstabe in einem Basis-Energie Alphabet betrachtet, mit dem die nukleare *contelligence* das Skript des Universums schreibt. Moleküle – DNS inklusive – sind Texte, die von höheren Intelligenzen übermittelt werden. Super-Neuronen in dem universellen Nervensystem.

Spekulationen dieser Art sind 'weit hergeholt', doch sind sie si-cher nicht weniger glaubwürdig als die orthodoxen Kosmologien der Christen, Moslems, Hebräer, Hindus und Buddhisten. Und sie sind gewiss glaubwürdiger als die statistischen ‚blind chance'-The-orien materialistischer Wissenschaftler. Bevor man automatisch neuro-nukleare Theorien ablehnt, ist der Leser ersucht, eine logi-schere und heuristischere Kosmologie vorzuschlagen. [41]

Höhere Intelligenzen im Atomkern zu lokalisieren, die sich über interstellare Raum/Zeit-Dimensionen verbinden und miteinander kommunizieren, ist eine äußerst praktische und empirische Ent-scheidung – konservativer weise in Übereinstimmung mit dem Trend der Miniaturisierung, der höhere biologische Intelligenzen in solch kleinen Dingen wie Zellkernen findet.

Die neuro-genetische Theorie nimmt an, dass nach der Migration von diesem Planeten die post-larvale Menschheit lernen wird, DNS-

---

41. Der theologisch gebildete Leser wird bemerken, dass Exo-Psychologie in wissen-schaftlicher Sprache und in heuristischem Kontext eine klassische katholische Dokt-rin präsentiert. Die Seele (DNS) steigt zum Himmel (planetare Migration) auf, schließt sich der Gemeinschaft der Heiligen (vorhergehende DNS-*contelligence*) an, um sich mit dem Schöpfer zu unterhalten und zu vereinigen.

RNS-Signale zu empfangen (19), zu integrieren (20) und zu übermitteln (21). Auf diese Weise kommuniziert sie mit evolutionär viel weiter entwickelten genetischen Gehirnen und geht mit ihnen eine symbiotische Verknüpfung ein. Von diesen älteren und weiseren Gehirnen wird die Menschheit möglicherweise lernen, wie man das subatomare Alphabet entziffern kann, um jene Signale, die durch subatomare Partikel übermittelt wurden, zu empfangen und zu erfahren.

Die Stufen der neuro-atomaren *contelligence* (22, 23, 24) sind hier in personifizierter Form dargestellt, um zu Nachforschungen und Gedanken über die zukünftigen Perioden der menschlichen Evolution anzuregen. Physiker untersuchen gegenwärtig den subatomaren Bereich, um die Hochgeschwindigkeits-Partikel zu identifizieren, aus denen sich die Sprache der Energie zusammensetzt. Das Instrument, das von diesen Wissenschaftlern benutzt wird, ist das menschliche Nervensystem, das durch experimentelle Hardware (Linearbeschleuniger etc.) erweitert und sensibilisiert wurde. Die Exo-Psychologie versucht, jene Konzepte zur Verfügung zu stellen, die Atomphysikern die Personifizierung subatomarer Ereignisse erlauben, so dass sie auch erfahren werden können.

Tief gehendes Verständnis für naturbedingte Vorgänge stellt sich dann ein, wenn es den Wissenschaftlern gelingt, sich experimentell in natürliche Prozesse hineinzuversetzen. Wir denken an Kekules Schlangentraum, der in dem Gerüst für die organische Chemie mündete, und den Gebrauch von Billard-Kugeln als Modell der Physiker, sich atomare Ereignisse vorzustellen.

Eine der dramatischsten Illustrationen jener Enthüllungen, die die direkte Erfahrung basaler Energieprozesse begleitet, findet man im Leben Albert Einsteins, der sich offenbar nicht darum kümmerte, sich selbst in Symbolen des dritten Schaltkreises auszudrücken, das heißt zu sprechen, ehe er sieben Jahre alt war.

Wie auch immer, die Legende besagt, dass dieser zarte, im Exil der Schweiz lebende jüdische Junge viel Zeit damit verbrachte sich vorzustellen, wie es wohl ist, wenn man ein Photon ist.

Einsteins Fähigkeit, die elementaren Energie-Materie-Gleichungen niederzuschreiben, resultierte möglicherweise daraus, dass er mit seinem Körper und Gehirn die Implikationen der Lichtgeschwindigkeits-Reisen erfahren hat – was auch seit Jahrhunderten vor ihm von Mystikern und Yogis berichtet wurde, die diese Erfahrungen jedoch nicht in mathematischer Form symbolisieren konnten.

Jede Zelle in unserem Körper setzt sich aus Atomen zusammen. Subatomare Ereignisse im Innern des Atoms determinieren die elementaren Prozesse. Daher können wir sagen, dass unsere Körper und unser Nervensystem auf subatomaren Ereignissen basieren.

Die achte Periode der Evolution involviert die Transzeption der nuklearen Signale durch neuro-genetische Intelligenz. Diese Konversation existiert zweifellos. Wenn nach-menschliche *contelligence* beginnt, subatomare Botschaften zu empfangen, wird Stufe 22 realisiert sein. Wir erwarten, dass die Menschheit in der Wahrnehmung nuklearer Signale von höheren Intelligenzen instruiert werden wird, nachdem sie diesen Planeten verlassen hat.

Außerdem können wir erwarten, dass die empfängliche Stufe (22) des neuro-atomaren Bewusstseins, ebenso wie die für die anderen rezeptiven Stufen (13, 16, 19), eine Form hedonistischer Erforschung involvieren wird. Eine unmittelbare Folgerung daraus ist der praktische Vorschlag, dass sich Atomphysiker den von ihnen untersuchten Phänomenen nicht als manipulierende Wissenschaftler nähern sollten, um Protonen in der Hoffnung auf den Nobel-Preis zu bombardieren, sondern als erwachsene Menschen, die bereit sind, die Kraft und die erregende Offenbarung einer neuen Energie zu erfahren. Eine solche bescheidene persönliche Haltung wird sie auf die viel komplexeren Formen des Verstehens (Stufe 23) und die Fusion (24) vorbereiten.

Stufe 22 Sagittarius II
Neuroatomare Empfänglichkeit
Meta-physiologisches Bewusstsein

7. Schaltkreis, fähig,
nuklear-energetische
Signale zu empfangen

6. Schaltkreis, prägt
Nuklear-Teilchen Energie

5. Schaltkreis, fähig, re-aktiviert
zu werden, jedoch auf der 8. Stufe
der Energie nicht existierend

Stufe 22 wird aktiviert, wenn das neurogenetsiche Hirn beginnt, Atomkern-Signale zu empfangen. Phylogenetisch ist diese Stufe Meta-physiologisch und wird personifiziert als Sagittarius II.

Stufe 23: Neuro-atomare *Contelligence*

Die vorhergehende Stufe setzt das Gehirn der hochenergetischen Sprache des Atomkerns aus.

Metaphysiologische *contelligence* integriert, gestaltet und organisiert nukleare Partikel und erzeugt Atome.

Auf dieser Stufe sind die basalen Energien, die die gesamte Struktur des Universums umfassen, für die Handhabung verfügbar. Die metaphysiologische *contelligence* konstruiert Atome, DNS-Ketten, Moleküle und Neurone; bildhauert, entwirft und baut alle Formen der Materie, indem sie Atomteilchen und Gravitations-Kraftfelder manipuliert.

An diesem Punkt der Evolution benötigt die *contelligence* keine Körper, Neurone und DNS-Entwürfe mehr. Es mag sein, dass das Universum wie ein Nervensystem – genauer: ein *contelligence*-Netz – ist, in dem subatomare Strukturen wie basale neurale Signale wirken. Die Raum/Zeit-Koordinaten des einheitlichen Kraftfeldes gehören möglicherweise einer ganz anderen Ordnung an als die bio-neuralen Systeme – Zeitspannen von Milliardstel-Sekunden simultan mit Milliarden Lichtjahren.

Atomphysiker entwickeln gerade jetzt ein Vokabular für subatomare nukleare Ereignisse[42]. Die Ermittlung der semantischen Bedeutungen der *contelligence*-Einheiten wie Myonen, Leptonen, Bosonen, Hadronen und J-Psi-Teilchen ist der erste Schritt zum Verständnis des metaphysiologischen ‚Gehirns‘.

Diese Spekulationen mögen etwas abstrus erscheinen und geringschätzige Reaktionen der ‚nüchternen‘ Wissenschaftler elizitieren, doch zahlreiche Argumente können für ihre Anwendbarkeit vorgebracht werden. Das Denken jedes Atomphysikers wird durch kosmologische und teleologische Konzepte beeinflusst, wie vage oder unbewusst sie auch sein mögen. Jedem Wissenschaftler wurde in der Kindheit ein philosophisches System beigebracht, und diese frühen religiösen Vorstellungen bringen profunde Effekte auf spätere Ansichten über die Natur mit sich, gerade weil sie üblicherweise nur implizit sind. In der Tat sind diese kindlichen und unbewusst-religi-

---

42. im Original: ‚Sub-Atomic Nuclear Events (S.A.N.E.); Anm. d. Übersetzer

ösen Annahmen möglicherweise die basalen Direktiven und limitierenden Faktoren in der Art und Weise, wie Atomphysiker mit ihren Daten umgehen. Nehmen wir mal an, dass die Wissenschaftler, aus denen sich die Gesellschaft der American Physical Society zusammensetzt, während ihrer Kindheit (in der Sonntagsschule vor 30 Jahren) der interstellaren neuro-genetischen Theorie ausgesetzt wurden, so hätten die ersten kolonialisierenden Sternenschiffe bereits das Sonnensystem verlassen und unser Verständnis metaphysiologischer Signale wäre weitaus fortgeschrittener.

Das Unvermögen, zukünftige evolutionäre Möglichkeiten vorwegzunehmen, ist genetische Dummheit. Alle Projektionen über folgende Mutationen sind besser als gar keine, vorausgesetzt, sie basieren auf gegenwärtigen wissenschaftlichen Daten. Wir können die Zukunft nur dann finden, wenn wir danach auch Ausschau halten.

Ebenso wichtig ist die Notwendigkeit, wissenschaftliche Daten zu beleben und ernst zu nehmen. Alles, was wir über die Gesetze der Natur wissen, über atomare und subatomare Ereignisse, wird durch das Nervensystem vermittelt. Jede Wissenschaft ist letztendlich Neuro-Ökologie. All unsere Beobachtungen vom Universum sind neurologische Ereignisse. Das Gehirn ist ein Aufnahmegerät. Anstatt die Natur in ein dreidimensionales Modell unseres L.M.-symbolischen Geistes zu zwängen, müssen wir unserem Nervensystem erlauben, von den nackten Daten geprägt zu werden – zu lernen, wie die DNS, wie Elektronen und wie subatomare Partikel Denk-Erfahrungen zu machen.

„Die gesamte heutige Physik der Mikrowelt ist Quantenphysik. Es gibt keine konkurrierende Theorie. Die Quantenmechanik stellt sich die Welt als geschaffen aus plötzlichen und diskreten Ereignissen vor, durch die sie die Welt in einer im Wesentlichen statistischen Art und Weise beschreibt... Quantenmechanik, als Theorie der Gemeinsamkeiten, sagt nichts über das Auftauchen diskreter Ereignisse aus, aus denen man eben ihren Durchschnitt kombiniert... Es stimmt nicht ganz, dass sich Quantenmechanik über das Auftreten dieser fundamentalen Ereignisse ausschweigt. Sie sagt, dass sie unvorhersehbar sind... Diese Ereignisse sind wahrlich gesetzlos — Quantenbanditen — und es war dieser anarchistische Aspekt des Quantenbildes, welches Einstein provozierte zu sagen, dass er nicht glauben könne, dass Gott mit dem Universum Würfel spiele.

Gibt es eine Supertheorie, die die Quanten-Ereignisse erklären kann und die die Quantenphysiker aus ihren regierungsgesponserten Casinos herausholt und wieder zurückbringt zu den Gefilden ‚wirklicher‘ Mechanik? Solche Theorien werden ‚Theorien der verborgenen Variablen‘ bezeichnet... Die Entdeckung der radikalen Anarchie auf Quantenebene war für die viktorianischen Physiker sehr erschreckend, die ihre Hoffnungen auf ein mehr vorhersehbares Uhrwerk des Universums gesetzt hatten. Wie auch immer, einige der intellektuell flexibleren Weisen unter ihnen fragen sich, ob diese tief verwurzelte Ungewissheit zu einem Vorteil umgemünzt werden könnte. Könnte neu entdeckte Freiheit auf subatomarer Ebene gleichgesetzt werden mit der subjektiv erfahrenen Freiheit des Willens, den jeder von uns mit sich trägt? Diese glatte Lösung des Geist/Körper-Problems wurde aus verschiedenen Gründen fast einheitlich von der Physikergemeinde abgelehnt. Selbst wenn einige kleine und entscheidende Systeme im Gehirn unerklärlicherweise Anlass für Quantenfluktuationen sind, wären diese Fluktuationen lediglich Zufall.“

„Zufälligkeit ist antithetisch zu der inneren Freiheit, die wir zu erfahren scheinen. Zufälligkeit ist das Gegenteil von Freiheit. Kurz: Daher laufen die Argumente gegen eine Theorie der verborgenen Variablen des Bewusstseins. In diesem geistigen Klima entschied sich E. H. Walker...einige mögliche Modelle zu erforschen, die den EINTRITT des Geistes in die Welt der Materie durch die Öffnung, die durch fundamentale Subquanten-Unordnung ermöglichen...Mit seinem zentralen Postulat behauptet Walker, dass jedes System, das durch quantenmechanische Fluktuationen beherrscht wird, bewusst ist... Menschliche Wesen sind ein Beispiel für die teilweise direkte Form der Verbindung von quanten-fluktuierendem Sein und Materie... Walkers Theorie stellt sich zwei Welten vor – die physikalische Welt der Ps (d. h. materielle Variablen wie Energie, Länge, Raum und Zeit) und die Welt der bewusst verborgenen Variablen der Bs. Zusammen konstituieren die Ps und Bs das gesamte Universum des Seins. Träge Materie ist aus den Ps gemacht, und wir sind, wenn bewusst, von B-Leben angefüllt – dem Leben des Geistes... In gewissen netzartigen Regionen des zentralen Nervensystems werden für jeden präsynaptischen Depolarisationsimpuls nur einige wenige Einheiten Transmittersubstanz freigesetzt. Und in diese lose gekoppelten Regionen des Gehirns nimmt der Geist die menschliche Form an.“

„Über unsere stets variablen Verbindungen mit der Welt der verborgenen Variablen (B-Leben) können wir an Prozessen partizipieren, die gewöhnliche physikalische Gesetze zu verletzen scheinen. Einige unserer gemeinsamen Partizipationen erscheinen in der Welt der Ps als parapsychologische Phänomene...welche Arten von Wesenheiten, abgesehen von uns selbst, bewohnen die Subquantenwelten des B-Lebens? Ist es die fabelhafte Sommerlandwelt dahingeschiedener Geister? Eine unsichtbare Theophanie zielstrebiger gottähnlicher Wesen mit einem Hofstaat von Dämonen und Engeln? Gibt es komplexe ,Alien'-Kulturen, die vollständig unabhängig von der physikalischen Welt der Ps sind, die sich unter der Oberfläche der phänomenologischen Welt aalen?"

„Ein neuartiger erster Ansatz für eine ,Exobiologie' von Subquanten-Alien-Lebensstilen bedeutet, dass man die so genannten physikalischen Phänomene nicht nur als physikalisch bewertet, sondern so, als hätten sie eine ,Bedeutung' in einer ähnlichen Weise, wie geheime und okkulte Bedeutungen durch analoges oder kabbalistisches Denken gefunden werden können. Wir konstruieren uns die physikalische Welt eine breite und fortdauernde ,Botschaft' und versuchen, uns in eine Position zu bringen, empfänglich genug für die Eindrücke zu sein. Aus dieser Perspektive repräsentiert unsere gesamte physikalische Wissenschaft der quantenmechanischen Mittelwerte lediglich die ,Schlagwort-Statistik' des komplexen und eindrucksvollen Materien-Symposiums. Es sind die einzelnen Ereignisse an sich – die bestimmten Sequenzen –, die an jedem Lied partizipieren, das überall um uns herum zu erklingen beginnt."

„Eine Vorstellung von der essenziellen Fremdartigkeit, die der Quantenstufe zugrunde liegt, wird durch ein neues Theorem erhärtet, das passend zu dem von J. S. Bell ist und das im Wesentlichen besagt, dass, sofern die Quantenmechanik korrekte Resultate liefert, die Welt der Subquanten ,nonlokal' sein muss. Beide wären zusammen in intimer Weise über ein augenblickliches Netz von Beziehungen miteinander verknüpft. Haben aus dieser Perspektive zwei Teilchen erst mal miteinander interagiert, so sind sie auf bestimmte Weise auf der Subquantenebene für immer miteinander verknüpft. ...Haben wir mit etwas oder jemandem interagiert, sind wir auch für immer damit verbunden? Was sagt Bells Theorem über Psychometrik, über die Interpenetration und das ,Aneinanderhaften' von Persönlichkeiten aus? Sollten wir unsere Haar- und Nägel-Schnipsel gegen magi-

220   S.M.I².L.E.

schen Missbrauch durch feindliche Magier beschützen? Wie können wir experimentell die merkwürdigen Verknüpfungen eruieren? Was ist die relative Effektivität von Handlesen, Massage, sexueller Einheit in zunehmender Bell-artiger Verbundenheit. Es mag sein, dass aus ähnlichen Gründen, wie sie gegen eine Bewusstseins-Theorie der verborgenen Variablen vorgebracht werden, der erstaunliche Lehrsatz von Bell mit menschlichen Angelegenheiten überhaupt nichts zu tun hat... Das unerschütterliche Erwägen dessen, was uns das bellsche Theorem wirklich über Getrenntheit zu sagen hat, mag wie eine Art spirituelle Übung wirken, um einen ähnlichen delokalisierten Zustand in dem Geist/der Welt von bestimmten Wissenschaftlern hervorzubringen. Für die, die es verstehen, kann Bells Theorem als ein kraftvolles Bild wirken, um uns an die Fähigkeit der Natur zu erinnern, unsere naiven Vorstellungen in Bezug auf das, was so und so sein muss, zu übertreffen."

Nick Herbert

Stufe 23 Capricornus II
Neuroatomare Intelligenz
Meta-physiologisch

5., 6. und 7. Schaltkreis
nicht-aktiv, jedoch verfügbar

Stufe 23 wird aktiviert, wenn das Achte Hirn beginnt, Atomkern-Signale zu integrieren und zu manipulieren. Phylogenetisch ist diese Stufe Meta-physiologisch und wird personifiziert als Capricornus II.

Stufe 24: Metaphysiologische Verschmelzung

Wie wir bei den sieben vorhergehenden Schaltkreisen gesehen haben, folgt der erforschenden Empfänglichkeit die integrative Kontrolle und dann die synergetische Verschmelzung mit anderen Elementen auf derselben Ebene der *contelligence*.

Neuro-atomare Verschmelzung (Sternenlicht) schließt Kraftfelder von interstellarem Ausmaß mit ein und impliziert ein einheitliches galaktisches Bewusstsein.

Man nimmt an, dass die Gravitations-, die elektromagnetischen und subatomaren Kraftfelder, aus denen das Universum besteht, Teil eines kohärenten und bewussten Netzwerks sind.

Jede eschatologische Diskussion über galaktische Verschmelzung muss das Phänomen der schwarzen Löcher mit einschließen. Whirlpools der Anti-Materie.

Viele Astronomen glauben, dass es in unserer Galaxie Millionen von schwarzen Löchern gibt – dass in der Tat das Zentrum unserer Galaxie ein schwarzes Loch sein könnte.

Die äußerst große Anziehungskraft der Gravitation der schwarzen Löcher saugt die sie umgebende Materie ein. Es könnte sein, dass schwarze Löcher Antimaterie- und Antienergie-Gegenstücke des positiven Universums sind.

Interessanterweise kommen nun viele Physiker zu der Konklusion, dass die elementaren Partikel in den Atomkernen schwarze Löcher sind – dass die ‚starke Kraft', die den Atomkern zusammenhält, eine Super-Gravitation ist.

Wenn diese Theorie wahr ist, so ermöglichen schwarze Löcher die letzten Verschmelzungen. Den letzten Wirbel. Die Verknüpfung des allumfassenden Universums von allem mit der absoluten Leere.

Stufe 24 Aquarius II
Neuroatomare Fusion

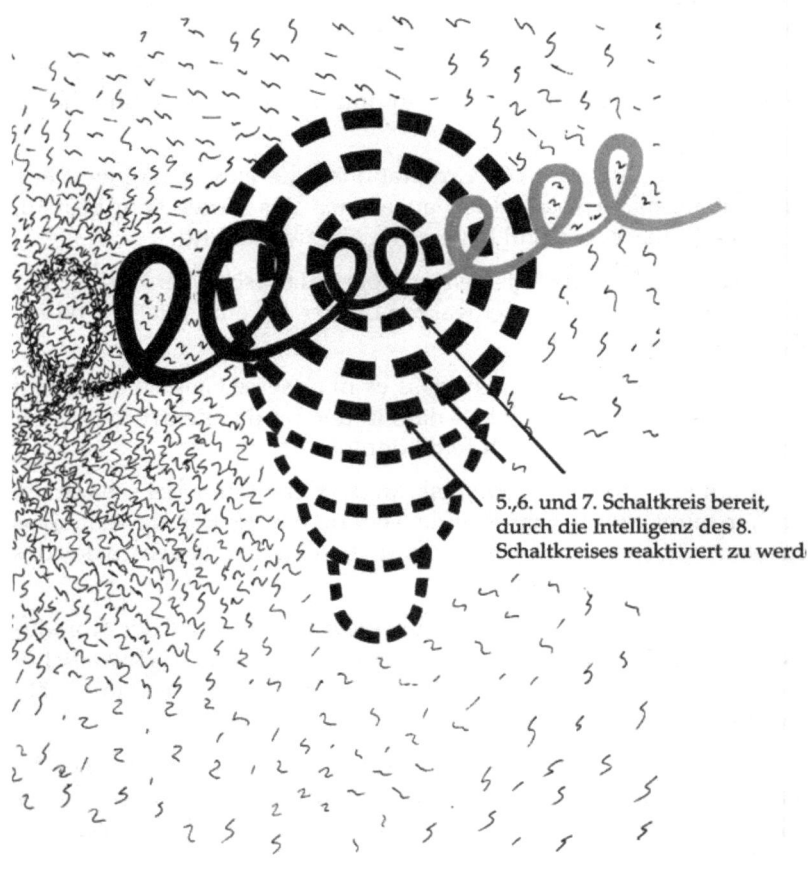

5.,6. und 7. Schaltkreis bereit,
durch die Intelligenz des 8.
Schaltkreises reaktiviert zu werd

Stufe 24 wird aktiviert wenn sich das Achte Hirn an andere neuroatomare Intelligenzen bindet. Phylogenetisch wird diese Stufe der neuroatomaren, domestizierten Fusion mit schwarzen Löchern (?) Aquarius II genannt.

S.M.I^2.L.E.

Bitte nehmen Sie einen Stift und benennen Sie die grauen Pfeile. Das Inhaltsverzeichnis für Teil II hält die geeigneten Begriffe bereit.

STUFE 22, 23, 24:

Die Version von 1975 hörte sich bezüglich dieses Bereiches atomaren Bewusstseins und atomaren Engineerings spekulativ an, doch das nachfolgende Jahrzehnt sollte sich gegenüber der Idee intelligenter Cybers, die in Quantenrealitäten umhersteuern, als wohlwollend erweisen.

Die große Bewegung des ‚metaphysiologischen Steuerns' entstand mit der Publikation von Eric Drexlers Werk *Engines of Creation*.

Es ist Drexlers Auffassung, dass es die gegenwärtige bio-molekulare Technik in der nahen Zukunft ermöglicht, Nano-Maschinen durch die Manipulation von Atomen zu erzeugen, die sich selbst replizieren, zelluläre Reparaturen ausführen und molekülgroße Computer produzieren können.

Dies macht einen atomischen Konsumerismus, ein atomares Ingenieurwesen und eine neue Ebene alchemistischer Molekülkonstruktion möglich.

Mit diesen Ideen im Hinterkopf nehmen Sie bitte einen Stift und benennen Sie die grauen Pfeile in den Diagrammen der Stufen 22, 23 und 24.

Die Bezüge in der Beschreibung von Stufe 24 zu schwarzen Löchern waren offensichtlich Versuche, poetisch zu sein. Die erhabene Leere des gewichtigen Hinduismus trat, in einer großen Metapher, zusammen mit den neusten Erkenntnissen der Astro-Physik zu Tage.

In jedem Fall ergibt ‚Whirlpools von Anti-Materie' ein wundervolles Schlusswort zu einem höchst ehrgeizigen Buch.